Argumentação e Linguagem

Obra em conformidade ao NOVO ACORDO da Língua Portuguesa

Dados Internacionais de Catalogação na Publicação (CIP)
(Câmara Brasileira do Livro, SP, Brasil)

Koch, Ingedore Grunfeld Villaça.
Argumentação e linguagem / Ingedore G. Villaça Koch. – 13. ed. – São Paulo : Cortez, 2011.

Bibliografia.
ISBN 978-85-249-1686-1

1. Análise do discurso. 2. Gramática comparada e geral — Sintaxe. 3. Linguagem e lógica. 4. Linguística 5. Lógica. 6. Pragmática. 7. Semântica. I. Título.

	CDD-410
	-401
	-412
84-0353	-415

Índices para catálogo sistemático:

1. Argumentação : Teoria : Linguística   410
2. Discurso : Análise : Linguística   410
3. Gramática : Linguística   415
4. Linguagem e lógica   401
5. Pragmática : Linguagem   401
6. Semântica argumentativa   412
7. Sintaxe : Teoria : Linguística   415

Ingedore G. Villaça Koch

Argumentação e Linguagem

13ª edição
5ª reimpressão

ARGUMENTAÇÃO E LINGUAGEM
Ingedore G. Villaça Koch

Capa: Cia. de Desenho
Revisão: José Alessandre da Silva Neto
Composição: Linea Editora Ltda.

Texto revisto a partir da 7ª edição, em fevereiro de 2002.

Direitos para esta edição
CORTEZ EDITORA
Rua Monte Alegre, 1074 – Perdizes
05014-001 – São Paulo – SP
Tel.: (11) 3864-0111   Fax: (11) 3864-4290
E-mail: cortez@cortezeditora.com.br
www.cortezeditora.com.br

Impresso no Brasil – fevereiro de 2018

A meus alunos
de ontem, de hoje
amigos de sempre

"Se a linguagem falasse apenas à razão e constituísse, assim, uma ação sobre o entendimento dos homens, então ela seria apenas comunicação. Mas, ao mesmo tempo em que ela desprende o conjunto de relações necessárias da razão, ela também articula o conjunto de relações necessárias da existência. E, neste sentido, o seu traço fundamental é a argumentatividade, a retórica, porque é este traço que a apresenta, não como marca de diferença entre o homem e a natureza, mas como marca de diferença entre o eu e o outro, entre subjetividades cujo espaço de vida é a história." (C. Vogt, *O Intervalo Semântico*)

"O silêncio é signo de confiança. E se a linguagem atravessa a verdade com a máscara da neutralidade é porque ela é palco e aí cabem outras representações. Por que não a do compromisso com seu tempo e com sua gente?" (C. Vogt, *Linguagem, pragmática e ideologia*).

Sumário

Apresentação

Estudos que renovam os temas e não apenas sua abordagem, que apresentam posições teóricas relevantes e não simples inovações terminológicas são sempre bem-vindos. Bem-vindo, portanto, este livro de Ingedore G. V. Koch, uma linguista cujas preocupações vem se concentrando em temas vinculados à análise de texto. Área de estudos recentemente introduzida no panorama teórico da Linguística no Brasil e uma espécie de cinderela da Linguística desde o final da década de 1960, que chega agora à condição de princesa. Uma princesa que tem mais do que apenas encantos para admirações: tem o reconhecimento por suas valiosas contribuições no melhor conhecimento do funcionamento da linguagem.

A análise do discurso ou linguística de texto, a denominação não nos deve desviar do essencial, tem dimensões que abarcam o que há longo tempo vem florescendo e se desenvolvendo em várias áreas interligadas: a semântica, a pragmática, a retórica, a teoria da argumentação, entre outras. É percorrendo estes domínios e os problemas neles envolvidos que Ingedore G. V. Koch constrói suas análises cercando-as de muitos lados, centrando-se sobretudo na semântica argumentativa, por ela denominada **macrossintaxe do discurso**.

Linguagem e argumentação vem escrito em terminologia técnica precisa, sempre definida, em estilo despojado, sem requintes formais desnecessários, sem histerias teóricas. Constituído de capítulos de uma tese doutoral defendida na Pontifícia Universidade Católica de São Paulo em 1981 e de estudos posteriores apresentados em Encontros e

Congressos, consegue preservar grande unidade temática. Situando o leitor no contexto da discussão teórica, a Autora, após comparar várias teorias sobre o mesmo tema, assume posições claras e orienta para o aproveitamento prático. Isto dá ao livro características de um instrumento didático uma vez que, no mais rigoroso estilo analítico-sistemático, vem recheado de análises ilustrativas.

Ao propor, logo de início, que "a interação social por intermédio da língua caracteriza-se, fundamentalmente, pela argumentatividade", a Autora enuncia com precisão a tese central em torno da qual construirá todo o livro. Invertendo a noção de que a função comunicativa é a mais importante função da linguagem, defende a proposta de que "o ato linguístico fundamental" é o **ato de argumentar**. Isto significa que comunicar não é agir na explicitude linguística e sim montar o discurso envolvendo as intenções em modos de dizer cuja ação discursiva se realiza nos diversos atos argumentativos construídos na tríade do **falar, dizer** e **mostrar**. Para tanto, a Autora percorre os caminhos desenvolvidos por Austin, Searle, Grice, Strawson, C. Vogt, H. Weinrich e outros, firmando-se nas posições de O. Ducrot, que, ao longo de suas várias e sucessivas revisões, é o que melhor trabalha o problema da argumentatividade na linguagem.

Mas se a tese de que a função básica da linguagem é argumentar é clara, o uso dos termos **argumentar, argumentação** e **argumentatividade** merece uma explanação. Para que o leitor não se desnorteie nas malhas semânticas destes termos, a Autora define o seu uso explicando que, neste caso, eles não se inscrevem no contexto lógico-formal com o valor de prova, mas no âmbito da retórica. Com isto, o ato de argumentar é visto como o **ato de persuadir** que "procura atingir a vontade", envolvendo a subjetividade, os sentimentos a temporalidade, buscando **adesão** e não criando certezas. Termos-chave para caracterizar as relações pragmáticas entre o enunciado e a enunciação, realizadas num nível paralógico e não lógico-formal, aqueles termos são estudados como processos de formação de sentidos. Correta, pois, a observação inicial que põe **argumentação** e **retórica** como "quase sinônimos", ou seja, como níveis de funcionamento pragmático e não como encadeamentos lógicos definidos por funções veritativas. É com razão, portanto, que *Argumentação e linguagem* se autodefine como uma **macrossintaxe discursiva**, visando à análise das relações pragmáticas, ideológicas ou argumentativas **no discurso** e não ao nível frasal.

Esta compreensão do termo argumentar torna possível e frutífero o uso de lógicas não bivalentes, o que faz as várias incursões em lógicas modais ao longo do livro substancialmente significativas. A análise das modalidades no discurso evidencia um tipo de funcionamento do enunciado diferente daquele que ocorre nas relações formais explícitas, onde o valor-verdade obriga à adoção de uma semântica referencial simplesmente. Isto é, o jogo das modalidades serve tanto para determinar uma tipologia do discurso com base nos critérios de eficácia, ideologia e vontade, como para funcionar como marcador de tensões, compromissos, intenções e regulador das forças ilocucionárias, como por exemplo, no estudo da negação em verbos performativos.

Por esta via legitima-se, também, a análise da linguagem em seu funcionamento concreto, em oposição aos estudos do sistema **in vitro**, fazendo do ato de enunciação a base para a interpretação e compreensão do discurso. Este tipo de exploração das relações discursivas tem a vantagem de poder estender-se para além do estritamente semântico, permitindo um sistema integrado para a abordagem da sintaxe-semântica-pragmática, sem recorrer ao artificialismo de apresentar a pragmática como um nível a mais ou posterior ao simplesmente linguístico. Em consequência, possibilita uma redefinição da noção de **extralinguístico** e justifica a integração da pragmática à descrição linguística. Por este caminho, a abordagem das relações de coordenação e subordinação é feita com base nas suas funções argumentativas e não no velho esquema das relações gramaticais.

Assim, o estudo da dependência ou interdependência de orações, a noção de completude das coordenadas e a própria noção de oração principal foge aos critérios meramente formais e sintáticos para se fazer ao nível do funcionamento global da linguagem. Na mesma linha é visto o funcionamento dos tempos verbais, servindo eles mais como marcas de atitudes do que indicadores de tempo cronológico. Este uso "inerentemente argumentativo" da linguagem leva a Autora a caracterizar suas análises gramaticais como "uma visão argumentativa da gramática". Tais propostas podem ser produtivas por duas razões: primeiro, porque renovam o tratamento gramatical;

segundo, porque expandem o interesse dos estudos gramaticais para além da normatividade.

Esta segunda tese, a da integração dos componentes no nível linguístico, torna possível outra tese fundamental, ou seja, que o "ato ilocucionário se inscreve no enunciado através de marcas convencionalizadas". Vale dizer, a pragmática é um componente integrado à linguagem, situando-se **entre** o sintático e o semântico e não acrescendo-se **após** a interpretação dos enunciados. O componente pragmático passa a assumir o caráter de constitutivo na produção de sentido ao fazer parte do significado geral do próprio enunciado. Esta posição leva a Autora a centrar-se nos trabalhos mais recentes de O. Ducrot, nos quais a própria noção de pressuposição toma um novo rumo. **Polifonia**, **encenação** e **encadeamento** passam a exercer um papel fundamental no esclarecimento do funcionamento da pressuposição nos atos de linguagem, que se tornam atos de representar, uma espécie de **encenação** no discurso.

Consequência direta das posições acima é a negação de um grau zero semântico, ou seja, um nível de **sentido literal** de funcionamento do discurso. O sentido literal não pode ser visto como um nível privilegiado de funcionamento da linguagem, mas como "**um efeito de sentido entre outros**", pois o literal não preexiste à compreensão. É neste contexto que se inserem as longas, criteriosas e reiteradas abordagens da pressuposição e dos atos ilocucionários no decorrer do livro. Importante frisar, aqui, o que já foi dito acima, que a pressuposição não é uma **declaração**, mas uma **representação**, um **agir como se**, transformando o discurso num jogo em que a **lei do encadeamento** proposta por Ducrot define o processo.

Uma vez mapeadas algumas das muitas teses de Ingedore G. V. Koch, numa evidente injustiça à riqueza do conteúdo, vale ressaltar algumas consequências que exorbitam o estritamente pretendido. Embora o livro se inscreva e defina explícita e reiteradamente no contexto da semântica argumentativa ou macrossintaxe do discurso, traz contribuições importantes em pelo menos duas perspectivas.

Primeiramente, no **ensino de língua** que aqui adquire categorias analíticas e explicativas novas de modo a ultrapassar o meramente normativo e formal, expandindo as perspectivas. Representa, também, um desvio da centração no gerativismo, permitindo a entrada em níveis discursivos.

Em segundo lugar, serve como contribuição para uma teoria da **compreensão de textos** (orais ou escritos) e até mesmo para uma teoria da leitura, do ponto de vista da interpretação que não fique na epiderme do dito ou supostamente literal. Ao explicitar os mecanismos do funcionamento das intenções no discurso, fornece recursos para exploração textual e montagem de exercícios. Pistas valiosas nesse sentido estão no capítulo dedicado à análise de textos, em que é oferecida uma aplicação das noções fundamentais desenvolvidas teoricamente. Assim, **Argumentação e linguagem**, que em sua maior parte reproduz o texto publicado anteriormente na revista **Letras de Hoje** (n. 52, 1983), da PUC do Rio Grande do Sul, sob o título **A argumentatividade no discurso**, em tiragem limitada, merece uma divulgação mais ampla por enriquecer a bibliografia linguística no Brasil, ainda escassa nos caminhos aqui percorridos.

Luiz Antonio Marcuschi
(UFPE, janeiro de 1984.)

Nota Introdutória

No campo dos estudos linguísticos, vem-se postulando, há pouco mais de uma década, a necessidade de ampliar a noção chomskyana de competência, no sentido de incluir, além do conhecimento das regras gramaticais, a consciência do falante quanto ao "modus operandi" da língua no contexto social.

Muitos linguistas vêm dando especial relevo à função social da linguagem: o homem usa a língua porque vive em comunidades, nas quais tem necessidade de comunicar-se com os seus semelhantes, de estabelecer com eles relações dos mais variados tipos, de obter deles reações ou comportamentos, de atuar sobre eles das mais diversas maneiras, enfim, de interagir socialmente por meio do seu discurso.

Desta forma, a linguagem passa a ser encarada como forma de ação, **ação sobre o mundo dotada de intencionalidade,** veiculadora de ideologia, caracterizando-se, portanto, pela argumentatividade.

Esta seria, por si só, uma razão suficiente para justificar um estudo sobre a argumentação. Mas há outras, não menos importantes, especialmente para quem, como nós, se vem dedicando, há mais de vinte anos, ao ensino de língua portuguesa, em todos os níveis, com a preocupação básica de levar o aluno não apenas ao conhecimento da gramática de sua língua, mas — sobretudo — ao desenvolvimento da capacidade de refletir, de maneira crítica, sobre o mundo que o cerca e, em especial, sobre a utilização da língua como instrumento de interação social: faz-se preciso, para tanto, que ele se torne apto a **compreender, analisar, interpretar** e **produzir** textos verbais.

Em nosso meio, faltam ainda obras que, partindo de um estudo teórico sobre a argumentatividade na língua, busquem uma aplicação desse estudo à análise e, por via de consequência, à leitura/produção de textos. Visamos, com este trabalho, dar alguns passos nessa direção.

O presente livro consta de versões reelaboradas de comunicações apresentadas em Congressos, artigos publicados em revistas especializadas e capítulos de nossa tese de doutorado: *Aspectos da argumentação em língua portuguesa*. Constitui uma edição revista e ampliada do trabalho **A Argumentatividade no Discurso**, publicado em edição monográfica da revista *Letras de Hoje* da PUC/RS (n. 52, jun. 1983), contendo, ainda, alguns títulos inéditos.

Com a publicação do produto de nossas pesquisas no campo da argumentação, acreditamos estar oferecendo alguns subsídios para o aprimoramento do ensino de leitura/produção de textos em língua portuguesa.

Queremos registrar, aqui, um especial agradecimento ao Prof. Dr. Luiz Antônio Marcuschi, pela presteza e pelo carinho com que acedeu fazer a apresentação desta obra.

São Paulo, fevereiro de 1984.

CAPÍTULO I

Discurso e argumentação

O relacionamento do homem tanto com a natureza quanto com os seus semelhantes é mediatizado por símbolos; em outras palavras, as relações homem-natureza e homem-homem se estruturam simbolicamente. Ora, ao passo que o relacionamento entre o homem e a linguagem como representação do mundo é tratado à luz da Semântica, a interação social do homem na e pela linguagem constitui objeto de estudo da Pragmática.

A interação social por intermédio da língua caracteriza-se, fundamentalmente, pela argumentatividade. Como ser dotado de razão e vontade, o homem, constantemente, avalia, julga, critica, isto é, forma juízos de valor. Por outro lado, por meio do discurso — ação verbal dotada de intencionalidade — tenta influir sobre o comportamento do outro ou fazer com que compartilhe determinadas de suas opiniões. É por esta razão que se pode afirmar que o **ato de argumentar**, isto é, de orientar o discurso no sentido de determinadas conclusões, constitui o ato linguístico fundamental, pois a **todo e qualquer discurso subjaz uma ideologia**, na acepção mais ampla do termo. A neutralidade é apenas um mito: o discurso que se pretende "neutro", ingênuo, contém também uma ideologia — a da sua própria objetividade.

A aceitação desse postulado faz cair por terra a distinção entre o que tradicionalmente se costuma chamar de **dissertação** e de **argumentação**, visto que a primeira teria de limitar-se, apenas, à exposição de ideias alheias, sem nenhum posicionamento pessoal. Ocorre, porém, que a simples seleção das opiniões a serem reproduzidas já implica, por si mesma, uma opção. Também nos textos denominados **narrativos** e **descritivos,** a argumentatividade se faz presente em maior ou menor grau.

É preciso ressaltar, ainda, que os termos **argumentação** e **retórica** são aqui utilizados como "quase sinônimos", postulando-se, conforme se disse, a presença de ambas, em grau maior ou menor, em todo e qualquer tipo de discurso.

Foi com o surgimento da Pragmática que o estudo do discurso e, em decorrência, o da argumentação ou retórica — passou a ocupar um lugar central nas pesquisas sobre a linguagem.

Essa preocupação teve início no momento em que se passou a incorporar a enunciação ao estudo dos enunciados linguísticos, o que deu origem à Teoria da Enunciação.

Os filósofos analíticos de Oxford, particularmente Austin, e também Searle, nos EUA, entre outros, dedicaram-se ao estudo dos atos de linguagem — aquilo que se faz quando se fala —, postulando a existência de **atos ilocucionários,** que encerram a "força" com que os enunciados são produzidos, e de **atos perlocucionários,** que dizem respeito aos efeitos visados pelo uso da linguagem, entre os quais os de **convencer e de persuadir.**

Perelman (1970) — filósofo e jurista — ressalta que a argumentação visa a provocar ou a incrementar a "adesão dos espíritos" às teses apresentadas ao seu assentimento, caracterizando-se, portanto, como um ato de persuasão. Enquanto o **ato de convencer** se dirige unicamente à razão, através de um raciocínio estritamente lógico e por meio de provas objetivas, sendo, assim, capaz de atingir um "auditório universal", possuindo caráter puramente demonstrativo e atemporal (as conclusões decorrem naturalmente das premissas, como ocorre no raciocínio matemático), o **ato de persuadir,** por sua vez, procura atingir a vontade, o sentimento do(s) interlocutor(es), por meio de argumentos plausíveis ou verossímeis e tem caráter ideológico, subjetivo, temporal, dirigindo-se, pois, a um "auditório particular": o primeiro conduz a certezas, ao passo que o segundo leva a inferências que podem levar esse auditório — ou parte dele — à **adesão** aos argumentos apresentados.

Os trabalhos de Perelman deram novo impulso aos estudos sobre a argumentação. Tentando aliar os principais elementos da Retórica de Aristóteles a uma visão atualizada do assunto, empenhou-se na elaboração de uma "Nova Retórica".

Desse modo, o discurso foi-se tornando objeto central de diversas tendências da linguística moderna, como a Análise do Discurso, a Teoria de Texto e a Semântica Argumentativa. Esta última, preocupada com a construção de uma macrossintaxe do discurso, postula uma pragmática integrada à descrição linguística, isto é, como um nível intermediário entre o sintático e o semântico, considerando, portanto, os três níveis como **indissoluvelmente** interligados. Em decorrência, postula que a argumentatividade está inscrita no nível fundamental da língua.

Se a frase é uma unidade sintático-semântica, o discurso constitui uma unidade pragmática, atividade capaz de produzir efeitos, reações, ou, como diz Benveniste (1974), "a língua assumida como exercício pelo indivíduo". Ao produzir um discurso, o homem se apropria da língua, não só com o fim de veicular mensagens, mas, principalmente, com o objetivo de atuar, de interagir socialmente, instituindo-se como EU e constituindo, ao mesmo tempo, como interlocutor, o outro, que é por sua vez constitutivo do próprio EU, por meio do jogo de representações e de imagens recíprocas que entre eles se estabelecem.

Ora, o discurso, para ser bem-estruturado, deve conter, implícitos ou explícitos, todos os elementos necessários à sua compreensão, deve obedecer às condições de **progresso** e **coerência**, para, por si só, produzir comunicação: em outras palavras, deve constituir um **texto**.[1]

---

1. O termo *texto*, como também ocorre com o termo *discurso*, tem sido conceituado de maneiras bastante diversas. Basicamente, pode-se tomá-lo em duas acepções: em sentido lato, para designar toda e qualquer manifestação da capacidade textual do ser humano, quer se trate de um romance ou de um poema, quer de uma música, uma pintura, um filme, uma escultura etc., isto é, de qualquer tipo de comunicação realizada através de um sistema de signos. Em se tratando da linguagem verbal, tem-se o *discurso*, atividade comunicativa de um locutor, numa situação de comunicação determinada, englobando não só

Todo texto caracteriza-se pela textualidade (tessitura), rede de relações que fazem com que um texto seja um texto (e não uma simples somatória de frases), revelando uma conexão entre as intenções, as ideias e as unidades linguísticas que o compõem, por meio do encadeamento de enunciados dentro do quadro estabelecido pela enunciação.

É nesse sentido que Halliday (1973), ao imaginar um sistema capaz de explicitar tanto a estrutura do enunciado como o jogo de enunciação, define o texto como "realização verbal entendida como uma organização de sentido, que tem o valor de uma mensagem completa e válida num contexto dado". Assim, "o texto é uma unidade de língua em uso, unidade **semântica**: não de forma e sim de significado". Para ele, a textualidade depende de determinados fatores responsáveis pela **coesão** textual e seu trabalho destina-se ao estudo desses fatores.

As coordenadas do sistema proposto por Halliday (1976) definem-se a partir de três funções: ideacional, interpessoal e textual. A **ideacional** corresponde ao que se costuma chamar de função **cognitiva** ou **referencial** da linguagem; a **interpessoal**, ligada à posição que o locutor assume diante do ouvinte no processo da enunciação, diz respeito às diferenças de "modo" ou "modalidade", ou seja, diferenças entre afirmações, negações, perguntas, ordens etc. A função **textual** diz respeito à criação de textos de modo pertinente ao contexto, devendo a língua conter, em sua estrutura, elementos capazes de justificar e explicar essa adequação. Duas estruturas fornecem ao falante a possibilidade de construção do texto: a **temática** e a **informacional**. Numa, desempenham papel principal o **tema** e o **rema**; na outra, o **dado** e o **novo**. Tanto uma como outra têm natureza claramente enunciativa e discursiva, já que permitem evidenciar as intenções do falante e constituir sequências de sentido preciso e adequado às necessidades de comunicação.

_____

o conjunto de enunciados por ele produzidos em tal situação — ou os seus e os de seu interlocutor, no caso do diálogo — como também o evento de sua enunciação. O discurso manifesta-se linguisticamente por meio de textos — em sentido estrito — que consistem em qualquer passagem falada ou escrita, capaz de formar um todo significativo, independente de sua extensão. Trata-se, assim, de uma unidade semântico-pragmática, de um contínuo comunicativo textual que se caracteriza, entre outros fatores, pela _coerência_ e pela _coesão_, conjunto de relações responsáveis pela _tessitura do texto_.

Embora Osakabe (1979) apresente os trabalhos de Halliday como a "síntese ideal" entre uma linguística do enunciado e uma linguística da enunciação, e mesmo reconhecendo que eles podem trazer subsídios valiosos, entende-se que falta às teorias de texto e às gramáticas de texto algo que pode ser encontrado na Semântica Argumentativa e que, a nosso ver, seria justamente a "síntese ideal" entre a visão de língua de Saussure (objeto social, da qual o indivíduo é escravo) e a de Chomsky (objeto ideal, lugar da liberdade, da criatividade individual): a visão da língua como intersubjetividade, como **ação dramática**, no dizer de Vogt (1980).

Dentro desta visão de discurso, considera-se, de acordo com Guimarães (1981), o texto escrito (texto em sentido estrito, portanto) como um tipo específico de discurso, cuja diferenciação em relação ao diálogo pode ser estabelecida a partir da "relação factual" que se estabelece entre locutor e destinatário. No texto escrito, alguém se fixa como locutor, fixando o(s) outro(s) como destinatário(s), não havendo a possibilidade de uma troca (pelo menos, imediata) de papéis entre ambos; predomina, nesse tipo de discurso, uma organização interna, pelo fato de não haver possibilidade de reajustes de relação entre os interlocutores para cada evento particular de enunciação. No diálogo, por sua vez, como o destinatário é o "locutor de daqui a pouco", há uma constante troca de papéis entre as pessoas envolvidas no evento, possibilitando, a cada momento, tais reajustes.

Por outro lado, partindo do postulado de que a argumentatividade está inscrita no uso da linguagem, adota-se a posição de que a argumentação constitui atividade estruturante de todo e qualquer discurso, já que a progressão deste se dá, justamente, por meio das articulações argumentativas, de modo que se deve considerar a orientação argumentativa dos enunciados que compõem um texto como fator básico não só de coesão, mas, principalmente, de coerência textual.

1. A INTENCIONALIDADE NA PRODUÇÃO DA LINGUAGEM

Segundo Vogt (1980), todo enunciado diz algo, mas o diz de um certo modo. Ao dizer, o enunciado representa um estado de coisas do mundo — tem-se aqui o que se pode chamar de significação ou de sentido 1. Por outro lado, ele mostra (e o faz por meio de marcas linguísticas) o modo como o enunciado é dito, ou seja, a maneira como se representa a si mesmo: é o sentido 2. É com base nestas afirmações que se pode dizer que todo enunciado é sui-referencial e que a linguagem é representação 2 de representação 1; representação 2 utilizada numa acepção teatral, para designar os diferentes papéis distribuídos nas cenas dramáticas, que são os atos de fala, cujo desempenho cabe aos interlocutores, através de um mascaramento recíproco que é parte constitutiva essencial do jogo argumentativo da linguagem.[2]

Já que cada enunciação pode ter uma multiplicidade de significações, visto que as intenções do falante, ao produzir um enunciado, podem ser as mais variadas, não teria sentido a pretensão de atribuir-lhes uma interpretação única e verdadeira. O conceito de intenção é, assim, fundamental para uma concepção da linguagem como atividade convencional: toda atividade de interpretação presente no cotidiano da linguagem fundamenta-se na suposição de que quem fala tem certas intenções ao comunicar-se. Compreender uma enunciação é, nesse sentido, apreender essas intenções. A noção de intenção não tem, aqui, nenhuma realidade psicológica: ela é puramente linguística, determinada pelo sentido do enunciado, portanto linguisticamente constituída. Ela se deixa representar de uma certa forma no enunciado, por meio do qual se estabelece entre os interlocutores um jogo de representações, que pode corresponder ou não a uma realidade psicológica ou social.

Assim, o sentido de um enunciado (sentido 2) se constitui, também, pelas relações interpessoais que se estabelecem no momento da

---

2. A concepção da linguagem como ação dramática é desenvolvida por Vogt em vários de seus trabalhos, entre eles: "Por uma pragmática das representações", em Vogt (1980), e "Dois verbos 'achar' em português?" (em coautoria com Rosa Athié Figueira), mimeografado.

enunciação, pela estrutura desse jogo de representações em que entram o locutor e o alocutário, quando na e pela enunciação atualizam suas intenções persuasivas. É por isso que Ducrot e Vogt ressaltam em suas obras que a noção de sentido linguístico deverá ser entendida não só como identidade ou diferença entre a estrutura do fato e a estrutura do enunciado utilizado para descrevê-lo, isto é, em termos de verdade ou falsidade (o dizer), mas, principalmente, como a direção, as conclusões, o futuro discursivo, enfim, o alvo para onde esse enunciado aponta (o mostrar).

A Pragmática, num sentido restrito, deve ser vista como o estudo da atividade interindividual realizada no discurso. A estrutura da significação em língua natural seria o conjunto de relações que se instituem na atividade da linguagem entre os indivíduos que a utilizam, atividade **que se inscreve sistematicamente no interior da própria língua**.

A distinção entre **dizer** e **mostrar** permite penetrar nas relações entre linguagem, homem e mundo: é sob esse aspecto que se torna possível falar de ideologia na linguagem. A enunciação faz-se presente no enunciado através de uma série de marcas. É por meio delas — marcas linguísticas que são — que se poderá chegar à macrossintaxe do discurso, o que constitui o objetivo da Semântica Argumentativa.

2. OS NÍVEIS DE SIGNIFICAÇÃO

Ducrot (1978b) ressalta a existência, na linguagem ordinária, de uma **estratificação do dizer**: para se descrever o discurso de alguém, não basta indicar o que a pessoa disse, mas também **em que nível ela o disse**: o sentido "explícito" (aquele cuja transmissão é apresentada como objeto do discurso) constitui, nas línguas naturais, apenas um nível semântico, de modo que, subjacentes a ele, podem-se dissimular outros níveis de significação "implícitos". Além disso, existe um implícito "absoluto" — aquilo que se introduz por si mesmo no discurso e que o locutor diz sem que o queira e mesmo sem que o saiba — e um implícito "relativo", interno àquilo que o locutor "quer dizer". A atividade de interpretação, que está em ação a todo momento no processo de comunicação, funda-se na suposição de que quem fala tem determinadas intenções, consistindo a intelecção justamente na captação dessas intenções, o que leva a prever, por conseguinte, uma pluralidade de interpretações. Compreende-se **o querer dizer** como um **querer fazer**; desse modo, introduzem-se no sentido todas as intenções de ação (i.é, os atos ilocucionários) e admite-se que o locutor deseja, de algum modo, fazer conhecer essa intenção. Daí a necessidade de o ato ilocucionário possuir um caráter público, declarado, o que, porém, não impede que o locutor negue a responsabilidade do implícito; além disso, o **querer dizer** do locutor pode tomar a forma, bastante indireta, de um consentimento ao que os outros queiram fazê-lo dizer ("É você que o está dizendo...").

O sentido, portanto, não se apresenta como algo preexistente à decodificação, mas, sim, como constituído por ela. Assim, admitir que a interpretação derivada é, muitas vezes, imposta pela língua, obriga a recorrer a um conceito ao mesmo tempo **próximo** e **diferente** da noção tradicional de sentido literal — aquele que seria devido unicamente à frase da qual o enunciado constitui uma realização, antes de toda e qualquer interpretação. O valor semântico de uma frase — a sua significação — não é objeto de qualquer comunicação possível, pois ele consiste num conjunto de instruções para a sua interpretação, que comporta uma série de vazios a serem preenchidos por indicações que apenas a situação de discurso pode fornecer. Além disso, pelo fato de conter marcas de atos ilocucionários, que só têm realidade quando a frase é objeto de uma enunciação, a frase só se torna inteligível uma vez que é enunciada. Nessa acepção, o sentido literal não existe.

Por outro lado, se os atos derivados possuem realidade linguística e sua decodificação faz parte da compreensão, é lícito afirmar que é a própria língua que comanda, em certos casos, a leitura implicitada. Depende de uma **decisão** do intérprete dar ao enunciado o sentido mais próximo possível da significação da frase que este realiza, reduzindo ao mínimo o recurso à situação. Aliás, para justificar essa indiferença com relação à situação, é necessário mostrar que ela mesma convida a isso, o que permite dizer que o "sentido literal" nada mais é senão **um efeito de sentido entre outros.**

O maior problema que se coloca diante da posição de Grice, Searle e outros teóricos da comunicação é o da suposição de que quem fala, fala sinceramente. Nem sempre a comunicação se dá de maneira transparente, com a única intenção de informar. A alusão, a ironia, o "blefe" ocorrem com frequência, devendo, pois, ser explicitados em termos de atos de fala derivados e considerados como aspectos constitutivos do uso normal da linguagem. O subentendido é construído como uma explicação da enunciação, em que o locutor apresenta seus atos de linguagem como um enigma a ser decifrado. Ao dizer que ele dá às suas palavras um dado sentido, deve-se entender que ele orienta a interpretação para uma certa leitura. Mas ele tem sempre a possibilidade de renegá-la em seguida, ou fingir que a renega — daí a denominação de implícito relativo. Na realidade, todo o sentido se dá sob esse modo; mas, se tudo é implícito, não o é da mesma maneira, podendo-se distinguir diferentes formas e diferentes níveis. Daí as tentativas que se têm feito de chegar a uma tipologia desses atos.

Anscombre (1980) estabeleceu quatro classes de atos: **os primitivos, os derivados marcados, os derivados não marcados ou alusivos** (subentendidos) — todos eles ilocucionários — e os **perlocucionários**.

São primitivos os atos ilocucionários cuja frase subjacente é marcada para esses atos. Pode ocorrer, porém, que um enunciado, cuja frase é marcada para um ilocucionário primitivo, realize de fato um outro, não primitivo, o que não pode ser explicado por meio de **leis do discurso** ou princípios conversacionais.

Um ato será derivado marcado quando a existência na frase de certos **marcadores de derivação** exige a intervenção de **leis do discurso** para a interpretação dos enunciados que a realizam. É o caso de: "Você pode (ou quer) abrir a janela?".

Os derivados alusivos são aqueles em que a possibilidade de derivação não está indicada na frase e que não se ligam, também, a nenhuma forma superficial particular. Além disso, o ato primitivo do qual eles derivam é sempre realizado, ao contrário do que acontece com os derivados marcados. Como resultam de um cálculo do locutor ou do alocutário, eles podem ser recusados. É por essa razão que o derivado alusivo é frequentemente utilizado na estratégia do subentendido e da insinuação, já que o ato primitivo de que se origina serve de parachoque a uma **manobra discursiva**. Entre estes atos, há aqueles a que se aplicam as mesmas leis do discurso que se aplicam aos derivados marcados.

Os atos **perlocucionários**, finalmente, são de natureza totalmente diversa, embora partilhem algumas propriedades com os derivados não marcados. São perlocucionários certos efeitos, como **humilhar, ofender, atemorizar, gabar** etc., que o locutor produz por intermédio de suas enunciações. Um ato perlocucionário não é jamais marcado e nenhum enunciado se apresenta como realizando o ato, ainda que seja destinado a realizá-lo. Se o ato ilocucionário é um ato realizado no e pelo discurso (portanto, uma entidade totalmente linguística), o perlocucionário pertence a uma outra ordem, tanto que se pode sempre recusar a sua paternidade linguística, mesmo quando ela está materialmente clara.

Aceitando-se estas últimas posições, percebe-se que é possível explicar todos os "efeitos de sentido" ou usos "não sérios" da linguagem por meio da noção de atos derivados.

Como já se disse acima, a significação explícita da frase é observável, já que só interessa o contexto frasal, gramatical, linguístico no sentido estrito. Reconhecer a significação explícita faz parte da competência linguística, em que o dicionário desempenha papel importante. É preciso notar, porém, que apenas o **enunciado** de uma frase é que pode ser considerado verdadeiro ou falso (as frases analíticas são pouco comuns em língua natural). A mesma frase, enunciada em momentos diferentes, pode ser contraditória. Ex.: "O dia está chuvoso".

Já se ressaltou, também, que existe a significação implícita, mais sutil, onde se encontram as indicações modais, das intenções do falante, ou seja, o modo como o conteúdo é comunicado e que estabelece, no enunciado, as condições particulares no interior das quais se dá a comunicação. Ocorre mesmo, com frequência, usarem-se enunciados cujo sentido literal nada (ou quase nada) tem a ver com o sentido que lhes está sendo atribuído naquela situação.

O termo **implicação**, ou **melhor, implicitação**, abrange uma área relativamente ampla. Segundo Ducrot (1972), é possível identificar três formas de implícito:

a) **implícito baseado na enunciação** — se digo: **Está calor aqui dentro**, para indicar que desejo que abram a janela (subentendidos).

b) **implícito baseado no enunciado** — **João veio me procurar, logo deve estar em situação difícil** (inferência).

c) **implícito do enunciado** (pressuposição linguística de Ducrot ou pensamento lateral de Frege, 1892) — algo intermediário entre o dizer e o não dizer, que constitui uma forma de significação contida de modo implícito no enunciado (pressuposto), em oposição àquilo que é **posto**.

Para o reconhecimento do implícito, faz-se necessário que o ouvinte tenha condições de reconhecer no enunciado a forma particular sob a qual a proposição vem expressa. Por isso, o falante lhe dá indicações que permitam esse reconhecimento: é o modo do mostrar, do indicar, do implicitar que constitui a **forma** do enunciado. A significação se dá, portanto, sob dois modos distintos: o da **mostração** (implícito) e o da **representação**[3] (explícito), que correspondem à diferença entre o **mostrar** e o **dizer**, a que se fez referência.

Não basta conhecer o significado literal das palavras ou sentenças de uma língua: é preciso saber reconhecer todos os seus empregos possíveis, que podem variar de acordo com as intenções do falante e as circunstâncias de sua produção.

Adotando-se este ponto de vista, o conceito de **situação** deverá englobar: a) a situação real dos fatos no mundo, à qual se remete ao

---

3. O termo *representação* significa aqui o que se está chamando de *representação 1*, ou seja, representação de um estado de coisas do mundo extralinguístico, razão pela qual se situa no nível do explícito, ao contrário do que ocorre com a *representação 2*.

emitir-se um enunciado e que pode ser avaliada em termos de verda-
de/falsidade (referência); b) a situação elaborada no processo de
constituição, de representação das identidades, que constitui o ponto
de ligação entre o texto e a realidade — a estrutura de um texto e o
real se articulam pelo fato de ser possível construir uma estrutura de
mediação, de representação, de interação verbal. É nesse sentido que
se pode afirmar que a linguagem é constitutiva das próprias possibilidades de significação.

Cada ato de linguagem é, pois, constituído dos três atos mencionados: **falar, dizer** e **mostrar.**

O **falar** consiste na produção de frases, decorrentes da capacidade do falante de produzir determinados sons de acordo com determinadas regras gramaticais, isto é, de comportar-se gramaticalmente
de acordo com essas regras. É o **nível gramatical,** a que se refere Benveniste (1966), correspondendo ao **ato locucionário** de Austin (1962).
A frase é uma entidade fono-morfo-sintática, decorrente das leis segundo as quais os signos se combinam numa dada língua.

O **dizer** consiste em produzir enunciados, estabelecer relação
entre uma sequência de sons e um estado de coisas. O enunciado é
uma entidade semântica.

O **mostrar** está ligado à enunciação. Visto à luz do processo de
enunciação, o enunciado passa a ter um **sentido,** que incorpora o
processo de significação e mostra a direção para a qual o enunciado
aponta, o seu futuro discursivo.

Um produto linguístico necessita, sem dúvida, ser garantido por
certas regras estruturais, mas vale, basicamente, pelo que significa,
quando a frase se atualiza em enunciado. Só como significação é que
se dá essa transcendência, que tende a encaminhar para um sentido, o
qual se concretiza no que denominamos **texto.** **Dizer** e **mostrar** constituem dois níveis ou modos de produção da significação que funcionam
de maneiras diferentes: enquanto a **significação** do enunciado é dada
pela relação entre a linguagem e o mundo, constituindo, como já se
disse, o domínio da Semântica, o **sentido** é dado pela relação entre a
linguagem e os homens, constituindo o campo da Pragmática.

CAPÍTULO II

Graus de complexidade das relações textuais

Os diversos tipos de relações intertextuais só podem ser explicitados de maneira adequada por uma teoria linguística que leve em conta não apenas os enunciados efetivamente produzidos, mas — e sobretudo — o evento particular que constitui a sua enunciação.

Do ponto de vista da enunciação, podem-se detectar, entre os enunciados que se encadeiam para formar o texto, dois grandes tipos de relações: a) as que se costumam chamar de lógicas ou semânticas em sentido estrito; b) as que se podem denominar de paralógicas, discursivas ou pragmáticas.

As primeiras, que têm sido amplamente estudadas por filósofos, logicistas e linguistas, são aquelas que, em língua natural, equivalem, de certo modo, às relações lógicas de **conjunção, disjunção, equivalência, implicação, bicondicionalidade**. Entre estas, podem-se incluir relações como as de **causalidade, alternância, temporalidade** (tempo anterior/tempo posterior, simultaneidade, proporcionalidade), **contraditoriedade, condicionalidade** etc. Este tipo de relação se estabelece entre as proposições que constituem um enunciado, ou entre os enunciados que formam um texto, sendo de caráter predominantemente objetivo.

Ocorre, porém, que, no discurso, assume vital importância o segundo tipo de relações, aquelas que são dotadas de caráter basicamente subjetivo, que pouco ou nada têm de "lógico" na acepção estrita do termo.

No nível do texto, as relações que se podem detectar são das mais variadas espécies e apresentam graus diversos de complexidade. Pode-se, por exemplo, falar de relações morfossintáticas intra e interenunciados, como é o caso da concordância (nominal e verbal); relações fonológicas ou suprassegmentais, como a entonação, estritamente relacionada com os níveis sintático-semântico e pragmático (tópico ou tema e comentário, por ex.); relações sintático-semânticas entre proposições, que exprimem causa/consequência, meio/fim, condicionalidade ou hipótese, oposição ou contraste etc., mencionadas há pouco; relações responsáveis pela coesão do texto — abrangidas pelo que Halliday denomina de **função textual** — como a **referência**, a **substituição**, a **elipse**, além da **coesão lexical** e da **conjunção** ou **conexão**.

Por outro lado, no momento em que se consideram as relações textuais do ponto de vista da enunciação, elas assumem novos graus de complexidade. Assim, sob o ângulo da informação que se visa a transmitir, tem-se o **dado** e o **novo**, que, textualmente, vão manifestar-se sob a forma de **tema** ou de **comentário**, acarretando, como já se disse, entre outras, modificações na entonação que se dá aos diversos segmentos.

Mas — e principalmente — há as relações discursivas que se estabelecem entre enunciado e enunciação, a que denominamos **ideológicas** ou **argumentativas**. Entram aqui todos os aspectos relacionados à intencionalidade do falante, à sua atitude perante o discurso que produz, aos pressupostos, ao jogo das imagens recíprocas que fazem os interlocutores um do outro e do tema tratado, enfim, todos os fatores implícitos que deixam, no texto, marcas linguísticas relativas ao **modo** como é produzido e que constituem as diversas modalidades da enunciação. Faz-se necessária, aqui, uma referência aos **atos de linguagem** (cf. as obras de Austin, Searle etc.), já que o ilocucionário frequentemente se inscreve no enunciado através de certas marcas convencionalizadas.

Assim, em cada texto, de acordo com a intencionalidade do locutor, estabelece-se um novo tipo de relações: **relações argumentativas**, que implicam, por exemplo, a apresentação de explicações, justificativas, razões, relativas aos atos de enunciação anteriores. Conforme se trate de um ato apenas, ou de vários atos de enunciação, pode-se ter ou **frases ligadas**, na terminologia de Bally (1944), constituídas de **predicados complexos** (como os denomina Ducrot, 1972) e resultantes de um único ato de linguagem; ou **enunciados coordenados**, resultantes de dois ou mais atos de fala, em que cada um deles toma o(s) anterior(es) como tema. É justamente o encadeamento de enunciados feito dessa maneira que vai dar origem ao que se denomina texto.

As relações discursivas ou pragmáticas são, pois, aquelas de caráter eminentemente subjetivo, já que dependem das intenções do falante, dos efeitos a que este visa ao produzir o seu discurso. No interior de cada discurso, criam-se para os interlocutores obrigações que, segundo Ducrot, se podem chamar de jurídicas, já que, por meio delas, se altera a situação dos participantes — algo que não era, passa a ser. Por isso é que a enunciação constitui um **evento**. O não cumprimento das obrigações discursivas leva, na maioria dos casos, à rejeição do próprio discurso. Por exemplo: uma pergunta coloca o interlocutor na obrigação de respondê-la; uma ordem determina comportamentos, verbais ou não verbais. Se, a um discurso iniciado pelo locutor, o destinatário responde: "Isto não me interessa", "eu já sabia", veda-lhe toda e qualquer possibilidade de prosseguir o discurso iniciado.

Dessa forma, as relações que se estabelecem entre o enunciado e a enunciação possuem caráter pragmático, "paralógico" ou ideológico (em sentido amplo), visto que, por representar-se a si mesma de uma certa forma, a linguagem possui uma lógica própria e caracteriza-se, acima de tudo, pela argumentatividade.

Assim, a maioria das relações existentes entre os enunciados componentes de um texto só podem ser detectadas por meio de uma gramática textual ou macrossintaxe do discurso. Encadeando-se uns sobre os outros, de acordo com as intenções do falante e, por consequência, com o sentido que se pretende dar ao discurso, os enunciados trazem em seu bojo relações de ordem pragmática, que se revelam, na maioria das vezes, através dos operadores do discurso — ou operadores argumentativos — os quais, por meio desse encadeamento, estruturam os enunciados em um texto verbal linear.

É sob esse ângulo, ainda, que certas questões, como a da pressuposição, adquirem especial relevância. Por exemplo, já que se encadeia sempre sobre o **posto**, tomando-se o **pressuposto** como algo já dado, constitui recurso argumentativo (ou retórico) apresentar, sob a forma de pressuposto, justamente aquilo sobre que se deseja chamar a atenção ou a informação que se deseja veicular, já que, deste modo, não poderá merecer contestação.

O último aspecto que se deseja ressaltar é o da diversidade dos papéis que se constituem **no** e **pelo** discurso. Trata-se de um tipo especial de relações textuais que vão dar origem às categorias linguísticas de locutor/alocutário e enunciador (ou destinador)/enunciatário (ou destinatário), as quais nem sempre são correspondentes. Faz-se ouvir, portanto, no mesmo discurso, uma multiplicidade de vozes, fenômeno a que Ducrot denomina de **polifonia**. Existem recursos linguísticos que possibilitam esse jogo cênico, pelo qual se distribuem, entre os personagens, máscaras que só têm realidade dentro do próprio discurso, determinando um jogo de representações dramáticas. É nesse sentido que se pode afirmar com Carlos Vogt que a linguagem é representação, ação dramática; isto é, **representação de representação, representação de 2° grau**: além de representar ("estar por") algo do mundo extralinguístico, ela representa a si mesma, através do jogo extremamente complexo de relações que só podem ser explicadas dentro do próprio discurso, já que são criadas no interior dele, ou, em outras palavras, só encontram uma abordagem adequada dentro de uma macrossintaxe discursiva.

É à descrição destas relações — pragmáticas, ideológicas ou argumentativas — que se dedicará a sequência deste trabalho, já que, entre elas, serão selecionadas aquelas que deverão constituir as principais categorias de análise de alguns textos que — em sentido estrito — se costumam denominar **argumentativos**.

CAPÍTULO III

As marcas linguísticas da argumentação

Dentre as relações que se estabelecem entre o texto e o evento que constitui a sua enunciação, podem-se destacar as seguintes:

1. as **pressuposições**;
2. as marcas das **intenções**, explícitas ou veladas, que o texto veicula;
3. os modalizadores que revelam sua **atitude** perante o enunciado que produz (através de certos advérbios, dos tempos e modos verbais, de expressões do tipo: "é claro", "é provável", "é certo" etc.);
4. **os operadores argumentativos**, responsáveis pelo encadeamento dos enunciados, estruturando-os em textos e determinando a sua orientação discursiva;
5. as **imagens recíprocas** que se estabelecem entre os interlocutores e as **máscaras** por eles assumidas no jogo de representações ou, como diz Carlos Vogt, nas pequenas cenas dramáticas que constituem os atos de fala.

Todos os elementos citados inscrevem-se no discurso através de marcas linguísticas, fazendo com que ele se apresente como um verdadeiro "retrato" de sua enunciação.

Passar-se-á, a seguir, ao exame de cada uma dessas marcas, utilizando-se, para tanto, comunicações apresentadas em Congressos ou Seminários (SBPC, GEL etc.) e artigos que constituem versões resumidas de capítulos de nossa tese de doutorado: **Aspectos da Argumentação em Língua Portuguesa** (PUC-SP, 1981).

1. OS TEMPOS VERBAIS NO DISCURSO*

O objetivo deste trabalho é analisar a proposta apresentada por H. Weinrich, em sua obra **Tempus**, quanto à função dos tempos verbais no discurso e verificar sua adequação relativamente ao português.

Estudando os tempos verbais do francês, o autor constata que: a) **as marcas do tempo são altamente redundantes nos enunciados da língua**; b) existem leis de concordância dos tempos dentro do período ("consecutio temporum"); c) os tempos não têm vinculação com o Tempo ("Cronos"); d) distribuem-se em **dois grupos** ou **sistemas temporais**, com empregos distintos e que não se combinam, normalmente, no mesmo período.

Grupo I — Indicativo: **presente** (canto), pret. perf. composto (tenho cantado), fut. do pres. (cantarei), fut. do pres. composto (terei cantado), além das locuções verbais formadas com esses tempos (estou cantando, vou cantar etc.).

Grupo II — Indicativo: **pret. perf. simples** (cantei), **pret. imperf.** (cantava), pret. mais que perf. (cantara), fut. do pret. (cantaria), e locuções verbais formadas com tais tempos (estava cantando, ia cantar etc.).

Analisando textos de várias situações comunicativas e também estatísticas feitas por outros autores para o francês, o espanhol e o alemão, Weinrich chega à conclusão de que, do mesmo modo que os tempos verbais, as **situações comunicativas** se repartem claramente em dois grupos, em cada um dos quais predomina um dos grupos temporais. Estabelece, então, sua distinção entre o **mundo comentado** e o **mundo narrado**. É graças aos tempos verbais que emprega que o falante apresenta o mundo — "mundo" entendido como possível conteúdo de uma comunicação linguística — e o ouvinte o entende, ou como mundo comentado ou como mundo narrado. Ao mundo narrado, pertencem todos os tipos de relato, literários ou não; tratando-se de eventos relativamente distantes, que, ao passarem pelo filtro

* Publicado na revista *Ângulo*, Lorena: Cadernos das Faculdades Integradas Teresa D'Ávila, n. 14, p. 14-17, jan./jun. 1982.

do relato, perdem muito de sua força, permite-se aos interlocutores uma atitude mais "relaxada". Ao mundo comentado pertencem a lírica, o drama, o ensaio, o diálogo, o comentário, enfim, por via negativa, todas as situações comunicativas que não consistam, apenas, em relatos, e que apresentem como característica a atitude tensa: nelas o falante está em tensão constante e o discurso é dramático, pois se trata de coisas que o afetam diretamente. "O falante está comprometido: tem de mover e tem de reagir e seu discurso é um fragmento de ação que modifica o mundo em um ápice e que, por sua vez, empenha o falante também em um ápice" [...] **Comentar é falar comprometidamente** (p. 69, grifo nosso). O emprego dos tempos "comentadores" (grupo 1) constitui um sinal de alerta para advertir o ouvinte de que se trata de algo que o afeta diretamente e de que o discurso exige a sua resposta (verbal ou não verbal); é esta a sua função, e **não** a de mencionar um momento no Tempo. Daí a obstinação que a linguagem põe no uso dos tempos.

Sempre que o locutor emprega os tempos do Grupo II, assume o papel de narrador, convidando o destinatário a converter-se em simples ouvinte, com o que toda a situação comunicativa se desloca para outro plano, isto é, a outro plano de consciência, situado além da temporalidade do mundo comentado, que deixa de ter validez enquanto durar o relato. É por esta razão que os advérbios de tempo, do mesmo modo que os tempos verbais, também se ordenam em dois grupos, necessitando ser "traduzidos" quando se passa de um para outro. Por exemplo: **agora, hoje, ontem**, passam a **então, nesse dia, na véspera** etc. Trata-se de duas ordens temporais qualitativamente diferentes: o tempo do mundo narrado e o tempo do mundo comentado, ao qual se pode denominar, com Heidegger, de temporalidade.

Deste modo, explicam-se vários fenômenos linguísticos, como as alterações que ocorrem na passagem — "tradução" — do discurso direto ao indireto, e mesmo o fenômeno estilístico do discurso indireto livre (quando se deixa de fazê-la integralmente).

O mesmo ocorre em relação à concordância dos tempos no período, encontrada nos mais diversos idiomas: se, em princípio, é possível passar do comentar ao narrar, ou vice-versa, não se deve pôr em perigo a compreensão, fazendo esta passagem num ritmo excessivamente rápido: desse fato decorre a exigência do emprego dos tempos do mesmo grupo como limitação combinatória dentro de uma oração complexa, sendo a mudança permitida, apenas, além da fronteira da oração. Obtém-se, assim, uma nova definição de frase: "unidade linguística que, segundo a atitude comunicativa, isto é, de acordo com a distinção fundamental entre o mundo comentado e o mundo narrado, mantém-se unitária".

Passando em revista algumas das principais formas verbais, o autor procura demonstrar que não exprimem Tempo, mas, sim, caracterizam a situação comunicativa como relato ou como comentário. Mostra, por exemplo, que na gramática de M. Grevisse, "Le Bon Usage", no capítulo destinado ao presente, diz-se, em primeiro lugar, que este designa o tempo presente; depois, que designa um hábito; a seguir, que exprime ações atemporais; e, finalmente, que pode expressar coisas passadas e futuras. Ora, diz Weinrich, esta é a melhor demonstração de que a forma verbal **presente** nada tem a ver com o Tempo: ela constitui, justamente, o tempo principal do mundo comentado, designando uma atitude comunicativa de engajamento, de compromisso.

Assim, embora normalmente se conte uma história no pretérito (imperfeito ou perfeito simples), no seu resumo empregar-se-á o presente (acompanhado ou não de outros tempos do Grupo 1). Por quê? Porque o resumo de uma novela, de um conto, de um filme, serve de base, habitualmente, para se fazer a crítica — isto é, **comentar** a obra ou para facilitar a outros essa tarefa.

O contexto mais amplo, portanto, identifica o resumo como parte de uma situação comentadora, fazendo com que os tempos do mundo comentado se conservem no argumento resumido. É por esta razão, também, que as manchetes de jornal apresentam geralmente o verbo no presente (ou, então, elidido): é a partir delas que se fará o comentário. É através delas que se solicita a atenção do leitor. É por isso, ainda, que, em descrições incorporadas a um relato, tem-se o verbo no imperfeito, ao passo que, em trechos descritivos dentro do comentário, o verbo apresenta-se no presente. Assim sendo, não é indiferente o emprego do **presente** ou do **pretérito imperfeito** nas descrições, como, por vezes, o fazem crer alguns de nossos manuais; o uso de um ou de outro depende da situação comunicativa tomada em conjunto.

Quando o falante emprega os tempos do mundo narrado (Grupo II), o ouvinte sabe que deve receber a informação como relato, mas nada existe que o obrigue a relacioná-lo obrigatoriamente com o tempo passado: o mundo narrado é indiferente ao Tempo cronológico, podendo estar ligado ao passado, por meio, por exemplo, de uma data, ou então, ao presente ou ao futuro, por meio de outros dados. Citem-se, a título de exemplo, os romances de ficção científica. Enquanto o **presente** constitui o tempo zero (sem perspectivas) do mundo comentado, o **imperfeito** e o **perfeito simples** constituem ambos os **tempos zero** do mundo narrado. São justamente os tempos zero que mais se utilizam, o que demonstra a falta de interesse por uma orientação baseada em perspectivas. Os demais tempos de cada grupo são, por sua vez, tempos de prospecção ou de retrospecção em relação ao tempo zero. Designam a perspectiva comunicativa relativamente ao ponto zero dos grupos temporais correspondentes. São as perspectivas retrospectiva e prospectiva, com seus matizes. Somente aqui, reconhece o autor, no conceito de perspectiva comunicativa, encontra-se algo relacionado com o Tempo:

"Não creio que os tempos — na perspectiva comunicativa — sejam formas mais temporais (de Tempo) que em suas outras características. Ao dizer que os tempos da linguagem nada tem a ver com o Tempo, isto não quer significar que os tempos neguem o fenômeno extralinguístico do Tempo, e inclusive o próprio discurso é um desses processos. Esse tempo físico, mensurável, já está pressuposto na linguagem ao mesmo tempo que o mundo real. É coisa que não tem nada de particular; afinal, a palavra "hora" também pressupõe Tempo. Da mesma maneira, também as perspectivas de retrospecção e de prospecção, em alguns tempos, pressupõem Tempo" (p. 99).

Quando, em inobservância à concordância dos tempos, se introduz um ou mais tempos do mundo narrado no mundo comentado (ou vice-versa), tem-se o que o autor chama de **metáfora temporal**. Assim, por exemplo, o uso do imperfeito, do passado simples, do condicional etc., em situações comentadoras, exprime um matiz de validez limitada, trazendo ao contexto comentador o que é peculiar ao mundo narrado, como relaxamento, falta de compromisso. Limita-se, assim, a validez do discurso, pela introdução de matizes que podem exprimir cortesia, timidez, hipótese, incerteza, irrealidade etc. Já os tempos do mundo comentado levam consigo algo de sua tensão, compromisso e seriedade, dilatando a validez do relato ou insistindo sobre ela. É o que acontece quando, numa narrativa, se usa o presente histórico, por exemplo. Isto é: comenta-se **como se** se narrasse ou narra-se **como se** se comentasse.

O sistema metafórico temporal é domínio do matiz. Ex.: O ministro estaria preparando um comunicado à imprensa (= parece que) — notícia não confirmada, limitação da validez. O falante não se responsabiliza pela exatidão da notícia.

Weinrich não aceita, também, a doutrina do aspecto verbal, tentando mostrar a debilidade de seus fundamentos e considerando o que se costuma denominar de "aspecto" incluído nos tempos verbais próprios de cada situação: tempo verbal deve ser entendido como "comportamento do falante articulado nos dois grupos temporais do mundo comentado e do narrado". A diferenciação entre imperfeito e passado simples, por exemplo, se estabelece com base na noção de relevo narrativo: o passado simples é, no relato, o tempo do primeiro plano, constituindo o imperfeito o tempo do segundo plano. Enquanto o perfeito marca todas as unidades de ação da narrativa, o imperfeito fornece o pano de fundo, aparecendo, também, com frequência, na introdução e na conclusão.

Note que o imperfeito foi ganhando terreno na época do realismo, justamente quando o pano de fundo da narrativa apresentava maior importância que o próprio desenvolvimento da trama.

Quanto aos "modos" subjuntivo e imperativo, e ao infinitivo, gerúndio e particípio, considera-os semitempos: são formas verbais de espécies diferentes, mas, de modo algum, formas verbais em sua totalidade, já que se mostram indiferentes à distinção entre mundo comentado e mundo narrado. Podem, porém, fixar a perspectiva ou estabelecer o relevo, e apresentam-se, na maioria dos casos, ligados a um tempo pleno, que lhes determina a situação comunicativa.

Em síntese: nas línguas estudadas, existem três dimensões do sistema temporal, ligadas à situação comunicativa:

a) atitude comunicativa $\begin{cases} \text{narrativa} \\ \text{comentadora} \end{cases}$

b) perspectiva comunicativa $\begin{cases} \text{tempos de grau } \varnothing \text{ — sem perspectiva} \\ \text{tempos com perspectiva } \begin{cases} \text{prospecção} \\ \text{retrospecção} \end{cases} \end{cases}$

c) relevo $\begin{cases} 1^\circ \text{ plano} \\ 2^\circ \text{ plano} \end{cases}$ Só aparece em alguns setores do sistema temporal.

A fórmula estrutural do verbo completo seria, pois:

$$L — Pn\ A\ Pe\ (R)$$

L designa a informação semântica propriamente dita, ou seja, o lexema, separada da informação "sintática" por um hífen, pois esta é de outra espécie: sedimenta a significação do verbo na situação comunicativa.

Pn representa a informação sobre a pessoa;

A, a informação sobre a atitude comunicativa;

Pe, a informação sobre a perspectiva; e

R, a informação sobre o relevo (somente no mundo narrado).

Toda enunciação linguística que contém uma forma verbal conjugada segundo essa fórmula estrutural constitui uma oração — e é, por si só, uma oração, justamente porque a forma empregada do verbo nos traz a informação sobre os conceitos de pessoa e tempo, o que garante a significação de um lexema em uma situação comunicativa concreta,

"aquela situação em que tem lugar a comunicação, em que convergem mundo e linguagem" (p. 358). Assim, "oração é um verbo em clara situação comunicativa" (p. 360).

Os semitempos não oferecem informação completa sobre pessoa e tempo, não tendo, portanto, categoria oracional. Com particular frequência, deixam de lado a informação sobre a atitude comunicativa e o relevo. Isto resulta do princípio econômico geral que se encontra na base de toda e qualquer comunicação: há situações comunicativas em que a informação mais pobre é suficiente. Ora, os semitempos não se apresentam isolados, mas ligados a formas completas, de modo que continua válida a informação do verbo oracional que as precede ou, então, é fornecida pela do verbo oracional seguinte. Portanto, os semitempos acham-se em dependência de outras fontes ligadas ao contexto linguístico para completar sua informação.

Weinrich chama a todas as informações trazidas pela forma verbal, com exceção do lexema, de informações sintáticas. E escreve:

> "não se pode deixar de ter presente que a situação comunicativa é a medida de todo o sintático. E, assim, a sintaxe pode ser definida como a parte da ciência da linguagem que estuda o enlace (direto ou indireto) da significação com a situação comunicativa" (p. 363).

Note-se a diferença entre esta conceituação de sintaxe e a que estamos acostumados a encontrar em gramáticas e obras linguísticas. É a isto que se vem denominando "macrossintaxe do discurso".

À luz dessa teoria, procedeu-se à análise de textos de tipos variados em língua portuguesa, verificando que ela se mostra válida também para o português. O maior problema encontrado foi o do **pretérito perfeito simples**, que apresenta elevado índice de incidência tanto no relato como no comentário. Isto não ocorre, por exemplo, no francês, em que o "passé simple" se encontra praticamente restrito à língua escrita e à 3ª pessoa, sendo substituído, na língua oral, pelo "passé composé" (cf. a distinção de Benveniste (1966) entre "discurso" e "história"). O nosso perfeito composto, por sua vez, é de uso bem mais restrito, parecendo limitar-se realmente ao mundo comentado. Somos de opinião que, quando a co-ocorrência do perfeito simples com tempos do mundo comentado não se dá dentro de um mesmo período, é possível considerar tais empregos como momentos narrativos dentro do comentário: introduz-se um relato para servir de base a um comentário posterior, ou faz-se o comentário, acrescentando-se, a seguir, um argumento ou uma exemplificação em forma de relato. Todavia, nos casos em que o perfeito simples co-ocorre com tempos do comentário dentro de um mesmo período, fato bastante frequente em português, somos de opinião que se trata de um tempo do mundo comentado e postulamos, com base na posição de Bull (1960) a respeito da forma espanhola "cantó", a existência de uma **neutralização** entre duas formas diversas; a que constitui, em nossa língua, o tempo zero do mundo narrado e a que representa a perspectiva retrospectiva em relação ao tempo zero, no mundo comentado.

Examinemos, a título de exemplificação, alguns textos extraídos de periódicos da capital de São Paulo:

1 — ACIMA DOS PARTIDOS

Quem se *detiver* na análise do discurso pronunciado ontem pelo ministro da Marinha, pelas comemorações do Dia do Soldado, *encontrará* cuidadosamente expressa uma tese profunda, que a pessoas de sua intimidade o almirante Maximiano da Fonseca tem *desenvolvido* em mais pormenores. Quando ele se *refere* à importância do processo eleitoral, disputado pelas diferentes facções que *aspiram* ao poder, *afirma* ser "perfeitamente normal e democrático que *existam* opiniões divergentes, consequentes do interesse político de cada uma". Pouco depois, acentua ser essa luta inerente à história das nações, benéfica, e estabelece a ressalva: desde que nela não *intervenham* a violência, a corrupção e as explorações demagógicas, inadmissíveis numa verdadeira democracia.

De tudo, *compreende-se*: o ministro da Marinha *sustenta* que os militares *devem permanecer* como guardiões de valores como a segurança e a probidade, mas não *precisam engajar-se* na vitória deste ou daquele partido, ou *considerar-se* derrotados diante deste ou daquele resultado eleitoral. Em outras palavras, se o PDS *perder*, *tiver* diminuídas suas bancadas ou *deixar* determinados governos estaduais, pouco *importa*. Outras facções, ou partidos, que assumam o poder, e o *exercitem*, pois isso faz bem à Nação. Desde que subversão e corrupção não *vinguem* e *possam ser* debeladas e impedidas pela presença e pela ação das forças armadas. Que *ficariam* assim acima dos partidos, e dentro de sua missão constitucional (*O Estado de S. Paulo*).

2 — O RACIONAMENTO

Só um golpe de sorte *conseguirá fazer* com que o Brasil *escape* do racionamento de combustíveis. É primário, qualquer criança *sabe* que nossos estoques são obviamente finitos e a guerra entre Irã e Iraque *indica* escassez mundial de petróleo. Ante esse quadro, chega a ser ridículo o esforço contorcionista que *leva* as autoridades brasileiras a reiteradamente afirmar que não *haverá* racionamento (como se a população *fosse* formada por débeis mentais). Já é tempo de falar claro e mostrar os perigos e dificuldades que nos *cercam*. E acreditar que o povo brasileiro é capaz de, através de mobilização inteligente, enfrentar a situação (*Folha de S.Paulo*).

3 — ASSIM É A VIDA

São Paulo *vai entrando* naqueles dias que *prenunciam* um inverno rigoroso: hoje *faz* muito calor, amanhã *fará* frio, depois novamente calor, numa alternância propícia à gripe que *dobra* as resistências e *abate* os ânimos. *Trata-se* da meia-estação, menos pelas temperaturas amenas (que propriamente não *temos*) do que pela média imaginária entre muito calor e muito frio.

E as pessoas *seguem* o clima: amigos *tornam-se* meio-amigos; inimigos, meio-inimigos: *abrem-se* parênteses nos projetos e as expectativas são suspensas. *Espera-se* a recessão, *receia-se* o desemprego e entre o desespero e a esperança é que se vai *levando*. *Há* quem aguarde os dias mais negros da crise, e *há* quem aguarde a volta do Sr. Jânio Quadros — o que no fundo é a mesma coisa. Nos braços de ambos *chegará* o inverno. Tudo *passa* (*Folha de S.Paulo*).

4 — *Conciliar* o desenvolvimento com a preservação do meio ambiente, eis o desafio lançado pelo movimento ecológico em todo o mundo *há* mais de uma década. Desdenhado de início como força retrógrada, a pregação ecologista *ganhou* rapidamente o respeito de governos, cientistas e partidos políticos de todo o mundo. Seu maior aliado: as evidências de que o crescimento econômico, em si, não *reduz* necessariamente as desigualdades e *pode*, ao contrário, *destruir* fontes essenciais da vida como o ar, a água, a terra e as matas.

O voo cego do homem rumo à barbárie, no entanto, *permanece* ainda inalterado, segundo os ecologistas. Na Amazônia, 60 mil árvores são *derrubadas* por hora; a energia atômica *consome* bilhões de dólares e *gera* um lixo radioativo incontrolável; a atmosfera terrestre *terá* 25% a mais de gás carbônico até o final do século para *sustentar* o seu modo de vida baseado no desperdício, os países industrializados, com 13% da população mundial, *consomem* 37% das fontes energéticas do planeta e *utilizam* para a sua alimentação 20% das terras do Globo, para além de suas fronteiras.

Trata-se, pois, na opinião do ecologista francês Michel Bosquet, de um modo de vida não reproduzível em escala mundial. O que, no seu entender, *impõe* a busca urgente de um caminho alternativo de desenvolvimento.

"Um caminho que *libere* o homem da lógica insana de só *dar* valor àquilo que *tem* preço e cotação de mercado", diz Bosquet (*Folha de S.Paulo*).

5 — SEUL PRENDE 6 MIL EM BUSCA DE INCENDIÁRIOS

SEUL — Dez mil policiais *prenderam* cerca de seis mil pessoas numa extensa operação montada depois do incêndio que, na quinta-feira, *destruiu* um andar do prédio da agência norte-americana de informações em Pusan, em atentado que as autoridades *atribuíram* ao dissidente Jung Soon-Chun.

Das 5.739 pessoas presas anteontem em Seul, 3.877 *foram multadas ou condenadas* a uma semana de prisão por delitos como desordens, infrações de trânsito e furto, 1.663 *foram liberadas* com advertência e 199 soltas enquanto *continuam* as investigações. A polícia *mobilizou* 10 mil homens para a operação e *intensificou* a vigilância em torno das embaixadas e residências diplomáticas.

O incêndio da agência de informações em Pusan *foi* o primeiro ataque contra uma instalação diplomática dos Estados Unidos na Coreia do Sul. Segundo o governo, quem *planejou* o atentado foi Jung Soon-Chun, dissidente de 27 anos, na clandestinidade desde dezembro de 1980, quando *foi acusado* de tentar incendiar outro prédio da agência de informações, em Kwangju, palco de uma rebelião reprimida pelo exército.

No incêndio de quinta-feira, um estudante *morreu* e outros três *ficaram* feridos. Eles *estavam* fazendo consultas na biblioteca. Segundo testemunhas, duas mulheres *espalharam* um líquido que *parecia* gasolina no chão do prédio e um homem que estava com elas *acendeu* o fogo (*Folha de S.Paulo*).

6 — COBRADOR É ROUBADO EM V. PENTEADO

Um desconhecido, que *portava* um revólver dentro de uma pasta, assaltou, na madrugada de ontem, um ônibus da CMTC, quando o coletivo *trafegava* pela rua do Bosque, na Vila Penteado. O ladrão *chegou* perto do cobrador José Maria Mendes, *abriu* sua pasta e *mostrou-lhe* a arma, *ordenando-lhe* que ficasse quieto e lhe desse todo o dinheiro. De posse de 10.875 cruzeiros, o desconhecido *desceu* do ônibus, mas, antes, *agradeceu* ao motorista por *ter parado* no ponto.

Quando o assaltante *ia iniciar* a fuga, os passageiros *começaram a gritar* que ele *havia assaltado* o cobrador. O motorista ainda *tentou segui-lo*, mas o desconhecido apontou seu revólver para o ônibus, deu um tiro, que quase *atingiu* o cobrador.

O assalto *foi registrado* no 45º DP (*Folha de S.Paulo*).

Os textos 1 a 4 pertencem ao "mundo comentado" de Weinrich. O texto 3 apresenta todos os verbos nos tempos do comentário. No texto 2 há apenas uma exceção, no último período: **ficariam**, que se explica como metáfora temporal de validez limitada, exprimindo hipótese, probabilidade a ser confirmada. O mesmo ocorre, no texto 2, com relação a **fosse**, semitempo que, normalmente, vem precedido de um tempo do relato, mas que, como metáfora temporal, exprime irrealidade. Finalmente, no texto 4, ocorre o perfeito simples **ganhou**, que, como se disse acima, deve ser considerado como forma que representa uma perspectiva retrospectiva em relação ao tempo zero do comentário.

Os textos 5 e 6 constituem relatos, pertencendo, portanto, ao mundo narrado. No texto 5, todos os tempos verbais pertencem ao Grupo 11, com exceção de **continuam**, forma que pode ser entendida como um futuro do subjuntivo (continuarem), ou como um tempo ativo com valor passivo (enquanto se dá continuidade às investigações). Vale quase como um parênteses — e seria, assim, um comentário.

No texto 6, aparecem exclusivamente os tempos verbais do relato, basicamente os pretéritos perfeito e imperfeito (tempo zero), além de alguns semitempos. Pode-se notar claramente o relevo narrativo:

1º plano	2º plano
O desconhecido *assaltou* um ônibus O ladrão *chegou perto* do cobrador, *abriu* sua pasta e *mostrou-lhe* a arma, ordenando-lhe que ficasse quieto e lhe desse o dinheiro.	que *portava* um revólver quando o veículo *trafegava*
O desconhecido *desceu* do ônibus, *agradeceu* ao motorista...	
Os passageiros *começaram a gritar*	quando o *assaltante* ia iniciar a fuga que ele havia assaltado o cobrador.
O motorista *tentou* segui-lo O desconhecido *apontou* seu revólver..., *deu* um tiro, que quase *atingiu* o cobrador.	

Notem-se, ainda, as formas passivas da manchete e do parágrafo final. Segundo Weinrich, no **perfectum** latino da época clássica já está presente a fronteira estrutural entre o mundo comentado e o mundo narrado. Esta fronteira separa o **perfectum** dos verbos depoentes e passivos do **perfectum** dos verbos ativos. O primeiro é tempo comentador, o segundo é narrativo. Ora, sabe-se que o perfeito passivo em latim era formado do verbo **esse** (= ser), no **presente**, seguido do particípio passado do verbo principal (por ex., em deleta **est** = foi destruída, **est** = presente).

Os tempos de **infectum** possuíam formas sintéticas na voz passiva [ex.: deletur = é destruído (a)]. Em português, como todos os tempos possuem formas passivas analíticas, o **perfeito passivo** é conjugado com o **perfeito** do verbo **ser**, e o **presente passivo** conjuga-se com o **presente** do mesmo verbo. Ora, o período final do texto encontra-se no perfeito do indicativo passivo, ao passo que o título encontra-se no **presente** (possuindo, porém, valor retrospectivo). Esse fato comprova a hipótese de que, nas manchetes, por fazerem parte do mundo comentado, predominam os verbos no **presente**; por vezes, aparecem no futuro; ou, ainda, apresentam-se na forma passiva, muitas vezes com o verbo elidido.

O texto encerra-se, portanto, com um comentário e sua manchete também faz parte do mundo comentado.

A aplicação da teoria dos tempos verbais de Weinrich poderá trazer novas luzes não só à análise e interpretação de textos, como também à própria tipologia dos discursos.

2. A PRESSUPOSIÇÃO

2.1 Divergências quanto à noção da pressuposição

2.1.1 Um dos primeiros trabalhos em que se distingue o **posto do pressuposto** é o de Frege (1892). Ao discutir a questão da referência das proposições, Frege estabelece, como referência de uma proposição, o seu valor de verdade. Desse modo, substituindo-se uma parte de uma proposição por uma expressão que possua o mesmo valor de verdade, toda proposição manterá o mesmo valor de verdade, isto é, a mesma referência.

Partindo do exemplo que se tornou famoso na literatura especializada:

(1) "Aquele que descobriu que a órbita dos planetas é elíptica morreu na miséria",

Frege considera "aquele que descobriu que a órbita dos planetas é elíptica" como pressuposto e "morreu na miséria" como conteúdo posto, já que, se substituíssemos a primeira expressão por outra como "aquele que descobriu a América", por exemplo, alterar-se-ia o valor da verdade da proposição. Assim sendo, toda essa parte inicial pode ser encarada como um nome, que tem como referência um ser determinado — Kepler —, não constituindo, portanto, uma proposição à parte, mas não fazendo também parte do conteúdo de (1), devendo ser considerada como pressuposto.

Para corroborar sua afirmação, utiliza os critérios da **negação** e da **interrogação**. Transformando-se o enunciado (1) numa negação ou numa interrogação, essa parte permanece inafetada:

(1a) Aquele que descobriu que a órbita dos planetas é elíptica não morreu na miséria.
(1b) Aquele que descobriu que a órbita dos planetas é elíptica morreu na miséria?

Tanto (1) como (1a) e (1b) têm o mesmo pressuposto: existe alguém que descobriu que a órbita dos planetas é elíptica.

Frege conclui que, nesse exemplo, a subordinada relativa não é propriamente uma proposição, tratando-se apenas de um nome que serve de sujeito à principal, não encerrando nenhum julgamento: o julgamento existencial (existe alguém que descobriu...) não está verdadeiramente contido ("**enthalten**") no enunciado, mas apenas pressuposto ("**vorausgesetzt**"). Portanto, esse grupo de palavras que constitui uma proposição no sentido gramatical (subordinada relativa), não é, na realidade, uma proposição lógica. Para ele, **pressuposto** se opõe a **contido**, de modo que o julgamento pressuposto é excluído da significação.

O exemplo de Frege é descrito por Russell (1905) como a conjunção de duas proposições:

1') Existe um **X** tal que: **X** descobriu que a órbita dos planetas é elíptica; **X** morreu na miséria.

Assim, o enunciado seria falso no caso em que ninguém tivesse descoberto que a órbita dos planetas é elíptica: a verdade do pressuposto de existência torna-se uma condição necessária para que o enunciado seja verdadeiro, embora não seja uma condição necessária para que ele tenha valor lógico.

Tanto Frege como Russell voltam-se basicamente para a questão da significação em termos das condições de verdade das proposições, situando-se, assim, no campo da lógica (ou da semântica pura). Mas, também entre os linguistas, existem aqueles que consideram a pressuposição como uma relação semântica existente entre sentenças, traçando a distinção entre pressuposição e asserção em termos de conteúdo ou das condições de verdade das proposições: uma proposição "P" pressupõe "Q" se e somente se "Q" deve ser necessariamente verdadeiro para que "P" tenha qualquer valor de verdade. Sendo falsa a pressuposição, a asserção carecerá de valor de verdade.

2.1.2 Entre os que entendem a pressuposição como condição de emprego dos enunciados, há, portanto, os que consideram este emprego como **emprego lógico** (Frege [1892], Russell [1905] e Strawson [1950]), e os que admitem que o fenômeno da pressuposição não se fundamenta no emprego **lógico**, embora continuem a sustentar que ele diz respeito às condições que devem ser satisfeitas para que o enunciado possa preencher as funções que se propõe — é o caso de Strawson (1964) e da maioria dos filósofos da escola de Oxford, além de vários linguistas, como será visto a seguir.

Para Collingwood (1940), também da escola de Oxford, a pressuposição dos enunciados constitui apenas um caso particular de um fenômeno mais geral que abrange toda a atividade humana: já que todo ato é orientado para determinado fim, ao praticá-lo, estamos admitindo que seja apto a levar a esse fim, ou seja, que não há impossibilidade "a priori" de ele ser realizado com êxito. Ora, quando se fala das pressuposições de um enunciado, trata-se das condições requeridas para que ele possa atingir os resultados pretendidos.

Interessante na formulação de Collingwood, que tem em vista apenas os enunciados assertivos, é o fato de que considera toda afirmação como resposta a uma pergunta, ainda que esta não se efetive realmente. Mas, para que uma pergunta tenha razão de ser, é preciso admitir previamente certos dados que a tornem possível; sem eles, ela não teria razão de ser e, sendo eles condições de possibilidade da pergunta, o serão, com maior razão, também da afirmação. Por exemplo:

(2) Ele parou de bater em sua mulher
Pergunta: Parou ele de bater em sua mulher?
Pressuposição: Ele tinha o hábito de bater em sua mulher.

Sua conclusão é que o enunciado possui pressupostos **enquanto ato**, ou melhor, **enquanto objeto de um ato** — e não enquanto ato propriamente linguístico. Portanto, eles não podem ser considerados elementos do seu conteúdo, pois outros atos, não linguísticos, também são afetados por pressupostos.

Para Strawson (1964), uma frase que pretenda informar uma determinada propriedade possuída por um objeto e que a ele se refira por meio de uma descrição só poderá desempenhar seu papel se o ouvinte tiver os conhecimentos necessários para se reportar da descrição à coisa descrita, um dos quais deverá ser necessariamente a ideia de que existe um referente que corresponde à descrição. São, pois, pressupostos de um enunciado os conhecimentos que se devem presumir no ouvinte para que o enunciado possa cumprir sua função informativa.

2.1.3 Austin (1962) dá um passo adiante, ao demonstrar que não só os enunciados assertivos possuem pressupostos, generalizando o fenômeno para outros atos de linguagem, como a interrogação, a ameaça, a ordem, a promessa: dá assim, à asserção o estatuto de **um** ato de linguagem **entre vários outros**.

Segundo ele, esses atos só podem ser realizados quando preenchidas certas condições, cuja ausência dá origem a **infelicidades** ("infelicities") que os impedem de atingir seus objetivos. Estas exigências são de dois tipos: **subjetivas — as condições de sinceridade,** retomadas posteriormente por Grice (1975) e Searle (1969), constituídas por um conjunto de sentimentos, desejos e intenções, necessárias para que o ato possa ser considerado sério; e **objetivas**, indispensáveis para que o ato possa realizar-se, visto que ele só pode ocorrer em tipos particulares de situações fora das quais se torna nulo (Ex.: "Declaro aberta a sessão"). Austin distingue os termos "**imply**", relacionado às condições de sinceridade, e "**entailment**", relativo à implicação lógica.

As condições objetivas de Austin encontram seu paralelo nas pressuposições: se forem falsas, o ato não se realizará.

2.1.4 Entre os linguistas que entendem as pressuposições como condições de emprego, está Fillmore (1965). Partindo do exame das **condições de felicidade**, numa frase imperativa como:

(3) Feche a porta, por favor.

levanta as exigências seguintes:

I —   que o locutor e o alocutário estejam numa relação tal que permita àquele dirigir seu pedido a este.

II — que o alocutário esteja numa posição que lhe permita fechar a porta.

III — que o locutor tenha em mente uma certa porta e tenha razão para supor que o alocutário possa identificá-la sem uma descrição suplementar de sua parte.

IV — que a porta em questão esteja aberta no momento da enunciação.

V — que o locutor deseje que se feche a porta.

Afirma que um fato importante, habitualmente omitido pelo filósofo quando da enumeração das condições de felicidade, é que estas se ligam separadamente a uma série de fatos específicos concernentes à estrutura gramatical da frase. Assim, por exemplo, do fato de ser a frase imperativa inferem-se condições que se ligam à dedução de que existe uma porta identificável pelos dois interlocutores, à qual o locutor se refere. Outras condições podem ser deduzidas da maneira como se entenda o verbo **fechar**.

Mas declara que é muito mais importante ressaltar que algumas destas condições presidem ao próprio emprego da frase, não constituindo apenas esclarecimentos relativos à sua força ilocucionária real. Nenhuma das condições acima é afetada pela negação, à exceção da última, ou seja, aquela que diz respeito à vontade do locutor.

Propõe, assim, que se analise a situação de comunicação verbal sob dois aspectos: o ilocucionário (ou explícito) e o pressuposicional (ou implícito). Os aspectos pressuposicionais seriam as condições que devem ser satisfeitas para que um ato ilocucionário preciso seja efetivamente realizado ao se pronunciarem certas frases. Se as condições pressuposicionais não forem satisfeitas, o enunciado, simplesmente, **não é apto** a ser usado apropriadamente. Com base no critério da negação, considera (I) a (IV) como pressupostos de (3), dando à condição (V) um estatuto diferente, por conter a "significação" propriamente dita do enunciado.

Filmore conclui que a teoria linguística necessita de uma análise dos atos de linguagem que leve em consideração tanto os aspectos pressuposicionais como os ilocucionários da comunicação verbal, o que possibilitará aos linguistas construírem um sistema de regras por meio das quais, dada uma descrição gramatical complexa de qualquer frase, seja possível detectar o conjunto das pressuposições que devem ser satisfeitas para toda e qualquer enunciação de boa-fé da mesma.

2.1.5 Stalnaker (1977), por sua vez, define a pressuposição como uma disposição linguística do falante. Defende a posição de que a pressuposição deve ser analisada do ponto de vista pragmático, em termos das situações em que o enunciado é produzido — as atitudes e intenções do falante e de sua audiência —, de modo que as pressuposições seriam algo como as crenças em que o falante se esteia.

Afirma que este enfoque permite explicar fatos particulares sobre as pressuposições em termos de máximas gerais da comunicação racional, que normalmente tem como pano de fundo um conjunto de crenças ou convicções partilhadas entre os interlocutores e reconhecidas por eles como tais. A direção de uma conversação será dada justamente pelo conhecimento de quais os fatos ou opiniões que se podem considerar como assegurados desta maneira, como também de quais as informações adicionais que é preciso veicular.

É, porém, de opinião que, ao contrário do que comumente se costuma afirmar, **são as pessoas e não sentenças, proposições ou atos de linguagem que têm ou fazem pressuposições.** Se é verdade que os fatos linguísticos a serem explicados por uma teoria da pressuposição são, em grande parte, relações entre itens linguísticos, ou entre uma expressão linguística e uma proposição, defende a posição de que todos os fatos podem ser determinados e explicados diretamente em termos de uma noção subjacente de pressuposição do falante, sem recurso a uma noção intermediária de pressuposição como relação entre sentenças e proposições.

Na conversação normal e séria, cujo principal objetivo é a troca de informações ou o desenvolvimento racional de uma argumentação, o que é pressuposto pelo falante geralmente não causa problemas, já que as pressuposições coincidem com as crenças comuns ou com o conhecimento presumido como comum. As dificuldades surgem em contextos em que haja outros interesses além da comunicação, como o de ser polido, discreto, diplomático, amável, ou simplesmente o de estabelecer ou manter a comunicação.

Mas há também os casos em que o falante age como se determinadas proposições fizessem parte do "**background**" comum, embora saiba que não é verdade: por exemplo, quando quer comunicar uma proposição indiretamente e o faz pressupondo-a, de tal maneira que o ouvinte seja capaz de inferir o que é pressuposto. Em certas ocasiões, seria até mesmo indiscreto, injurioso, tedioso, desnecessário ou, ainda, menos eficaz do ponto de vista retórico asseverar abertamente uma proposição que se deseja comunicar. Por isso, afirma que pressupor não é uma atitude mental como crer, mas antes uma disposição linguística — disposição de comportar-se no uso da linguagem **como se** se tivesse certas crenças ou se fizesse certas suposições.

2.1.6 Lakoff (1971) afirma que não se pode admitir que seja possível falar de boa ou má formação de uma frase de modo isolado, sem levar em conta todas as pressuposições sobre a natureza do mundo. Só se pode falar realmente de boa formação relativa e/ou gramaticalidade relativa, nos casos em que uma frase seja bem formada apenas com respeito a certas pressuposições: dada uma sentença e um conjunto de pressuposições PR, a S só será bem formada com relação a PR; e os princípios gerais pelos quais um falante concilia uma S com as pressuposições necessárias à sua boa formação constituem parte de seu conhecimento linguístico, isto é, de sua competência (em termos chomskyanos). Exemplifica com a ocorrência de **who** e **which**, que é semanticamente determinada, envolvendo pressuposições. Cita outros casos em que o julgamento a respeito da boa formação de frases parece variar de acordo com as crenças e convicções do falante e/ou do interlocutor. Concorda com Searle, quando este afirma que certos aspectos do uso da língua constituem parte da competência linguística do falante, adotando, assim, a posição de que o conhecimento quanto às condições de felicidade, que governam o que Austin chama de "atos ilocucionários", são parte de sua competência, ou seja, do conhecimento que tem de sua língua.

Supondo-se que o par (PR, S) é gerado pela gramática de uma língua, parte de seu conhecimento linguístico dirá se S e bem formada apenas dada PR. Mas fatores extralinguísticos afetarão o julgamento quanto ao desvio, que concerne ao desempenho, ou seja, o uso de S em determinado contexto. Se o conhecimento factual do falante contradiz PR, ele deverá julgar S "desviante".

Kiparsky e Kiparsky (1970) atribuem especial importância à pressuposição, por parte do falante, de que a completiva de uma S expressa uma proposição verdadeira (um fato). Demonstram que o fato de o falante pressupor a verdade de um complemento contribui de maneira importante para determinar a forma sintática que esse complemento pode assumir na estrutura superficial e também o modo verbal a ser empregado no caso de assumir a forma de completiva desenvolvida.

Karttunen (1973), embora partilhe a opinião de que não é possível definir adequadamente a noção de pressuposição em termos puramente semânticos, ou seja, em termos das condições de verdade, sendo necessário recorrer a uma noção pragmática, discorda de Stalnaker quando este recorre à noção de pressuposição do falante. Segundo Karttunen:

"uma sentença de superfície A pressupõe pragmaticamente a forma lógica L, se e somente se A puder ser utilizada com felicidade somente em contextos que acarretem L. A pressuposição é vista, portanto, como uma relação entre sentenças, ou, mais exatamente, entre uma sentença superficial e a forma lógica de outra".

O autor assinala que por **sentença de superfície** designa expressões de uma língua natural em oposição a sentenças de uma língua formal com as quais as primeiras se acham de alguma forma associadas, e, por **contexto**, um conjunto de formas lógicas que descrevem o conjunto de "backgrounds", suposições, isto é, tudo aquilo que o falante pretende considerar como partilhado por si e seus ouvintes em contextos que acarretam todas as suas pressuposições.

Quanto às pressuposições, classifica os predicados em três tipos:

a) **"plugs"** — que bloqueiam todas as pressuposições da oração completiva. É o caso dos **performativos** (dizer, mencionar, perguntar, prometer, ordenar etc.);

b) **"holes"** — que são transparentes, isto é, deixam passar as pressuposições da completiva. Trata-se dos **factivos** (saber, lamentar, compreender, estranhar...); dos **implicativos** (conseguir, evitar, forçar...); e dos verbos de **atitude proposicional** (achar, acreditar, duvidar...);

c) **"filters"** — que cancelam certas pressuposições, sob determinadas condições. É o que ocorre quando a frase contém **conectivos lógicos** do tipo: se... então, ou... ou etc.

Também Thomason (1973) reserva o termo **"pressupor"** para relações entre sentenças (e não, como faz Stalnaker, àquilo que é mutuamente subentendido num contexto de comunicação), preferindo, porém, enfocar o problema sob o aspecto semântico, já que, em sua opinião, a pragmática ainda não se encontra suficientemente desenvolvida.

2.1.7 Através das conceituações de pressuposição aqui apresentadas — algumas dentre as muitas existentes na literatura — pode-se verificar a grande divergência entre os estudiosos a respeito desse fenômeno.

Ducrot (1978a), por sua vez, classifica essas conceituações em dois grandes grupos:

a) **lógicas** — as que tomam por base o critério da negação, que permitem ligar a noção de pressuposto às de "**verdade**" e "**falsidade**" e, daí, à relação lógica de inferência. Por vezes, recorrem a uma lógica de três valores: V (verdadeiro); F (falso); nem V nem F.

b) **pragmáticas** — b1) as que consideram as pressuposições como **condições de emprego**, como é o caso dos filósofos analíticos de Oxford. Essa conceituação apresenta duas dificuldades: primeiro, como saber o que o destinatário conhece, para declarar que se trata de uma enunciação normal ou não?; segundo, como somente as frases (e não os enunciados) têm condições de emprego, só se poderia falar, no caso, em **pressuposição de frases**, embora haja exemplos em que um enunciado pressupõe X, mesmo quando a frase que ele realiza não o pressupõe. b2) as que entendem a pressuposição como um ato ilocucionário realizado no momento em que ele é enunciado: pressupor um conteúdo X é apresentá-lo como devendo ser mantido através do discurso ulterior, embora não devendo constituir o seu tema, o seu ponto de partida. Estabelecendo o quadro dentro do qual o discurso deverá se desenvolver, o pressuposto faz parte integrante do seu sentido.

2.2 A pressuposição segundo Ducrot

2.2.1 A noção de pressuposição constitui uma das noções basilares de toda a obra de Ducrot. No entanto, desde os seus primeiros trabalhos até o momento atual, ela percorreu uma longa trajetória, sofrendo uma série de reformulações. Basta dizer que, em 1966, Ducrot definia as pressuposições como condições de emprego do enunciado, seguindo a linha da filosofia analítica inglesa. Já em 1972, porém, passa a considerá-las como parte integrante do sentido, colocando, então, alguns dos pontos básicos de sua conceituação, que iremos examinar rapidamente com o objetivo de possibilitar um confronto com sua posição atual.

Nessa obra, Ducrot distingue os implícitos linguísticos (do enunciado e da enunciação), declarando que sua tese principal será a de que o fenômeno da pressuposição faz aparecer, no interior da língua, todo um dispositivo de convenções e de leis, que deve ser compreendido como "**um quadro institucional a regular o debate dos indivíduos**" (p. 13).

Após criticar as posições de vários filósofos, inclusive as de Strawson, Austin e Collingwood — já que seu objetivo. nessa obra, é o de conceituar a pressuposição como um ato de linguagem particular, e os pressupostos como os conteúdos semânticos por este visados — afirma que retém da filosofia analítica inglesa a ideia de que a língua constitui algo como "**um gênero teatral particular**", que oferece ao falante um certo número de empregos institucionais estereotipados (convencionais), tais como **ordenar, afirmar, prometer, interrogar**, sendo a pressuposição "um dos papéis — talvez o mais importante — na grande comédia da fala" (p. 60).

Defende, assim, a ideia de que, da mesma maneira que afirmar não é dizer que se "**quer fazer saber, mas fazer saber**", isto é, realizar o ato de informar,

"pressupor não é dizer o que o ouvinte sabe ou o que se pensa que ele sabe ou deveria saber, mas situar o diálogo na hipótese de que ele já soubesse" (p. 77).

Para que lhe seja possível deixar clara a noção, apresenta as definições de ação, ação jurídica e ato jurídico: **ação** é "toda atividade de um indivíduo quando caracterizada de acordo com as modificações que ela traz, ou quer trazer ao mundo"; **ação jurídica** é "a atividade que se caracteriza por uma transformação das relações legais existentes entre os indivíduos concernidos"; **ato jurídico** é "um caso particular de ação jurídica em que se considera a transformação das relações legais como efeito primeiro da atividade e não como a consequência de um efeito logicamente ou cronologicamente anterior"; ou, em outras palavras, quando esta transformação é constitutiva do próprio ato. Ora, o ato ilocucionário aparece, nessa visão de Ducrot, como um caso particular de ato jurídico, **realizado pela fala**, sendo a transformação jurídica que o define um efeito primeiro, não derivável, da enunciação.

Partindo das características dos pressupostos: sua conservação no jogo das perguntas e respostas, sua redundância no discurso, asseguran-do-lhe a coesão, e a exterioridade que guardam em relação ao encadea-mento dos enunciados, fornecendo-lhe o quadro (características estas que serão por nós retomadas mais adiante), define o ato de pressuposi-ção como um ato ilocucionário que transforma, de imediato, a situação jurídica dos interlocutores. Escolhendo-se um enunciado que compor-te determinado pressuposto, define-se, senão uma categoria de enun-ciados suscetíveis de continuá-lo, pelo menos uma categoria de enun-ciados incapazes de continuá-lo, estabelecendo-se os limites do diálogo:

"Pressupor um certo conteúdo é colocar a sua aceitação como condição ulterior do diálogo. É por essa razão que o ato de pressupor é um ato jurí-dico e, portanto, ilocucionário, pois, ao realizá-lo, transformam-se imedia-tamente as possibilidades de fala do interlocutor, ou seja, modifica-se o seu direito de falar. A recusa dos pressupostos leva à rejeição do diálogo ofere-cido pelo falante no momento em que fala".

A rejeição dos pressupostos resvala a afronta pessoal: não se debate mais o dito, mas o próprio direito de dizer, ou seja, o direito do locutor de escolher e organizar a experiência posta em discurso, se-gundo suas conveniências e intenções. Nesse caso, a função da fala do interlocutor torna-se metalinguística, ou melhor, polêmica. Se um diálogo prossegue materialmente depois da contestação dos pressu-postos, não se trata mais do mesmo diálogo entrevisto e oferecido pelo locutor: este foi interrompido, ocasionando uma transformação do conjunto das relações discursivas entre os interlocutores. O discurso tem uma estrutura e a conservação dos pressupostos é uma das leis definidoras dessa estrutura, já que se reconhece ao locutor o direito de modelar o universo do discurso. Aceitando-se esse poder jurídico, deve-se admitir que a ação dos interlocutores um sobre o outro não é um efeito acidental da fala, mas está prevista na própria organização da língua, que não consiste apenas em mero instrumento de comuni-cação, mas comporta, inscrito na sintaxe e no léxico, todo um código de relações humanas.

Quando se diz:

(5) Foi Pedro que veio

pressupõe-se que uma e uma só pessoa veio e põe-se que esta pessoa foi Pedro. O fato que se pressupõe não é declarado, ele **é representado**: **age-se como se** fosse impossível pô-lo em dúvida, **como se** a única informação nova trazida pelo enunciado — isto é, a única discutível — dissesse respeito à identidade da pessoa que veio. É apenas no **jogo do discurso** que esta coincidência pode ser jogada, representada. Contestar o que o locutor põe ou o que pressupõe são atitudes radicalmente diversas: no primeiro caso, a contestação permanece interior ao diálogo; recusa-se o que foi dito, mas reconhece-se ao outro o direito de dizê-lo. No segundo caso, a contestação tem, como já se disse, caráter agressivo, pois visa a desqualificar o interlocutor, rejeitando-se o próprio discurso. Constituindo o quadro dentro do qual o discurso irá se desenrolar, os pressupostos são dados como incontestáveis e, como o próprio discurso, o interlocutor os "pega ou deixa": eles são a condição mesma de sua continuação.

2.2.2 Nos artigos publicados a partir de 1977, Ducrot passa a introduzir uma série de modificações relativas à noção de pressuposição. No texto "Estruturalismo e Enunciação", retoma a questão das relações entre pressupostos e subentendidos, que ele costumava opor como duas formas de implícito: uma — o subentendido — manifestando-se a partir de uma reflexão sobre as condições da enunciação, e a outra — o pressuposto — inscrita no enunciado.

Mostra que, por outro lado, descrevia (e continua a descrever) a pressuposição como um tipo particular de ato ilocucionário, como um certo modo de propor regras para o discurso posterior. Ora, considerando, como considerava, como característica do ilocucionário, o fato de ser inscrito no enunciado, ambas as teses eram conciliáveis. Mas, a partir do momento em que passa a admitir um ilocucionário nascido da enunciação, ter-se-ia de dar à pressuposição um estatuto excepcional entre os demais atos ilocucionários, já que seria o único a ter um elo necessário na sintaxe do enunciado. Para poder dar à pressuposição o estatuto geral do ilocucionário, Ducrot vê-se obrigado a renunciar à oposição estabelecida entre pressuposto e subentendido. A pressuposição pode ser marcada no enunciado (é esse o tipo de pressuposto que costuma interessar mais diretamente aos linguistas), mas pode também não aparecer senão numa interpretação fundada nas condições de enunciação. Nessa nova formulação, a pressuposição se define, basicamente, **pela lei do encadeamento**: só se encadeia sobre o posto, sendo a informação pressuposta apresentada não como o tema do discurso ulterior, mas apenas como o quadro no qual ele irá se desenvolver. A noção de subentendido passa a ser reservada para designar os **efeitos de sentido**, aqueles que surgem na interpretação quando se reflete sobre as razões de uma enunciação, perguntando-se por que o locutor disse o que disse, e quando se considera tais razões como parte integrante do que foi dito. Aqui se incluem, portanto, todos os exemplos clássicos de subentendido e os atos ilocucionários derivados (como, por exemplo, os pedidos derivados de uma interrogação); e, mais ainda: os pressupostos não inscritos no enunciado (não linguísticos em sentido estrito). Assim, um ato de pressuposição poderá ser subentendido da mesma forma que um pedido, dando lugar a toda uma "retórica da pressuposição".

Em "Illocutoire et Performatif" (1977), surge um novo questionamento. Partindo da ideia de que o ato ilocucionário, como todo ato, é uma atividade destinada a transformar a realidade, Ducrot levanta o problema de se precisar a natureza particular dessa transformação jurídica que cria direitos e obrigações para os interlocutores. Agora, prefere dizer: "que pretende criar". Diz, por exemplo, que, quando se coloca uma questão, pretende-se conferir ao destinatário a obrigação de responder, escolhendo dentro de um inventário de enunciados considerados como respostas possíveis. O fato de que a questão manifesta, frequentemente, uma incerteza e um desejo de saber, constitui um "efeito de sentido" explicável a partir do valor jurídico fundamental, levando em conta a situação da enunciação. O mesmo se poderia dizer da ordem que pretende conferir ao destinatário uma obrigação de fazer, e da promessa, em que o locutor se pretende responsável pela veracidade do que afirma. Existiria, ainda, o **ato ilocucionário de argumentação** que consiste em **pretender impor** ao destinatário um certo tipo de conclusões como a única direção na qual o discurso pode ter sequência — o valor argumentativo de um enunciado seria, pois, uma espécie de obrigação relativa à maneira pela qual o discurso deve ser continuado. Ducrot postula mesmo a possibilidade de integrar o ato de argumentar ao ato de afirmar, atribuindo-se à afirmação uma segunda propriedade, de conferir ao destinatário como que um **dever**

de concluir. Isto implicaria, ainda, numa terceira propriedade, qual seja, um "dever de crer", o que explicaria o fato de se tomar como injurioso o questionamento das afirmações feitas. Surgiria, então, o problema de estabelecer o estatuto da pressuposição, já que esta impõe também, e mais nitidamente que a afirmação, um **dever de crer**. A característica distintiva seria, no caso, a **ausência de valor argumentativo** na pressuposição; ela seria uma afirmação feita "**en passant**", na qual o destinatário deve acreditar, mas que não parece destinada a orientar diretamente o discurso ulterior, o que pode ser provado pela lei do encadeamento.

Volta, assim, à afirmação de que nenhum ato ilocucionário pode ser descrito sem que se faça intervir a ideia de **valor jurídico**. Mas não se trata mais — pelo menos, nem sempre — de recorrer à **legislação social**: os direitos e deveres em questão podem permanecer interiores ao universo criado pelo discurso.

Do ponto de vista da Semântica Linguística, a enunciação é um acontecimento que se inscreve historicamente no tempo e no espaço, um **evento** que deixa marcas no próprio enunciado. Assim sendo, a situação é produto do próprio enunciado, é quase um conceito linguístico: a enunciação só inclui da situação aquilo que linguisticamente é produzido como situação. Para Ducrot, o contexto é algo linguístico: linguisticamente, não há contexto sem texto.

O mesmo se pode dizer com relação à pressuposição. Em "Présupposition et Allusion" (1978b), Ducrot faz referência a um implícito absoluto, alusões a coisas que, estando ausentes das intenções de comunicação do locutor, tornam possível a própria fala: crenças e conhecimentos que são introduzidos no discurso (através do léxico e mesmo da sintaxe) pelo próprio fato de se utilizar a língua; e um implícito relativo, as "maneiras de se exprimir", os "modos" da comunicação, resultantes de escolha ("intenção") do falante: subentendido, pressuposição, alusão.

Ainda em 1978, Ducrot dedica outro artigo à revisão das noções de pressuposto e subentendido ("Presupposés et sousentendus: réexamen"). Afirma que se trata de uma espécie de autocrítica na qual procura relatar a trajetória que o levou a abandonar, ou melhor, a deslocar ("déplacer") a oposição que estabelece entre ambos. Em primeiro lugar, apresenta algumas convenções terminológicas,[1] que são também por nós adotadas neste trabalho:

A **frase** é uma entidade abstrata suscetível de uma infinidade de realizações particulares (equivalendo ao "sentencetype" dos ingleses), ao passo que o **enunciado** consiste em cada uma destas realizações, cada uma das suas ocorrências (equivalente ao "token").

Significação é a descrição semântica que se dá a uma frase, e **sentido**, a que se dá a um enunciado.

A **enunciação** é o evento constituído pela produção de um enunciado, isto é, pela realização de uma frase.

Expõe, a seguir, o que chama de "concepção antiga", cuja ideia central era a de que os pressupostos veiculados por um enunciado seriam determinados unicamente pela frase da qual este enunciado era a realização, tese esta que poderia ser dividida em duas proposições:

1. A significação da frase implicaria a existência, no sentido de seus enunciados, de tal ou qual pressuposto. Esta proposição será mantida com reserva.

2. Todos os pressupostos que aparecem no sentido do enunciado já estariam previstos na própria significação da frase. Este ponto é que pretende, sobretudo, discutir.

De acordo com esta última, o pressuposto estaria inscrito na própria significação (da frase), ao passo que o subentendido se caracterizaria pelo fato de que, presente em certos enunciados de uma frase, não estaria marcado na própria frase, donde a necessidade do processo interpretativo, através do qual se indaga "por que o locutor disse o que disse?" e "o que tornou possível a sua fala?". Poder-se-ia dizer, em outras palavras, que uma condição necessária (mas não suficiente) para que um enunciado E subentenda X é que X apareça como uma explicação de sua enunciação. Ora, se o subentendido constitui uma resposta a uma questão sobre as condições de possibilidade da enunciação, é evidente que ele só pode aparecer no próprio momento dessa enunciação; por isso, ele pertence ao **sentido**, sem ser ante-

---

1. Esta terminologia sofreu nova reformulação em Anscombre e Ducrot (1983), *L'argumentation dans la langue*. Bruxelas: P. Mardaga.

cipado ou estar prefigurado na **significação**. Desta maneira, a oposição pressuposto-subentendido reproduziria a distinção entre os dois níveis semânticos: o da significação (da frase) e o do sentido (do enunciado) e eles teriam origem em momentos diferentes de interpretação.

Essa tese, que o autor se propõe a reexaminar, encontraria justificação desde que se considerasse o pressuposto como condição de emprego — as condições de emprego são relativas às circunstâncias que tornam possível ou impossível que a frase seja transformada em enunciado, já que ele próprio é um emprego. Assim sendo, o pressuposto pertenceria antes de tudo à frase, sendo transmitido ao enunciado na medida em que este satisfizesse as condições de emprego daquela.

Outra justificativa para a tese em discussão seriam os critérios classicamente utilizados para detectar os pressupostos: o da negação e o da interrogação. Os pressupostos da frase assertiva, como vimos, são mantidos quando ela é transformada em negação ou interrogação. Estas transformações só podem dizer respeito ao ser abstrato, intemporal, infinitamente reprodutível, que é a frase. Esta questão está relacionada com outra que Ducrot prefere introduzir antes de discutir a primeira, e que diz respeito à noção de **ato ilocucionário**. Realizar um ato ilocucionário é **apresentar** as próprias palavras como introduzindo **imediatamente** uma transformação **jurídica** na situação, ou seja, apresentá-las como criadoras de obrigações para o destinatário. As três palavras: **apresentar, imediatamente** e **jurídica** são essenciais para distinguir o ato ilocucionário do perlocucionário: o efeito perlocucionário não é imediato, ele pode não ter um aspecto jurídico e não há necessidade de o locutor apresentar suas palavras como tendendo ao resultado que deseja atingir (por exemplo, consolar, assustar etc.). No perlocucionário, não existe uma relação privilegiada do ato com a fala; ao passo que é constitutivo do ato ilocucionário atribuir à fala um poder intrínseco. Ora, este fato, que é incontestável, levou-o, diz Ducrot, a uma conclusão contestável, fazendo-o passar da ideia de que o ilocucionário reivindica **eficácia para a fala** à ideia de que ele se apoia sobre uma **eficácia das próprias palavras**, isto é, do material usado na fala. Era isso que conduzia à conclusão de que o ilocucionário, por definição, está inscrito na frase. Em decorrência, o fato de considerar a pressuposição como um ato ilocucionário levou-o a concluir que também ela deveria estar inscrita na frase, conclusão esta que se propõe a rever.

Localizando-se o poder pressuposicional na frase e admitindo-se que ele se transmite desta ao enunciado, colocar-se-iam os subentendidos no mesmo plano do perlocucionário, portanto, ligados às circunstâncias da enunciação, o que levaria a consequências um tanto paradoxais: no caso de um pedido feito através de uma pergunta (**os atos da fala derivados**), o pedido não está, evidentemente, inscrito no enunciado, mas apenas subentendido, devendo, assim, ser descrito como perlocucionário. Chegar-se-ia, pois, à conclusão — inaceitável — de que um mesmo tipo de ato, como o pedido, pode ser realizado ora de modo ilocucionário, ora perlocucionário, conforme o tipo de frase utilizado.

Ducrot resolve, então, retomar a questão das relações entre a pressuposição e o ilocucionário. Em primeiro lugar, parece haver um "deslizamento" entre duas proposições: uma, incontestável, de que "**praticar um ato ilocucionário é apresentar sua enunciação como eficaz**"; outra, mais discutível, de que **praticar um ato ilocucionário é utilizar palavras providas de eficácia intrínseca**, isto é, de que existe **um poder das palavras**. Embora não negando que existem sistemas sociais, jurídicos e de crenças que sacralizam a palavra considerada como palavra-tipo, atribuindo-lhe um poder próprio, Ducrot declara que não existe nenhuma razão para que esta forma particular de ilocucionário seja o seu protótipo, o seu modelo. Além disso, adotando-se tal concepção, um mesmo tipo de ato poderia, como vimos, ser realizado de modo ilocucionário ou perlocucionário (quando produzido de maneira indireta, como subentendido), o que é inaceitável, desde que se admita a definição proposta para o ilocucionário, segundo a qual todo pedido, por exemplo, pertence a essa classe: ele se apresenta como que criando, desde sua aparição e em virtude dela, uma certa forma de obrigação para o destinatário. Conclui, portanto, que o valor ilocucionário de um enunciado pode não estar marcado na frase que serve para realizá-lo, e que qualquer ato ilocucionário pode ser realizado de maneira indireta. Assim, se a pressuposição é um ato ilocucionário como os demais, não haveria razão para que só ela estivesse atada à frase. É preciso, pois, admitir que ela tanto pode aparecer no nível do enunciado como também sob a forma de subentendido. Pode, portanto, haver pressuposições subentendidas, do mesmo modo que existem pedidos subentendidos.

Ducrot apresenta o seguinte exemplo: pode-se dizer "**Pedro deixou de fumar**", com o intuito de mostrar ao interlocutor que **Pedro é mais enérgico que ele** (1) ou que **deixar de fumar é uma prova de energia** (2), sendo que (2) é necessário para o aparecimento de (1). Não seria difícil imaginar contextos em que (1) funciona como algo asseverado, posto, sobre que se apoiassem encadeamentos discursivos e argumentativos: **Pedro deixou de fumar: você devia envergonhar-se**. Em discursos reais, é frequente encontrar este tipo de encadeamento concernente aos subentendidos. Ducrot propõe, então, que se considerem os subentendidos que possuem esta função como objetos de um ato de asserção. No entanto, o tipo de subentendido (2), em que nos apoiamos para produzir (1), mas que não é diretamente suscetível de receber um encadeamento, constitui um pressuposto. Assim sendo,

"a noção de subentendido não designa um ato de fala particular: ela envia, isto sim, a um processo particular de codificação e de decodificação, ao termo do qual aparecem todas as espécies de atos ilocucionários, notadamente a pressuposição".

Quanto aos critérios da negação e da interrogação, que só podem concernir às frases e não aos enunciados, afirma ter constatado que possuem uma aplicabilidade relativamente restrita, já que nem todas as frases podem ser negadas ou interrogadas. Propõe, assim, substituí-los pelo **critério de encadeamento**, já citado:

"Se uma frase pressupõe X, e um enunciado desta frase é utilizado num encadeamento discursivo, por exemplo, quando se argumenta a partir dele, encadeia-se sempre sobre aquilo que é posto, e não sobre o que é pressuposto".

Se é verdade que não se pode, por vezes, transformar negativa ou interrogativamente um enunciado, é sempre possível encadear sobre ele. Diante de uma sequência de enunciados, pode-se, pois, perguntar: **sobre qual se faz o encadeamento?** Com base nesta constatação, Ducrot reformula o conceito de pressuposto:

"Chamarei pressuposto de um enunciado às indicações que ele traz, mas sobre as quais o enunciador não quer (ou faz como se não quisesse) fazer recair o encadeamento. Trata-se de indicações que se dá como estando à margem da linha argumentativa do discurso" (p. 39).

Utilizando a noção de encadeamento, torna-se possível determinar o que é posto e o que é pressuposto num enunciado. Graças a essa extensão da noção de pressuposição, pode-se eliminar um paradoxo muitas vezes assinalado a propósito da teoria antiga: esta, quando aplicada a discursos (portanto, a enunciados), obrigava a recusar o estatuto de pressupostos a elementos que, de fato, se comportavam como pressupostos reconhecidos pelos critérios tradicionais, e marcados na frase.

Frisa Ducrot a importância desta redefinição da pressuposição para as pesquisas sobre a argumentação: é pressuposto, num enunciado, aquilo que é aduzido pelo enunciado, mas que não é aduzido de modo argumentativo; isto é, que não é apresentado como devendo orientar a continuação do discurso.

Havendo duas maneiras de definir a pressuposição, quer ao nível do enunciado, quer ao nível da frase, haveria alguma relação entre elas? Segundo Ducrot, a ideia central é a seguinte:

"Se uma frase, em virtude dos critérios clássicos, pressupõe X, todos os seus enunciados também o pressupõem, quando se lhes aplica um critério novo, o do encadeamento. Isto não implica, certamente, que, se um enunciado, em virtude deste critério, pressupõe X, a frase de que ele é a realização pressuponha igualmente X, de acordo com os critérios clássicos" (p. 40).

Considerando-se a pressuposição como ato ilocucionário, isto não tem nada de espantoso.

Faz alusão, a seguir, ao **emprego retórico da pressuposição**, fazendo referência a B. de Cornulier, que assinalou numerosos exemplos do fenômeno:

"Uma frase marcada para pressupor X pode muito bem ser empregada, retoricamente, em um enunciado que não o pressupõe, mas que, por exemplo, o anuncia".

Diz-se, por exemplo: **"Lamento não poder publicar o seu artigo"**, para anunciar que não se pode publicá-lo, quando, pela estrutura da frase, cujo verbo principal é um factivo, se deveria pressupô-lo. Isto vem justamente confirmar a qualificação da pressuposição como ato ilocucionário.

Quanto aos critérios clássicos, como a negação e a interrogação, e também o encadeamento definido com relação à frase, eles servem para indicar quais frases são, por assim dizer, pressuposicionalmente marcadas. Esta hipótese traz consequências importantes para uma teoria geral da atividade linguística:

"Tal como a caracterizei, ao nível do enunciado, a pressuposição aparece como uma tática argumentativa dos interlocutores, sendo relativa à maneira como eles se provocam e pretendem impor, uns aos outros, certo modo de continuar o discurso. Que ela possa ser marcada desde o nível da frase, isto é, na língua, no sentido mais tradicional do termo, confirma a ideia de que a *utilização polêmica da linguagem não se acrescenta à língua* — em virtude de qualquer lei do discurso ligada à natureza humana. *Isto confirma a ideia de que a pragmática não constitui um suplemento da semântica, isto confirma, pois, a concepção segundo a qual a língua seria um instrumento intrinsecamente polêmico* [...]" (os grifos são meus) (p. 41).

Como se articulariam, então, as noções de pressuposto e de subentendido? Primeiramente, é preciso distinguir entre as duas noções: a pressuposição é um ato; por outro lado, aquilo que se subentende é um ato (de afirmar, de pedir, de ordenar ou mesmo de pressupor). A pressuposição é parte integrante do sentido dos enunciados; o subentendido, por sua vez, diz respeito à maneira como este sentido deve ser decifrado pelo destinatário. Entendendo-se o sentido como a maneira pela qual o enunciador apresenta o seu ato de enunciação, a imagem que deseja impor ao destinatário pela sua tomada de palavra, a pressuposição deve ser considerada um elemento do sentido. Dizer que pressuponho X é dizer que pretendo obrigar, pela minha fala, o destinatário a admitir X, sem por isso lhe dar o direito de prosseguir o diálogo a propósito de X. O subentendido, ao contrário, concerne ao modo como este sentido é manifestado, ao processo no termo do qual o destinatário deve descobrir a imagem da minha fala que eu pretendo lhe dar. O ponto comum entre ambos — e que na teoria antiga era explicado como se se tratasse de dois modos do implícito — diz respeito à possibilidade dada, **em ambos os casos**, ao locutor, de se retratar. No caso da pressuposição, esta retratação pode ocorrer porque a informação pressuposta é colocada à margem do discurso, de modo que o locutor não pode ser atacado a seu propósito, já que o discurso ulterior, o diálogo "ideal" oferecido pelo enunciado portador do pressuposto, não pode recair sobre ele. No caso do subentendido, em que o locutor apresenta sua fala como um enigma que cabe ao destinatário resolver, o sentido, sempre considerado como um "retrato" da enunciação, é, então, um retrato cuja responsabilidade o locutor deixa ao destinatário. Exemplos frequentes desta atitude, bastante hipócrita, encontram-se no uso da linguagem, como, por exemplo, quando se modaliza uma asserção por meio de uma indicação de fonte: "**Segundo muitos, o próximo índice de preços será nitidamente encorajador**". A astúcia desse procedimento consiste em que o locutor pode continuar apoiando sua argumentação sobre o conteúdo da informação dada, por meio de um encadeamento como: "**A política do governo começa, pois, a apresentar seus frutos**". A modalidade, no caso, é argumentativamente transparente, embora o locutor tenha se eximido da responsabilidade, descarregando-a sobre "alguns". Ducrot finaliza dizendo que é justamente este movimento que ilustra o subentendido: para dizermos alguma coisa, fazemos com que outrem diga que a dissemos.

2.2.3 Finalmente, em "**Texte et Enonciation**" (1980), Ducrot retoma a questão da pressuposição ao tratar dos personagens do discurso. Lembra que, em trabalhos anteriores, ao apresentar os atos ilocucionários, utiliza o termo geral de interlocutor, evitando propositadamente falar em locutor e alocutário; não dizia, por exemplo, que um enunciado assertivo caracteriza o alocutário como obrigado pela enunciação do locutor a crer que o que este diz é verdade; ou que uma questão apresenta a fala do locutor como obrigando o alocutário a responder. Esta precaução visava a salvaguardar a possibilidade de que vai tratar agora — de as pessoas dadas como agentes e objetos dos atos ilocucionários não serem aquelas mesmas dadas como locutores e alocutários da enunciação. Passa a chamar de enunciador e destinatário, respectivamente, à pessoa a quem é atribuída a responsabilidade de um ato ilocucionário e àquela a quem este ato se destina, e que não se identificam, muitas vezes, com o locutor e o alocutário. Esta situação apresenta-se com particular frequência, desde que o próprio sentido do enunciado leva a conceber sua enunciação como realização simultânea de atos ilocucionários distintos. Uma leitura única de um enunciado pode fazer explodir a enunciação em uma multiplicidade ilocucionária, em que se pode exprimir uma pluralidade de vozes diferentes da do locutor; isto é, pode haver uma **polifonia**.

Para ilustrar a possibilidade da existência de diversos enunciadores, mesmo quando o locutor é único, retoma um dos exemplos anteriormente apresentados. Ao dizer "**Eu deixei de fumar**", dizem-se duas coisas diferentes: **que se fumava e que atualmente não se fuma**. Estes dois dizeres possuem estatutos diferentes, fato que exprimia anteriormente dizendo tratar-se de dois atos ilocucionários diferentes, de natureza distinta: um, de pressuposição, relativo à má conduta anterior do falante, e outro, de asserção, falando de sua atual sabedoria. Diz ele que a introdução do ato de pressuposição lhe era necessária, pois que não distinguia, então, entre locutor e enunciador. Sua tendência atual é a de postular que, ainda que se mantenha a existência, no enunciado, de dois atos distintos, deve-se considerar um e outro como sendo da mesma natureza: trata-se de dois atos de asserção. Mas, embora a enunciação tenha, na descrição que dela dá o enunciado, um locutor único (aquele a que faz referência o pronome **eu**), os **dois** atos são atribuídos a enunciadores diferentes: quem afirma que o locutor fumava não é apenas o locutor, mas uma comunidade linguística que pode ser a "**vox pública**", ou aquela formada pelo locutor mais o alocutário. Já o enunciador da segunda asserção, concernente ao momento atual, é apenas o locutor.

Passa, então, a encarar a pressuposição como um fato de polifonia. Em "**Pedro continua a fumar**", apresenta-se o fato de que Pedro fumava como asseverado por um primeiro enunciador, distinto do locutor, muitas vezes identificado com a opinião geral, em que o próprio locutor fundamenta a sua crença. Dessa maneira, o locutor só se responsabiliza pessoalmente pela segunda asserção: "**Pedro fuma atualmente**", ou seja, identifica-se somente com o enunciador desta segunda asserção, isto é, do **posto**.

Assim, a pressuposição passa a ser vista como um ato da mesma natureza dos outros atos ilocucionários, mas em que há possibilidade de um desdobramento do enunciador e do destinatário.

Pelo retrospecto feito, pode-se entrever o longo caminho percorrido por Ducrot para chegar à formulação atual do conceito de pressuposição, que é corroborada em vários trabalhos de Vogt.

Vogt (1977) salienta que a pressuposição linguística pode ser considerada como constitutiva de uma "**espécie de tópico, de lugar da argumentação**" (grifo meu), mas um lugar privilegiado, uma vez que, guardando a natureza do implícito, ela se apresenta com a força de uma imposição explícita, criando para o alocutário obrigações cuja necessidade parece justificar-se pelo próprio direito de falar. Deste modo, a pressuposição poderia ser vista como uma espécie de presunção de adesão do(s) interlocutor(es), por parte do falante.

Em Ducrot (1978b) encontra-se, ainda, uma tipologia dos pressupostos:

a) **gerais**, que não têm nenhuma relação com a estrutura interna das frases (ex.: há um código comum ao locutor e o interlocutor, um pode ouvir o que o outro diz, os pressupostos de ordem cultural etc.);

b) **ilocucionários** — quando a efetivação de um ato ilocucionário particular pressupõe que a situação de discurso torne possível e razoável cumpri-lo (correspondendo às "condições de felicidade", de Austin);

c) **da língua** — ligados à existência, na frase, de morfemas bem determinados;

c1 — **existenciais** — quando aparece um grupo nominal precedido de artigo definido (por exemplo: o rei da França) havendo, porém, morfemas ou construções específicas que podem impedir a sua formação;

c2 — **verbais** — a) quando o verbo descreve uma sucessão de estados, como **continuar, perder, manter, deixar (de)** etc., o primeiro deles é pressuposto; b) verbos **factivos**, que têm a propriedade de levar a pressupor a verdade do conteúdo da completiva — **saber, ignorar, perceber, lamentar** etc. (casos em que, às vezes, há necessidade de certos ajustamentos sintáticos na completiva);

c3 — **de construção** — a) por vezes, a maneira como a frase é construída é responsável pela pressuposição. Ex.: **Foi** [...] **que**, em "Foi Pedro que veio"; b) muitas **conjunções de subordinação**, como **antes que, depois que** fazem aparecer como pressuposta a verdade da proposição que introduzem;

c4 — **adverbiais** — introduzidas por morfemas como **mesmo, ainda, já, pelo menos etc.)**.

2.2.4 De todo o exposto, conclui-se que a pressuposição exerce um papel específico em todo e qualquer discurso, sendo, no nível fundamental da língua, um dos fatores constitutivos do sentido dos enunciados, inscrito geralmente na própria significação das frases: dizer que F pressupõe X significa dizer que a maior parte de seus enunciados pressupõem X, engajando seu locutor com relação a X; embora não servindo para anunciar X, a manutenção dos pressupostos constitui um dos fatores de coerência do discurso. Por outro lado, o uso retórico da pressuposição — justamente para anunciar aquilo que, aparentemente, funciona como pressuposto — é um recurso retórico de segundo nível, ou seja, faz parte da retórica ou pragmática aplicada, constituindo-se em uma manobra argumentativa de grande eficácia.

3. AS MODALIDADES DO DISCURSO

3.1 Na estruturação do discurso, a relação entre enunciados é frequentemente projetada a partir de certas relações de modalidade, donde se depreende a sua importância pragmática. Também para a análise de textos argumentativos é importante conhecer as leis que presidem à oposição e às relações entre conceitos.

Partindo da questão das diversas possibilidades de lexicalização de uma mesma modalidade,[2] como:

(1) É possível que o dólar caia esta semana.

(2) O dólar pode cair esta semana.

(3) Provavelmente o dólar cairá esta semana.

(4) O dólar deve cair esta semana.

e de diferentes modalidades veiculadas por meio de um mesmo item lexical,[3] como:

(5) Paulo pode levantar este embrulho sem esforço.

(6) Paulo pode ir ao cinema hoje, eu lhe dei minha permissão.

(7) Cuidado, esta jarra pode cair!

(8) Os inimigos podiam ser uns cem.

(9) O pai pode castigar os filhos desobedientes.

várias hipóteses têm sido levantadas, adotando-se pontos de vista diferentes: hipóteses sintáticas, como as de Ross (1969), de Jackendoff (1972), de Dubois (1969); semânticas, como as descrições performativo-semântica de Horn (1972) e sintático-semântica de Calbert (1971); pragmáticas, como as hipóteses performativas de Boyd-Thorne (1969), Lakoff (1971) e Parret (1976).

---

2. Essa questão foi abordada, entre outras, por Guimarães (1976) e (1979).

3. Com relação às diversas modalidades passíveis de serem lexicalizadas por meio do verbo "poder", citam-se os trabalhos de Roulet, *Modalité et illocution*. In: *Communications*, Paris: Ed. du Seuil, n. 32, p. 216 e 239, 1980. Koch, *O verbo poder numa gramática comunicativa do português*. In: *Cadernos PUC: Arte e Linguagem*, São Paulo, Cortez, n. 8, p. 103-113.

Neste trabalho, a questão é enfocada sob o ponto de vista da pragmática linguística, deixando-se, portanto, de examinar as hipóteses puramente sintáticas e/ou semânticas, inclusive as supracitadas. Assim sendo, consideram-se as modalidades como parte da atividade ilocucionária, já que revelam a atitude do falante perante o enunciado que produz: elas constituem, segundo Parret (1976), atos ilocucionários constitutivos da significação dos enunciados, sendo motivadas pelo jogo da produção e do reconhecimento das intenções do falante e, como os demais atos de linguagem, classificáveis e convencionalizadas. Postula-se, também, para as modalidades, de acordo com Guimarães (1976) e (1979), um caráter ilocucionário argumentativo.

3.2 As modalidades tradicionalmente reconhecidas — as **aléticas, ontológicas** ou **aristotélicas** — referem-se ao eixo da existência, ou seja, determinam o valor de verdade de proposições. São, pois, extensionalmente motivadas, por dizerem respeito à verdade de estados de coisas.

Aristóteles já havia advertido que os enunciados de uma ciência nem sempre são simplesmente verdadeiros já que, muitas vezes, se formulam como **necessariamente** verdadeiros ou como **possivelmente** verdadeiros. Assim, a **possibilidade** e a **necessidade** modificam o sentido da simples verdade e, como estão intimamente relacionadas entre si, podem ser definidas uma a partir da outra, com ajuda da negação. Como existem duas formas de negação — a **interna**, que nega a proposição, e a **externa**, que nega o operador modal, obtêm-se o clássico quadrado lógico:

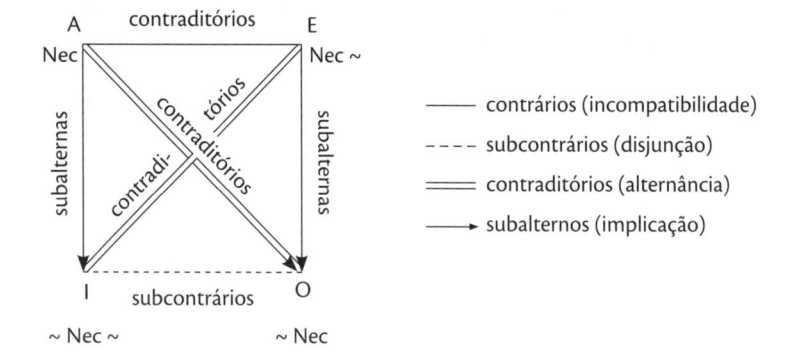

No quadrado, a linha horizontal superior representa a relação de contrariedade; a inferior, a de subcontrariedade; as diagonais, a contradição, e as verticais, a de subalternação.

Duas proposições são **contrárias** (Np e N ~ p) quando é possível que ambas sejam **falsas**, não podendo, porém, ser ambas verdadeiras. É o caso do **necessário** e do **impossível**.

Duas proposições são contraditórias (Np e M ~ p; N ~ p e Mp) quando, sendo uma delas falsa, a outra será verdadeira e vice-versa. São contraditórios o **necessário** e o **contingente**, o **impossível** e o **possível** (N = necessário; M = possível).

Dizem-se subcontrárias (Mp e M~p) duas proposições, quando podem ser ambas verdadeiras, não podendo ser ambas falsas. É o caso do **possível** e do **contingente**.

Há subalternidade entre as proposições colocadas nos vértices superiores (subalternantes) e as respectivamente colocadas nos vértices inferiores (subalternas);

a) da verdade da subalternante se infere a verdade da subalterna;

b) da falsidade da subalterna pode ser deduzida a falsidade da subalternante;

c) a falsidade da subalternante deixa indefinida a verdade ou falsidade da subalterna;

d) a verdade da subalterna deixa indefinida a verdade ou falsidade da subalternante.

3.2.1 O quadrado lógico, assim constituído, tem recebido algumas críticas. Entre elas, salientamos a de Blanché (1969), cujo trabalho serve de base a esta discussão.

Diz este que, embora o sistema seja coerente, ele se apresenta pouco satisfatório: em primeiro lugar, desde que não se queira violentar os usos da língua, é preciso admitir que o termo **possível** é usado, muitas vezes, para exprimir o que pode ser ou pode não ser, isto é, nem necessário nem impossível, o mesmo acontecendo com relação ao termo contingente. Assim sendo, as quatro modalidades aristotélicas seriam, na verdade, três, tendo uma delas um duplo nome. Por esta razão, Blanché postula como básica uma estrutura ternária A-E-Y, ou seja, a tríade dos contrários, em que A é o necessário, E o impossível, e Y o termo **neutro**, que se opõe a ambos, por tratar-se de um conceito parcialmente afirmativo e parcialmente negativo, que rejeita igualmente a totalidade e a nulidade, devendo situar-se, portanto, entre a afirmação total e a negação total.

A partir dela, estabelece a tríade dos subcontrários I-O-U, chegando, assim, ao hexágono lógico (ver, também, o capítulo seguinte):

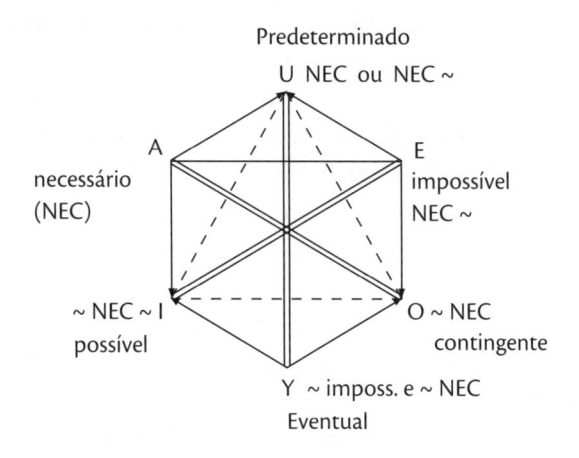

Predeterminado
U NEC ou NEC ~

necessário (NEC)   A   E   impossível NEC ~

~ NEC ~ I   O ~ NEC
possível   contingente

Y ~ imposs. e ~ NEC
Eventual

——— contrários (incompatibilidade)
– – – subcontrários (disjunção)
═══ contraditórios (alternância)
——► subalternos (implicação)

3.2.2 O hexágono de Blanché tem a vantagem de permitir a passagem das modalidades aléticas para sistemas análogos,[4] os dos modais epistêmicos e deônticos, permitindo estabelecer, também, uma relação com os quantificadores e o sistema dos valores (axiológicos).[5]

---

4. A passagem já havia sido sugerida por Von Wright (1951), embora este preferisse manter, em linhas gerais, o quadrado lógico.

5. Apesar de Parret também ter postulado este relacionamento, o sistema de Blanché apresenta-se mais completo.

3.2.2.1 As modalidades **epistêmicas** referem-se ao eixo da crença, reportando-se ao conhecimento que temos de um estado de coisas. Sua distribuição no hexágono é a seguinte:

A: certo, estabelecido (verificado)
E: excluído (desmentido)
U: decidido
I: plausível
O: contestável
Y: Indeciso, não decidido (nem estabelecido, nem excluído)

3.2.2.2 As modalidades deônticas referem-se ao eixo da conduta, isto é, à linguagem das normas, àquilo que se deve fazer, apresentando a seguinte distribuição no hexágono:

A: obrigatório
E: proibido
U: ordenado (imperativo)
I: permitido
O: facultativo
Y: indiferente (nem obrigatório, nem proibido)

O ponto U (= A **e** E) é o domínio do imperativo, das leis. O ponto Y (= nem A, nem E; I **e** O) é o domínio da indiferença e, portanto, do livre arbítrio.

Passa-se, em seguida, aos julgamentos de valor, ou seja, às noções do bom ou do bem: valores morais (bem e mal), valores técnicos (bom para, isto é, útil; mau para, isto é, nocivo), valores afetivos (agradável, desagradável).

3.2.2.3 Valores morais

A: moral
E: imoral
U: Moral (que admite qualificação moral)
Y: amoral

I: ⟍
O: ⟋ não há palavras na língua para simbolizar esses pontos. De maneira bastante imperfeita, poderiam ser representados pelos termos "preferível" e "evitável" dos estoicos.

3.2.2.4 Valores técnicos

A: útil, benéfico
E: nocivo
U: ativo
I: inofensivo
O: ineficaz
Y: inativo

3.2.2.5 Valores afetivos

A: prazer (agradável)
E: dor (penoso)
U: que provoca prazer ou dor
I: _____
O: _____
Y: _____

Os únicos termos claramente definidos são os dos pontos A e E, podendo Y ser simbolizado pelo vocábulo "coringa" **indiferente** (que não provoca prazer nem dor).

Blanché ressalta que, no caso dos conceitos práticos (aqueles que dizem respeito à ação), o que encontramos são estruturas análogas, que se organizam quer em tríades de contrários, quer em tétrades que se adaptam ao quadrado lógico, como simplificação do sistema hexagonal. A possibilidade desta correspondência com as categorias aléticas deve-se ao fato de o conceito de obrigação, conceito prático fundamental, ser uma forma de necessidade. Observa, porém, que, no campo dos conceitos aparentados às noções do **bem** ou do **bom**, a linguagem usual apresenta lacunas e imprecisões, o que não deve, no entanto, servir de empecilho para organizá-los em uma estrutura como a que propõe. As lacunas acentuam-se no que diz respeito às posições I e O, havendo geralmente um termo neutro que pode ser adscrito ao ponto U. Isto não significa que faltem os conceitos correspondentes, mas apenas que eles não são suficientemente usuais para que se sinta a necessidade de lhes dar uma denominação. O problema aumenta em relação aos valores técnicos, que conhecem os dois contrários — o bom (A) e o mau (E) — não existindo um termo exato para designar o terceiro contrário (Y), **nem bom, nem mau** (um termo possível seria **medíocre** que, porém, possui uma conotação negativa). Mas é preciso ressaltar, a bem da verdade, que a estrutura oposicional, quer seja triádica, tetrádica ou hexádica, não se adapta bem ao pensamento tecnicista — que se acomoda melhor à estrutura linear, por escala graduada, o que ocorre também no caso das qualidades: aqui, é o mais ou o menos que se impõe. As denominações que sugere referem-se a certas técnicas que possuem vocabulário específico, como no caso do valor de um remédio. Já os valores afetivos são, por excelência, o campo da oposição bipolar, dos pares de conceitos contrastantes: o prazer e a dor, o agradável e o penoso. Entre ambos, há o ponto teórico de equilíbrio, a neutralidade afetiva que se poderia chamar de indiferença, reconstituindo, assim, a tríade dos contrários, ainda que isto se faça apenas para invocar o seu papel de eixo de simetria (Y).

Enquanto os modos aléticos se referem aos objetos do pensamento e os epistêmicos, ao próprio pensamento, os modos deônticos e axiológicos referem-se a conceitos que constituem como que a sua face subjetiva: disposições do sentimento, no caso dos valores, disposições normativas, no caso dos imperativos. Estas duas famílias organizam-se numa estrutura tetrádica irregular, assemelhando-se a uma cruz latina (já que lhes faltam denominações para os pontos I e O).

3.2.2.6 Passa-se, então, ao modo da **vontade**: para os atos de vontade, o vocabulário apresenta-se mais rico e matizado, embora lhe faltem, também, os termos que marcariam os pontos I e O.

A: aceitação
E: recusa
U: resolução, decisão
I: "eu não digo sim"
O: "eu não digo não"
Y: indecisão, irresolução, hesitação

3.2.2.7 Finalmente, no campo dos sentimentos que nos afetam em presença dos valores, tem-se novamente a estrutura em cruz, a que faltam os termos relativos aos pontos I e O, embora se possa reconstituí-los a partir dos radicais latinos utilizados nos demais:

A: filia (amor)

E: fobia (ódio)

U: patia

I: (afobia)

O: (afilia)

Y: apatia

Pode-se concluir, assim, que as estruturas que se apresentam em forma de cruz comprovam a necessidade de postular a existência dos pontos U e I, negligenciados no quadrado tradicional, já que parecem ser mais importantes, no uso da linguagem, que os pontos I e O do quadrado.

O hexágono permite, ainda, a estruturação do sistema de quantificadores:

A: Todos, tudo

E: Nenhum, nada

U: Tudo ou nada

I: Ao menos alguns, senão todos (muitos)

O: Não todos, eventualmente alguns (poucos)

Y: Alguns (alguns poucos, alguns muitos; alguns sim e alguns não; nem todos, nem nenhum)

3.2.3 De um modo geral, tem-se considerado como modalidades básicas o **necessário** e o **possível** (cf., p. ex., Benveniste (1974), Geerts e Melis (1976), Guimarães (1976) e outros). Greimas (1976) considera básicas as modalidades do **ser** e do **fazer**. Pottier (1976) dá prioridade a **dever, poder, saber** e **querer**.[6]

Alexandrescu (1966) ressalta a importância básica dos operadores modais **crer** e **saber**. Começa por assinalar que, se o logicista está interessado no comportamento lógico dos conceitos modais, o linguista tem, antes, a tendência de integrá-los no processo de comunicação e de ressaltar, entre outros, o fato de que as modalidades, do mesmo modo que os valores, podem ser intercambiadas entre um

---

6. Os trabalhos de Geerts e Melis, Greimas, Parret e Alexandrescu encontram-se reunidos na revista *Langages*, n. 43, de set. 1976, especialmente dedicada às modalidades.

destinador e um destinatário. Ora, se a modalidade pode acompanhar uma troca de valores, para esclarecer seu caráter necessário, obrigatório, plausível etc., ou tornar-se ela mesma objeto de troca como valor modal, cabe ao analista a tarefa de precisar o comportamento actancial do locutor de um enunciado modal. A obrigatoriedade e a necessidade de uma proposição (Op ou Np) colocam as questões de se saber para quem **p** é obrigatório ou necessário, quem aprecia o valor modal do enunciado **p** e em virtude de que sistemas de normas. Assim, o sujeito da enunciação ocupa uma posição privilegiada, o que leva a concluir que a pesquisa pragmática se impõe por si mesma.

Procurando determinar quais as condições que permitem a um locutor modalizar a enunciação de **p** por meio de operador modal **saber**, observa que, de uma maneira bastante geral, a escolha de uma modalidade por um locutor, para exprimir sua atitude com relação ao enunciado e/ou ao seu receptor, é determinada por, no mínimo, dois (grupos de) critérios: 1) as informações que possui a respeito de **p**; 2) o grau de engajamento com relação a **p** (interesse, preferência, normas sociais, ações precedentes, intenções futuras etc.).

Passa a mostrar, em seguida, que os operadores **crer** e **saber** ocupam uma posição de destaque com relação às demais modalidades e procura estabelecer a diferenciação entre elas.

Assinala que o valor de verdade de uma proposição **p** determina a validade da modalidade **K** (saber), mas não a da modalidade **B** (crer), podendo, além do mais, o locutor possuir, para proclamar o seu saber ou a sua opinião, razões que nada tenham a ver com a verdade objetiva de suas asserções.

Ressalta, porém, que Kripke (1963) e Hintikka (1962)[7] postulam uma diferença bem marcada entre as duas modalidades que funcionariam no interior de dois sistemas lógicos diferentes. O segundo situa a discussão das modalidades epistêmicas no campo da semântica dos mundos possíveis, de modo que o sentido de uma proposição modalizada é enriquecida pelo fato de ser estudado em vários contextos possíveis, e não apenas no da situação efetiva em que é enunciada. A compatibilidade de um enunciado com o conjunto de proposições

---

7. Ambos *apud* Alexandrescu (1966).

verdadeiras é a condição exigida para a formulação de um ato de opinião. Esta condição, contudo, é demasiado fraca para o caso do conhecimento propriamente dito, quando o enunciado em questão deve ser compatível com um conjunto de proposições necessariamente verdadeiras. Assim, as duas modalidades não fazem parte do mesmo sistema lógico e, sim, de sistemas diferentes, não sendo, pois, redutíveis uma à outra.

Tentando integrar a análise semântica de Hintikka numa teoria geral das modalidades e no estudo da enunciação, Alexandrescu postula que as modalidades do **crer** e do **saber** regem todo e qualquer ato de enunciação, já que todo ato de enunciação: a) requer um mínimo de informação da parte do locutor sobre o estado de coisas designado pelo enunciado; b) deve ser compatível com as outras enunciações do mesmo locutor. Assim sendo, essas duas modalidades estão necessariamente ligadas ao mecanismo de produção de um enunciado ou de um texto, enquanto as demais denotam atitudes facultativas quanto ao enunciado ou ao texto em questão: se uma enunciação de um enunciado **p** qualquer pode ser modalizada por **querer, desejar, dever, poder** etc., ela implica sempre a existência ou do operador **crer** ou do operador **saber**. A ausência explícita de uma outra modalidade qualquer não significa sua presença implícita, mas os operadores B e K estão sempre presentes, ainda que não expressos por uma forma lexicalizada, pela entonação, pela linguagem gestual etc. Propõe, assim, considerá-las um pressuposto geral das outras modalidades.

Justificando o fato de postular o funcionamento de **crer** e **saber** quer no nível do posto, quer no nível do pressuposto, e o das demais modalidades apenas no nível do posto, o autor apresenta o argumento da existência de uma pressuposição unívoca ligando **crer** e **saber** às outras modalidades. Dizer **eu juro que p** ou **eu prometo que p** implica **eu sei que p**, ou ao menos: **eu creio que p**, embora a inversa não seja verdadeira. Admite que **querer** e **desejar** comportam também uma generalidade de pressuposição bastante extensa, mas isto ocorre em outro nível de significação, interessando mais diretamente à psicanálise.

Sustenta, porém, que os enunciados ou textos em que as modalidades do saber e do crer aparecem explicitamente não são equivalentes aos enunciados ou textos em que estão implícitas. O que sua hipótese sugere é, apenas, que a enunciação de todo e qualquer enunciado contém sempre um operador B ou K, mesmo que não venha a ser explicitado, simplesmente porque a existência desses operadores é uma condição necessária mas não suficiente do ato de comunicação.

A existência implícita desses operadores é mais comum: no caso da sua explicitação, a produção do texto compreende uma operação suplementar de "atualização da modalização implícita" e é justamente esta operação que torna perceptível a diferença entre as duas categorias de textos. Se se fossem buscar as razões que levam o locutor a realizar ou não essa operação, poder-se-ia considerar a atualização da modalização como uma situação normal e sua ausência como uma lacuna, uma ocultação, que revelaria um certo interesse do locutor. Deste ponto de vista, seria lícito afirmar que todo enunciado recebe uma dimensão epistêmica suplementar, a da opinião ou a do saber, mas nunca ambas simultaneamente. No entanto, os textos que não apresentam as marcas destas modalidades não são neutros do ponto de vista epistêmico, podendo sempre ser lidos ou sob o modo da opinião ou sob o modo do saber; há, portanto, duas leituras possíveis, conforme a modalidade julgada dominante na produção do texto, que habitualmente não é percebida, de modo que o texto produzido permanece ambíguo: ou a enunciação pertence a um discurso autoritário (eu sei, portanto, é verdade) ou a um discurso de tolerância (eu creio, portanto, é possível).

A ocultação da modalidade epistêmica, contudo, deixa sempre um traço: a enunciação aí está, o locutor apenas finge esquecê-la para dar a impressão de que seu ato é neutro, de que ele não manifesta nenhuma atitude com relação a ela, de que o valor de seus enunciados é objetivo. A ocultação modal é acompanhada de uma "retórica do neutro" em que o locutor oculta sua enunciação para melhor convencer por meio de seu enunciado. Além disso, há os casos em que a retórica faz deslizar o enunciado de uma modalidade a outra, do discurso tolerante ou polêmico (ao qual o enunciado deveria pertencer por suas verdades contestáveis) ao discurso autoritário (em que o enunciado não pode mais ser contestado). Isto se aplica, de maneira especial, aos contextos avaliatórios e deônticos, mas também aos demais. Segundo suas relações com o destinatário, o locutor adota uma ou outra modalidade, mas há sempre os casos em que lhe convém mascarar sua hesitação para tornar seu enunciado mais facilmente aceitável pelo interlocutor (ou vice-versa).

Pode-se conceber sem dificuldade um sujeito de enunciação que, a despeito de suas informações insuficientes, inclina-se a dizer **eu sei que** no lugar de **eu creio que**, por um ato de autoridade ou por bravata. E é bastante comum o fato de ocultação da modalidade para dar a impressão de um discurso neutro: citem-se, como ex., o discurso didático e o discurso científico...

3.2.4 Esta abordagem das modalidades **crer** e **saber** como um pressuposto geral das demais modalidades, e a aceitação da possibilidade de sua ocultação ("modalização implícita") vem fortalecer a posição de que não existem enunciados neutros e, em decorrência, de que a argumentatividade é uma característica inerente à linguagem humana. É por esta razão que se torna possível postular, de conformidade com Ducrot e Anscombre (1976), que o ato de argumentação constitui o ato linguístico fundamental, subjacente até mesmo às modalidades do **crer** e do **saber**.

3.3 Considerando-se, como foi dito inicialmente, as modalidades como atos ilocucionários dotados de valor argumentativo, fica clara a importância de seu estudo para uma tipologia dos atos que se podem realizar por seu intermédio.

Uma primeira correspondência poderia ser assinalada entre as três principais modalidades e os três grandes tipos de frase:

imperativas — deôntica
interrogativas — epistêmica
assertivas — alética

Essa correspondência, aceitável à primeira vista, apresenta-se, porém, discutível. Recorde-se que Ducrot (1977) considera a asserção como um tipo particular de ato ilocucionário.

Guimarães (1979), por sua vez, sugere as correspondências seguintes, acrescentando outros tipos de modalidades:

obrigação e permissão	— modalidade imperativa (eu ordeno, eu permito)
necessidade	— modalidade alética (é necessário)
obrigatoriedade e permissividade	— modalidade deôntica (é obrigatório, é permitido)
afirmação	— modalidade assertiva
probabilidade e certeza	— modalidade epistêmica
possibilidade	— modalidade cognitiva

No entanto, para que se tornasse viável estabelecer a exata correspondência das diversas modalidades com os atos de linguagem possíveis, seria preciso que se tivesse uma tipologia exaustiva destes (o que ainda não se concretizou, apesar de valorosa contribuição de Searle (1975), nesse sentido, e dos trabalhos de linguistas como Vendler (1970), havendo, ainda, a necessidade de se aliar este estudo ao das diversas possibilidades de lexicalização das várias modalidades, o que também foi tentado, entre outros, por Guimarães (1976) e (1979), Pottier (1976), Parret (1976) e Horn (1972).

Além disso, parece indiscutível que, no momento de derivar as modalidades, faz-se preciso recorrer a informações contextuais, isto é, pragmáticas. No eixo alético, verifica-se a verdade ou falsidade do conteúdo de uma proposição (semântica vero-condicional); no eixo epistêmico, revela-se a atitude de conhecimento do locutor, sua manifestação de crença em relação ao conteúdo veiculado (semântica das atitudes proposicionais); finalmente, no eixo deôntico, revela-se a força ilocucionária (por ex., quem ordena cria obrigações para o outro): tem-se, aí, a semântica dos atos de linguagem.

É preciso, assim, passar de uma teoria semântica das proposições a uma teoria semântico-pragmática das atitudes proposicionais; em outras palavras, de uma teoria do conhecimento do que é o mundo (constatação), a uma teoria da certeza que se tem a respeito das coisas do mundo, para, ao final, chegar-se a uma teoria da ação, que encare a linguagem como atividade que cria deveres, obrigações para os interlocutores.

No eixo deôntico, já se nos deparam os valores, entre os quais os valores axiológicos. E, à medida que se fala de valores morais, de valores utilitários e técnicos, desliza-se para o afetivo. Dessa maneira, tanto aos modos deônticos quanto aos axiológicos correspondem conceitos que são como que a sua face subjetiva e que dizem respeito às disposições de vontade e às disposições de sentimento. Por essa razão, a expressão de vontade — modalidade deôntica axiológica — está necessariamente ligada a uma teoria da ação.

3.4 O que importa ressaltar é o fato de que, ao produzir um discurso, o locutor manifesta suas intenções e sua atitude perante os enunciados que produz através de sucessivos atos ilocucionários de modalização, que se atualizam por meio dos diversos modos de lexicalização que a língua oferece (operadores modais).

Entre os vários tipos de lexicalização possíveis das modalidades podem-se citar:

a) performativos explícitos: eu ordeno, eu proíbo, eu permito etc.;

b) auxiliares modais: poder, dever, querer, precisar etc.;

c) predicados cristalizados: é certo, é preciso, é necessário, é provável etc.;

d) advérbios modalizadores: provavelmente, certamente, necessariamente, possivelmente etc.;

e) formas verbais perifrásticas: dever, poder, querer etc. + infinitivo;

f) modos e tempos verbais: imperativo; certos empregos de subjuntivo; uso do futuro do pretérito com valor de probabilidade, hipótese, notícia não confirmada; uso do imperfeito do indicativo com valor de irrealidade etc.;

g) verbos de atitude proposicional: eu creio, eu sei, eu duvido, eu acho etc.;

h) entonação: (que permite, por ex.: distinguir uma ordem de um pedido, na linguagem oral);

i) operadores argumentativos: pouco, um pouco, quase, apenas, mesmo etc.

Quando um locutor, ao produzir seus enunciados, recorre predominantemente às modalidades que se situam nos vértices superiores do hexágono de Blanché (A, E, U), seja qual for o eixo (alético, epistêmico, deôntico, axiológico), o discurso apresenta-se como autoritário: é o campo da necessidade, da certeza, do imperativo, das normas. O locutor procura manifestar um saber (explícito ou implícito) e obrigar o interlocutor a aderir ao seu discurso, aceitando-o como verdadeiro. Tem-se, aqui, o grau máximo de engajamento do locutor e a intenção de impor ao alocutário os seus argumentos, apresentando-os como incontestáveis (eu sei, portanto, é verdade). Para torná-los mais convincentes, ele utilizará, em larga escala, o recurso à autoridade — fazendo uso de lexicalizações das modalidades A, E, U, do tipo: é certo..., é preciso..., é necessário..., todos sabem..., é impossível..., é proibido..., não pode haver dúvidas..., é dever de todos... etc.

Por outro lado, o uso das modalidades situadas na parte inferior do hexágono (pontos I, O e Y) permite ao locutor situar o seu discurso no campo da indeterminação, do livre arbítrio, da liberdade. O discurso, apresenta-se, então, como polêmico, predominando nele uma argumentação com base no crer (eu acho, portanto é possível, provável, permitido, facultativo, contingente...). O locutor não impõe (ou finge não impor) a sua opinião, ainda que se trate de mera manobra discursiva, deixando (ou fingindo deixar), assim, ao alocutário a possibilidade de aceitar ou não os argumentos apresentados, de aderir ou não ao discurso que lhe é dirigido.

O recurso às modalidades permite, pois, ao locutor marcar a distância relativa em que se coloca com relação ao enunciado que produz, seu maior ou menor grau de engajamento com relação ao que é dito, determinando o grau de tensão que se estabelece entre os interlocutores; possibilita-lhe, também, deixar claros os tipos de atos que deseja realizar e fornecer ao interlocutor "pistas" quanto às suas intenções; permite, ainda, introduzir modalizações produzidas por outras "vozes" incorporadas ao seu discurso, isto é, oriundas de enunciadores diferentes;[8] torna possível, enfim, a construção de um "retrato" do evento histórico que é a produção do enunciado.

---

8. É a este fenômeno que Ducrot (1980) denomina *polifonia*.

4. OS VERBOS PERFORMATIVOS E A NEGAÇÃO: UMA ABORDAGEM SEMÂNTICO-PRAGMÁTICA

(GEL — junho de 1983)

Diante de polêmica que se instaurou entre Rajagopalan (1982, 1983a e 1983b) e Kato (1983) quanto ao tratamento a ser dado à questão dos verbos performativos no negativo e, por via de consequência, a inclusão desta nos domínios da Semântica ou da Pragmática, objetivamos, neste trabalho, apresentar uma outra abordagem dos fatos. Reportamo-nos, para tanto, à parte final do artigo de Rajagopalan (1983b), em que este afirma: a) ainda que se tenha por interesse único e exclusivo explicar fatos linguísticos (e não defender este ou aquele modelo teórico), ao verificar-se que duas (ou mais) hipóteses, de naturezas diferentes, parecem aptas a explicar o fenômeno, é sinal de que a discussão deve ser levada ao nível metateórico, com a ajuda, se possível, de mais dados empíricos; b) que não há como debater questões metateóricas sem apelar constantemente aos pressupostos teóricos e que a validade destes só pode ser discutida em termos de seu maior ou menor poder explicativo; c) que a descoberta de ser uma hipótese mais fundamentada que outra não significa, absolutamente, que a segunda seja inteiramente destituída de propósito.

Decidimos, assim, enfocar o problema do ponto de vista semântico-pragmático, pois adotamos como pressuposto teórico que, encarando-se a linguagem como uma forma de ação tipicamente humana, social e intencional, devemos admitir que, no seu uso efetivo, os componentes sintático, semântico e pragmático se encontram indissoluvelmente integrados, pelo fato de existirem traços pragmáticos que exercem interferência direta quer no nível semântico, quer no nível sintático, de modo que não se pode considerar os fatores de ordem pragmática como extralinguísticos.

Vale, aqui, citar novamente Rajagopalan (1983b): "a língua natural não se apresenta em fatias discretas, da mesma maneira que a natureza não nos apresenta o firmamento em esferas isoladas discretamente definidas. É a soma dos diversos espaços conceituais estabelecidos que corresponde à totalidade do espaço conceitual que abrange os fenômenos em questão. Desse modo, designar de antemão de pragmático ou semântico um determinado fenômeno é, em última análise, uma questão de vontade do investigador — o que não o exime de precisar o porquê da utilização do termo e da necessidade de isolar o espaço conceitual por ele designado".

1. Na nossa concepção — como também na de Rajagopalan — a noção de **ato de fala** pertence, sem dúvida alguma, ao campo da Pragmática, visto que se trata sempre de uma atividade intencional do locutor no sentido de levar o destinatário a determinados tipos de comportamento ou a atuar sobre ele de determinado modo. Isto não impede, evidentemente, que, no caso de uma asserção, por exemplo, o conteúdo proposicional do ato possa ser avaliado em termos veritativos ou semânticos. Aceitamos, também, o postulado de que todo ato tem uma força ilocucionária e que privá-lo dela seria, como diz o autor, "privá-lo de sua própria alma".

O que pretendemos discutir aqui é a questão da negação nos atos de fala, especialmente aqueles que contêm um **verbo performativo explícito** (VPN, segundo Rajagopalan). Limitaremos a análise a um grupo específico de verbos, levando em conta apenas o tipo de negação designada por Lyons (1977) de **negação performativa** e não aquela que incide sobre o conteúdo proposicional. Acreditamos que, em trabalhos ulteriores, essa análise possa ser estendida a outros tipos de performativos.

De acordo com Rajagopalan (1983a), somos de opinião que, em frases como:

(1) Eu não ordeno que você faça isso.

o falante não está absolutamente negando a força ilocucionária em si mesma do ato de fala, mas tentando, justamente, explicitá-la, no sentido de que **não** se trata de um ato de **ordem** (mas de uma "não ordem", segundo o autor). Achamos, pois, que não é a força que se nega, mas o **tipo** de força.

Ocorre, porém, que Rajagopalan (1982), ao dividir os atos ilocucionários em dois subconjuntos — os dotados de forças positivamente especificadas e os dotados de forças inerentemente negativas —, afirma que "a relação entre os dois grupos está fora do alcance de qualquer das lógicas vigentes".

Quanto a nós, postulamos que uma lógica modal, do tipo preconizado por Blanché (1969), possibilita uma explicação adequada e econômica dos problemas levantados tanto nos trabalhos de Rajagopalan, como no de Kato.

Blanché critica a teoria clássica das oposições, propondo generalizá-la, isto é, desprendê-la das restrições a que está vinculada: a) sua ligação íntima com a quantificação; b) sua aplicação apenas a proposições atributivas homônimas; c) sua limitação ao caso das proposições. Para ele, situar no mesmo plano a "quantidade" e a "qualidade", a oposição das particulares às universais e a das negativas às afirmativas, para entrecruzá-las no quadrado lógico, pode satisfazer ao gosto escolástico, mas constitui um prejuízo para a razão, que exige que se respeite a hierarquia natural das noções: a diferenciação segundo a qualidade é manifestamente mais primitiva, devido à sua ligação com a alternativa verdadeiro-falso, podendo, por isso, atuar sobre qualquer espécie de proposição, tanto as particulares quanto as universais, ao passo que a aplicação da quantidade sobre as primeiras não significa nada. Desvinculando-nos dessas condições, torna-se possível montar o quadrado sobre quaisquer oposições apenas pelo uso da negação.

Existem **dois tipos de negação lógica**, dependendo do escopo: a que recai sobre a **qualidade**, negando universalmente a atribuição (universalmente não-p) e a que incide sobre a **quantidade**, negando a universalidade da atribuição (não universalmente p). A primeira constitui a forma **forte** ou exclusiva da negação e a segunda, a forma **fraca** meramente suspensiva. É justamente a possibilidade desse duplo uso da negação que permite determinar, a partir dela, a diferença entre os quatro vértices do quadrado lógico.

Além disso, reconhecidas as duas formas de negação, explica-se porque a negação de E (universal negativa) **não** leva à afirmação universal inicial — desobedecendo, pois, à "lei da negação dupla": devido à força desigual das duas negações, estas **não se neutralizam**, chegando-se apenas a uma forma negativa fraca. Em outras palavras: a negação de A pode remeter a E ou a O; a negação de E não remete de volta a A, mas somente a I. Enquanto a negação forte indica **privação**, a negação fraca exprime **suspensão**, sendo a diferença entre elas uma **questão de grau**.

Partindo do quadrado lógico clássico, relativo às modalidades **aléticas**, Blanché vai propor uma figura mais complexa e acabada, em que os quatro pontos (A, E, I, O) se reencontram, mas com outras funções que as de vértice do quadrado, isto é, como elementos de uma Gestalt mais equilibrada. Visto que os conceitos podem apresentar-se em agrupamentos do tipo ternário ou binário, considera a importância de se dispor de um esquema que permita ser estruturado tanto segundo o modo ternário quanto sob o modo binário. Postula, assim, o acréscimo de dois pontos adicionais ao quadrado, de modo a obter-se o "hexágono lógico", que pode, sem dificuldades, ser decomposto em um trio **de díades** ou em um **par de tríades**, além de encerrar, evidentemente, a estrutura quadrática inicial. Tem-se, assim, o ponto **Y**, conjunção ou produto lógico de **I** e **O**, isto é, **rejeição simultânea** ou negação conjunta de **A** e **E**:

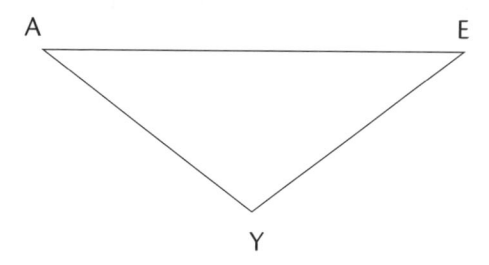

e o ponto **U**, negação contraditória de Y, disjunção lógica de **A** e **E**:

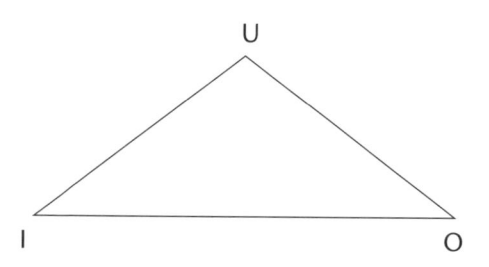

Deste modo, cada díade de contrários apresenta um termo médio (U e Y), passando a existir três tipos de proposições particulares: **existenciais** (1), **restritivas** (O) e **neutras** (Y)

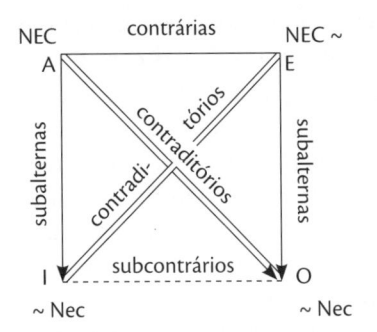

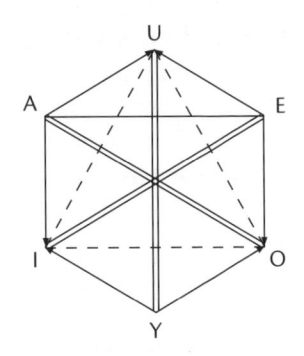

A seguir, embora reconhecendo que as proposições modais e as inferências em que estas intervêm são mais delicadas de manejar e analisar que as proposições e raciocínios que se atêm a asserções simples, Blanché afirma não haver razão para se adotar, no interior das proposições, dois cortes conceituais diferentes, um para o **modus** e outro para o **dictum**: basta substituir, nos seis vértices do hexágono, as variáveis que designam os seis pontos pelas constantes que exprimem os functores modais. Essa passagem das modalidades **aléticas** às **epistêmicas** e as **deônticas** já fora sugerida por von Wright (1951), cuja obra **An Essay in Modal Logic** repousa sobre uma dupla analogia formal: a) analogia entre o sistema dos quatro conceitos modais tradicionais (aléticos) e os sistemas chamados "modais" em sentido amplo (epistêmicos e deônticos); b) analogia entre cada um desses sistemas e os conceitos quantificadores.

Assim, pois, dos modos aléticos, que concernem à verdade mesma de um estado de coisas do mundo, passa-se aos epistêmicos, que dizem respeito ao conhecimento que se pode ter a respeito desse estado de coisas e, finalmente, aos conceitos **práticos**, concernentes à **ação** sobre o mundo. Segundo Blanché, essa correspondência se estabelece por si mesma, já que um dos conceitos práticos fundamentais é o conceito de **obrigação**, que é uma **forma de necessidade**. Junta-se, portanto, aos modos aléticos e epistêmicos, o grupo dos modos deônticos, que dizem respeito ao **que se deve fazer**. Também aqui trata-se de sistemas regulares: a **tríade A-E-Y** (obrigatório-proibido-indiferente) e a **tétrade do quadrado** (obrigatório-proibido-permitido-facultativo), que podem ser combinados no hexágono, no qual **U** corresponde àquilo que é **obrigatório ou proibido**, ou seja, encerra a própria noção de imperativo,[9] e seu contraditório **Y**, aquilo que é **indiferente**: "o par contraditório **UY** é a oposição do setor regulamentado e do setor livre".

É com base nas formulações de Blanché que passaremos a discutir a questão dos **VPN relacionados ao eixo deôntico**, dentro, portanto, de uma visão semântico-pragmática:

Os enunciados.

(2) Eu ordeno que você faça isso.
(3) Eu ordeno que você não faça isso.
(4) (= 1) Eu não ordeno que você faça isso.

constituem uma tríade de contrários, conforme se pode ver no diagrama:

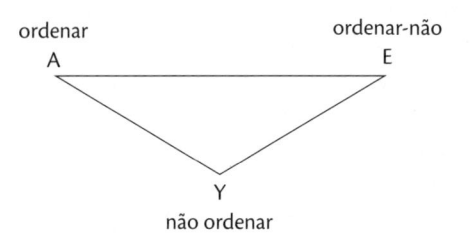

que se integra ao hexágono da seguinte forma:

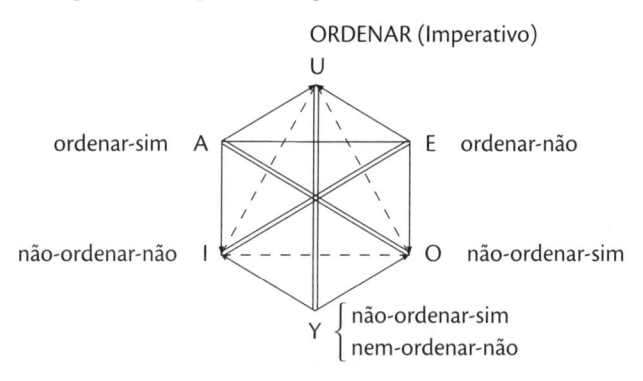

---

9. Estamos empregando o termo *imperativo* em sua acepção mais ampla e não para designar um fenômeno puramente sintático, como o faz Rajagopalan (1983b).

Tanto o enunciado (2), como o enunciado (3), situados, respectivamente, nos pontos **A** e **E** do hexágono, constituem atos de ordem (imperativos). Ordenar-não lexicaliza-se, em língua natural, ora como proibir, ora apenas na aparência, como negação do conteúdo proposicional.[10] Enquanto o primeiro é dotado de força ilocucionária inerentemente positiva, o segundo possui força inerentemente negativa, já que a negação dos contrários tem alcance universal (negação forte). Localizados nos vértices superiores do hexágono e tendo a sua disjunção marcada pelo termo U, pertencem uns como outros ao domínio da predeterminação, daquilo que é regulamentado (obrigatório), encerrando, pois, a própria noção de imperativo, que regulamenta tanto a obrigação como a proibição.

Por sua vez, (4), bem como (5):

(5) Eu não ordeno que você não faça isso.

que contêm VPN, localizam-se, respectivamente, nos vértices **O** e **I** do hexágono, tendo por conjunção o termo **Y** (não ordeno que sim, nem ordeno que não). O ato por eles expresso situa-se, assim, no campo do que não é regulamentado, portanto, livre. Em outras palavras: ao produzir um enunciado do tipo **I**, **O**, **Y**, o locutor **atenua**, **reduz** a força que o ato teria se fosse do tipo **A**, **E**, **U**. Em se tratando de modalidades deônticas, retira-lhes a força de imperativo (recorde-se que a negação fraca exprime **suspensão**).

Pode-se, assim, dizer, de acordo com Rajagopalan (1983a) que, de certo modo, ocorre uma explicitação da força, já que o enunciado com performativo primário correspondente a (5):

(6) Não faça isso.

poderia ser — e seria, em grande número de casos, interpretado como uma ordem. Ao utilizar o VPN, o locutor explicita que **não se trata de**

---

10. As modalidades universais negativas e os atos pelas quais se atualizam nem sempre possuem, em língua natural, uma realização lexical correspondente. Nesses casos, a negação se apresenta no interior do conteúdo proposicional, visto não ser normal o uso do *não* após o performativo explícito. No entanto, trata-se *apenas na aparência* de uma negação do conteúdo proposicional, já que é através dela que se indica a força ilocucionária negativa do ato.

uma ordem, ou seja, exclui (suspende) essa interpretação, atenuando a força do ato e deixando ao destinatário a possibilidade de entendê-lo como um **pedido** ou uma **súplica**; um **conselho**; um **aviso**; uma **advertência**; uma **permissão**; isto é, outro ato qualquer, desde que compartilhe determinadas condições de felicidade ou pertença ao mesmo eixo modal. Daí a impossibilidade, salientada por Rajagopalan, de se interpretar tal ato como um ato qualquer, por exemplo, uma **promessa**, um **juramento**, uma **pergunta**, pertencentes a outros grupos de atos ilocucionários.

2. Passaremos, agora, a fazer algumas considerações relativas ao conjunto dos trabalhos desse autor:

a) Rajagopalan critica Lyons, segundo o qual tratar-se-ia, em enunciados com VPN, de um **ato ilocucionário de recusa** (ou seja, em que o falante se recusa a comprometer-se com o ato designado pelo performativo), apresentando o seguinte argumento: adotando-se tal denominação, ter-se-ia de optar entre duas alternativas, ambas indesejáveis — ou se teria de admitir a existência de um único "ato de recusar" (o que significa reducionismo extremo), ou a de tantos atos de recusa quantos os atos que já foram isolados independentemente da negação (o que, simplesmente, duplicaria a quantidade de atos de fala existentes).

A nosso ver, poder-se-ia falar em **recusa de explicitação do tipo exato de força**; ou seja, o que se explicita é, apenas, que não se trata de um ato de **ordem**.

A eficácia do **VPN**, nos casos em tela, seria justamente a de impedir a interpretação da força como imperativa, à semelhança do que ocorre em (7) — correspondente ao exemplo (4) de Rajagopalan (1983a):

(7) O Rio de Janeiro não é a capital do Brasil.

O que se visa aqui é impedir que o locutor interprete como verdadeiro o enunciado afirmativo correspondente, não lhe dando, porém, nenhuma informação suplementar sobre a verdadeira capital. É o que Ducrot e Vogt denominam de negação polêmica, em que o enunciado afirmativo (que pode ser atribuído a um interlocutor virtual ou real) é polifonicamente incorporado ao enunciado negativo. Essa posição coincide **em parte** com a de Givón (1978), citada pelo autor no artigo de 1982, de que a negação só ocorre (ou se justifica) quando o ouvinte asseverou ou, pelo menos, mostrou disposição de crer na proposição que o locutor deseja contrariar.

Afirma, ainda, o autor que a sugestão de Lyons enfrenta um problema gravíssimo perante a "lei da negação dupla", pois, como observa Dahl (1979), "uma recusa de recusar a prometer não é o mesmo que uma promessa". Essa objeção é facilmente destruída adotando-se a formulação de Blanché quanto aos dois tipos de negação lógica (forte e fraca), que nunca se neutralizam.

b) Outro ponto em que, de certa forma, discordamos do autor é quanto à afirmação de que os **VPN** são tão eficazes do ponto de vista comunicativo, quanto os **VPP**. É preciso explicitar em **que sentido eles são eficazes**. Para nós, essa eficácia consiste justamente em excluir um determinado tipo de força: no caso das modalidades deônticas, desqualificar o ato, enquanto imperativo, para o campo da não obrigatoriedade. Essa posição é rejeitada por Rajagopalan, quando afirma: "explicitar a força ilocucionária de um enunciado como não sendo f_1 seria deixar uma das possibilidades f_2 ... f_n em aberto, como candidatas igualmente fortes, o que não se sustentaria perante um exame mais rigoroso", passando a apresentar uma série de argumentos. O principal deles é o de que "para avaliar a eficácia comunicativa de um enunciado é preciso estudá-lo dentro do seu próprio contexto de uso, de vez que um ato ilocucionário é, antes de mais nada, um ato de comunicação". Quanto à importância do contexto, não há o que objetar: já se disse que é este, em grande número de casos, que determina a interpretação que se deve dar à força (excluindo f_1). Discordamos é do pressuposto teórico adotado pelo autor, que confere lugar privilegiado ao papel comunicativo da língua natural, ou seja, segundo o qual "o estudo da Pragmática se situa numa área muito mais vasta que é a da comunicação".

Somos de parecer que o campo de estudo da Pragmática não se restringe apenas à comunicação em si mesma, mas envolve todos os fatores relativos à enunciação, entre os quais a intencionalidade subjacente ao uso da linguagem — e, portanto, dos atos de fala — assume especial relevância. Se "todo dizer é um fazer", é o modo desse fazer que é preciso levar em conta, inclusive a maneira como o seu agente se representa e representa o(s) outro(s) através desse fazer — ou, ainda, se deixa representar por ele. Para nós, é uma teoria geral da linguagem que inclui, entre outras, uma teoria da comunicação, já que a ênfase não está **naquilo que é comunicado**, mas **no modo como é comunicado.** No caso específico dos performativos do eixo deôntico, pode-se dizer que o locutor, ao produzir um enunciado com **VPN**, do tipo **I**, **O**, **Y**, não se compromete com a força que o ato teria se fosse veiculado sob o modo A, E, U, explicitando que não se trata de um imperativo. Dessa maneira, recusa estar praticando quer o ato inerentemente positivo, quer o ato inerentemente negativo que poderia ser veiculado pelo performativo primário correspondente ("faça isso", "não faça isso"), para: a) esclarecer que sua intenção não é a de produzir um ato de autoridade; b) deixar ao arbítrio do interlocutor a decisão de agir de um modo ou de outro. É nesse sentido que, a nosso ver, deve-se entender o que Rajagopalan designa de explicitação da força: "Veja bem, não estou ordenando (ou proibindo) que você faça isso". Observe-se, ainda, que essa explicitação poderia ser acrescentada ao enunciado com performativo primário à guisa de um "quase-comentário", na terminologia de Strawson:

(8) Faça isso. Mas veja bem, não estou ordenando.

(9) Não faça isso. Mas veja bem, não estou proibindo.

Ressalte-se, ainda, que tanto Blanché como von Wright derivam as demais modalidades deônticas a partir do **permitido**, situado no ponto **I**, através do uso da negação (forte ou fraca). Assim, a **permissão** (permitir (**I**), permitir-não (**O**), permitir-sim e permitir-não [**Y**]) situa-se nos vértices inferiores do hexágono. Negando-se cada um desses termos, obtêm-se os demais: **A** (não-permitir-não, obrigar, ordenar), **E** (não-permitir, ordenar-não, proibir, vedar, interditar), **U** (ordenar ou proibir). Daí o fato, anotado por Rajagopalan (1982), de (10) e não (11) estar diretamente ligado a (12):

(10) Eu não permito que você faça isso.
(11) Eu permito que você não faça isso.
(12) Eu proíbo que você faça isso.

Quanto à questão da pressuposição que, segundo o autor, encerrariam enunciados com **proibir** (intenção anterior do destinatário de praticar o ato), em oposição àqueles com **ordenar-não**, semelhante à apontada por Chomsky (1977) para **dissuadir** e **persuadir-não**, acreditamos que depende dos contextos em que se inserem tais enunciados. **Proibir** e **ordenar-não** são empregados indiferentemente em textos de lei ou outros enunciados normativos, casos em que não há, necessariamente, uma intenção anterior de se praticar o ato interdito, mas uma previsão da possibilidade de que alguém venha a ter essa intenção. Por outro lado, mesmo quando a intenção preexiste, ocorre o uso tanto de uma como de outra forma:

(13) Eu o proíbo de fazer isso.
(14) Eu lhe ordeno que não faça isso.

Pode-se, pois, concluir que a eficácia do **VPN**, no eixo deôntico, consiste na indeterminação do tipo de força, com exclusão apenas da de ordem. O deslocamento do ato para o domínio da facultatividade irá implicar sempre em liberdade: do locutor, em não comprometer-se com a força imperativa do ato (positivo ou negativo); e/ou do destinatário, a quem é dado decidir livremente sobre o comportamento a adotar perante o ato que lhe é dirigido.

3. Até aqui, situamos, de conformidade com Blanché, o verbo **ordenar** no eixo deôntico, ligado, portanto, **a proibir, permitir** etc. Ocorre, porém, que tanto Rajagopalan como Kato trabalham com outro conjunto lexical — o dos **impositivos** ou **diretivos**, que seria compartilhado por **ordenar, solicitar** ou **pedir** e **suplicar** ou **implorar**.[11] Estes verbos — de acordo com as condições de felicidade exigidas pelo ato, especialmente no que diz respeito ao conteúdo proposicional, na opinião de Rajagopalan, e como membros de uma escala

---

11. Note-se que o enunciado com performativo primário "Não faça isso" pode ser interpretado não só como *ordem, pedido, solicitação, súplica*, mas também *como aviso, conselho, ameaça, advertência*, todos eles diretivos ou impositivos. Mesmo com o performativo explícito poderíamos ter enunciados como: "Eu não ordeno que você faça isso, estou apenas aconselhando". Parece-nos que o agrupamento feito por Rajagopalan e Kato mereceria ser melhor justificado — quer em termos pragmáticos, de conformidade com as condições de felicidade desses atos ou com determinadas especificações de ordem pragmática, como, por exemplo, a "cost/benefit scale" sugerida por Leech (1978), quer em termos semânticos, por razões de ordem estritamente lexical.

de predicados polares, na opinião de Kato — teriam como núcleo semântico comum, ou termo médio, **pedir** (pedir 1, para Rajagopalan).

Kato procura demonstrar, em primeiro lugar, que o fenômeno da negação não pode ser visto de maneira uniforme, por haver predicados que, quando negados, produzem um efeito mais ou menos indefinido que outros. No caso de predicados complementares (morto-vivo), a negação de um termo significa a afirmação do outro; no caso de predicados polares, que se definem ao longo de uma escala, a função da negação é a de **atenuar a propriedade**; somente no caso de co-hipônimos é que a negação leva a uma disjunção múltipla, característica típica dos enunciados vagos.

Ora, à luz de um enfoque semântico-pragmático e a partir da proposta de Blanché, postulamos que:

a) os predicados complementares constituem uma díade de contrários, de modo que a negação (forte) de um leva necessariamente à afirmação do outro. O que se nega, no caso, é a **qualidade**, isto é, nega-se universalmente a atribuição (universalmente não-p);

b) em se tratando de conceitos subjetivos, como é o caso dos predicados que exprimem qualidades, sentimentos, valores, a estrutura oposicional, como diz Blanché, não é a mais adequada, pois eles se apresentam em escalas graduadas, onde é o mais ou menos que se impõe. É este o caso dos predicados polares;

c) no uso efetivo da língua, essas escalas são subjetivamente orientadas, dependendo do elemento a que se faz a atribuição e da conclusão a que se pretende levar o interlocutor (cf. Ducrot, 1972, 1973, 1980). Assim, no caso dos adjetivos relativos à temperatura, o que se tem são duas escalas, uma orientada **no sentido do frio** e outra **no sentido do calor**:

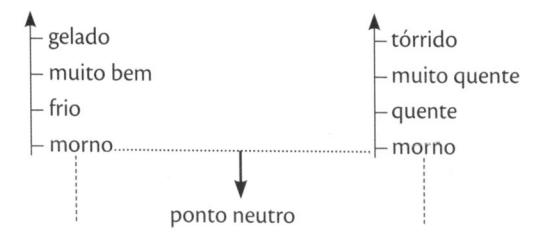

d) negar um dos elementos de uma escala é sempre verificar na escala a **zona inferior a este** (Lei do Abaixamento) e **não** apenas o mais próximo, como afirma Kato (1983): "Não está muito frio" pode ser interpretado como: está frio, fresco, morno..., podendo servir de argumento, por exemplo, para uma conclusão como: "Não é preciso sair de agasalho." Assim: "Ele não é pobre" tanto pode significar que não é nem rico, nem pobre, como pode significar que é rico: "Antonio não é pobre: pode comprar um apartamento de cobertura na Zona Sul";

e) no caso dos verbos diretivos, analisados por Rajagopalan e Kato, podemos ter, pois, duas escalas argumentativamente orientadas em sentidos opostos:

```
↑                              ↑
├─ ordenar                     ├─ implorar, suplicar
├─ pedir, solicitar            ├─ pedir, solicitar
├─ implorar, suplicar          ├─ ordenar
```

É por esta razão que, em (A), a negação de **ordenar** permite que se interprete o ato quer como um pedido, quer como uma súplica, conforme postula Rajagopalan, contrariando Kato, para a qual só pode tratar-se de um pedido. Também em (B), a negação de **implorar** pode ser entendida como **pedir** ou como **ordenar**. Sem dúvida nenhuma, o contexto, em todos esses casos, exerce um papel decisivo na interpretação da força, pois ele é que irá fornecer a conclusão para a qual cada enunciado pode servir de argumento. Aliás, a própria Kato reconhece a importância do contexto, quando, na página 6 de seu trabalho, afirma: "Assim a negação de um predicado medial na escala pode equivaler tanto a um deslocamento para a direita como para a esquerda, devendo, nesse caso, o sentido pretendido ser determinado por fatores contextuais".

A existência das duas escalas orientadas em sentidos contrários permite explicar não só o fato de tanto **não ordenar** como **não implorar** poderem ser interpretados como **pedir** (graças à Lei do Abaixamento), como também o de pedir, como postula Rajagopalan, encerrar o conteúdo semântico comum a esses verbos diretivos, visto ser o ponto neutro das duas escalas.

f) quando, para determinar o valor semântico de um enunciado, se recorre ao seu sentido discursivo, ou seja, aos encadeamentos suscetíveis de continuá-lo, apela-se, sem dúvida, a fatores de ordem pragmática. É o que ocorre nos exemplos (9) e (10) de Kato, que reproduzimos aqui como (15) e (16) (grifos nossos):

(15) Eu não prometo vir, *mas farei o possível...*
(16) Eu não juro que ela é virgem, *mas tenho quase a certeza.*

interpretados pela autora dizendo que a **intenção** dos atos é a de uma **promessa atenuada** e um **quase juramento**, respectivamente. São fenômenos como estes que nos levam a postular que o emprego dos **VPN** consiste numa **atenuação da força**, que leva a situar o enunciado em um ponto inferior da escala orientada na qual o **VPP** ocupa a posição superior, como elemento mais forte.

4. CONCLUSÃO

No final de seu artigo, escreve Kato: "Dadas as similaridades de comportamento entre performativos e outros predicados com relação à negação, seria desejável que pudéssemos dar um tratamento uniforme no que diz respeito à opção metodológica". Conclui que os fenômenos abordados podem ser tratados perfeitamente dentro do domínio de uma semântica estrita, em oposição a Rajagopalan, que postula a necessidade de se recorrer a uma teoria da comunicação ou a um componente pragmático com regras conversacionais.

Por nosso turno, acreditamos que, em decorrência de todos os argumentos aqui apresentados, tais fenômenos podem — e devem — ser explicados dentro de uma teoria da linguagem que não só incorpore um componente pragmático — e, também, uma teoria da comunicação —, mas — principalmente — em que esse componente não seja visto apenas como "acrescentado" *a posteriori* aos demais níveis da descrição linguística, por se tratar não só de um componente **integrado** a esses níveis, como ainda por ser ele o seu verdadeiro **integrador**.

Referências bibliográficas

DAHL, O. Review of Lyons [1979]. In: *Language*, v. 55, n. 1, p. 199-206, 1977.

DUCROT, O. *Dire et ne pas dire* [1972]. Trad. bras. São Paulo: Cultrix, 1977.

_____. *La preuve et le dire* [1973]. Trad. bras. São Paulo: Global, 1981.

_____. Analyses pragmatiques. In: *Communications*, Paris: Ed. du Seuil, n. 32, p. 11-60, 1980.

GIVÓN, T. Negation in language: pragmatics, function and ontology. In: COLE, P. (Org.). *Syntax and Semantics*, Nova York: Pragmatics Academic Press, v. 9, p. 69-110, 1979

KATO, M. A determinação da força ilocucionária de construções com performativos no negativo: réplica a Rajagopalan. In: *Revista das Faculdades Integradas de Uberaba*, 1983. (Série Estudos, n. 9.)

LEECH, G. *Pragmatics and conversational rhetoric*, 1978. [Não publicado.]

LYONS, J. *Semantics*, Cambridge University Press, v. 2, 1977.

RAJAGOPALAN, K. Atos negativos. Comunicação apresentada por ocasião do XXV GEL, realizado em Campinas, 1982.

_____. Sobre a eficácia comunicativa de verbos performativos no negativo". In: *Revista das Faculdades Integradas de Uberaba*, 1983a. (Série Estudos, n. 9.)

_____. O caso de verbos performativos no negativo: semântica ou pragmática? Tréplica a Mary Kato. In: *Revista das Faculdades Integradas de Uberaba*, 1983b. (Série Estudos, n. 9.)

VOGT, C. *Linguagem, pragmática, ideologia*. São Paulo: Hucitec, 1980.

WRIGHT, G. H. von. *An essay in modal logic*, Amsterdã, 1951.

_____. Deontic logic. In: *Mind*, p. 1-15, 1951.

5. UMA VISÃO ARGUMENTATIVA DA GRAMÁTICA: OS OPERADORES ARGUMENTATIVOS

(SBPC — 1982)

Este trabalho fundamenta-se na tese defendida por Ducrot, Anscombre e Vogt de que a argumentatividade não constitui apenas algo acrescentado ao uso linguístico, mas, pelo contrário, está inscrita na própria língua. Ou seja: que o uso da linguagem é inerentemente argumentativo. Dentro desta concepção, entende-se como **significação de uma frase** o conjunto de instruções concernentes às estratégias a serem usadas na decodificação dos enunciados pelos quais a frase se atualiza, permitindo percorrer-lhe as leituras possíveis. Trata-se de instruções **codificadas, de natureza gramatical**, o que leva, portanto, ao reconhecimento de um **valor retórico (ou argumentativo) da própria gramática.**

Considerando-se como constitutivo de um enunciado o fato de se apresentar como orientando a sequência do discurso, isto é, de determinar os encadeamentos possíveis com outros enunciados capazes de continuá-lo, faz-se preciso admitir que existem enunciados cujo traço constitutivo é o de serem empregados com a pretensão de orientar o interlocutor para certos tipos de conclusão, com exclusão de outros. Para descrever tais enunciados, torna-se necessário determinar a sua **orientação discursiva**, ou seja, as conclusões para as quais ele pode servir de argumento. Assim, dentro de uma **pragmática integrada** à descrição linguística, introduz-se uma **retórica integrada** que se manifesta por meio de uma relação de tipo bem preciso entre enunciados: a de **ser argumento para**. (→ 3)

Ora, existe na gramática de cada língua uma série de morfemas responsáveis exatamente por esse tipo de relação, que funcionam como **operadores argumentativos ou discursivos**. É importante salientar que se trata, em alguns casos, de morfemas que a gramática tradicional considera como elementos meramente relacionais — **conectivos**, como **mas, porém, embora, já que, pois** etc., e, em outros, justamente de vocábulos que, segundo a N. G. B., não se enquadram em nenhuma das dez classes gramaticais. Rocha Lima chama-as de **palavras denotativas** e Bechara de **denotadores de inclusão** (até, mesmo, também, inclusive); de **exclusão** (só, somente, apenas, senão etc.); de **retificação** (aliás, ou melhor, isto é); de **situação** (afinal, então etc.). Celso Cunha diz que se trata de **palavras** "essencialmente afetivas", às quais a N. G. B. "deu uma classificação à parte, mas sem nome especial".

Na gramática estrutural, esses elementos são descritos, em grande parte, como **morfemas gramaticais** (gramemas) de tipo relacional, em oposição aos **morfemas lexicais** (semantemas, lexemas), sendo relegados a um segundo plano na descrição linguística. E é esse, também, o tratamento que recebem na gramática gerativa.

É a **macrossintaxe do discurso** — ou **semântica argumentativa** — que vai recuperar esses elementos, por serem justamente eles que determinam o valor argumentativo dos enunciados, constituindo-se, pois, em marcas linguísticas importantes da enunciação.

Para um exame desses morfemas, é conveniente retomar a noção de **escala argumentativa** formulada por Ducrot. Dois ou mais argumentos orientados no mesmo sentido, isto é, para uma mesma conclusão, constituem uma classe argumentativa. Diz-se que **p** é um argumento para a conclusão **r**, se **p** é apresentado como devendo levar o interlocutor a concluir **r**. Quando vários argumentos — p, p', p"... — se situam numa escala graduada, apontando, com maior ou menor força, para a mesma conclusão **r**, diz-se que eles pertencem à mesma **escala argumentativa.** Por exemplo:

r = *Pedro é um político ambicioso*

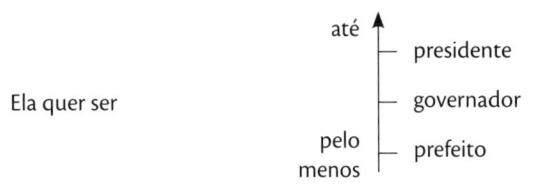

Passemos, então, ao exame dos operadores argumentativos:

1. Certos operadores estabelecem a hierarquia dos elementos numa escala, assinalando o argumento mais forte para uma conclusão **r** (**mesmo, até, até mesmo, inclusive**) ou, então, o **mais fraco (ao**

menos, pelo menos, no mínimo), deixando, porém, subentendido que existem outros mais fortes, como ocorre no exemplo acima.

2. Havendo dois ou mais argumentos orientados no mesmo sentido, seus elementos podem ser encadeados por meio de operadores como **e, também, nem, tanto... como, não só... mas também, além de, além disso** etc.

r: A Itália mereceu o título de campeã.

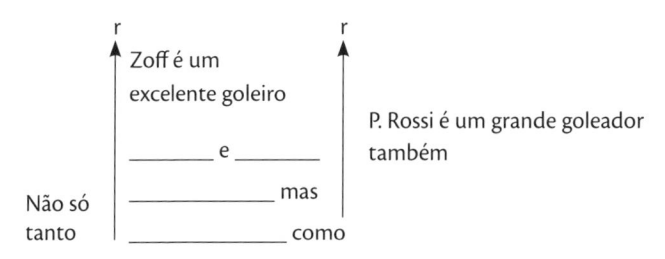

3. **Ainda** pode servir como:

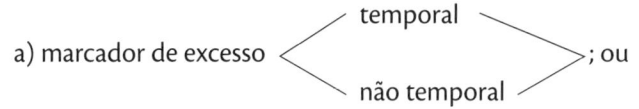

a) marcador de excesso

b) introdutor de mais um argumento a favor de determinada conclusão. Ex.:

a) Ele *ainda* não se considera derrotado.
b) Convém frisar *ainda* que...

Já pode ser empregado como indicador de mudança de estado (algo é **x** em t_0 e passa a ser **y** em t_1).
O Brasil *já* não tem esperanças de ser campeão.
Ambos são formas adverbiais portadoras de pressupostos.

4. **Aliás, além do mais** — introduzem, de maneira subrreptícia, um argumento decisivo, apresentando-o a título de acréscimo ("lambuja"), como se fosse desnecessário, justamente para dar o golpe final ("retórica do camelô", no dizer de Ducrot [1980]).

5. Paradigma de
   marcadores de
   oposição entre
   elementos
   semânticos
   explícitos ou
   implícitos

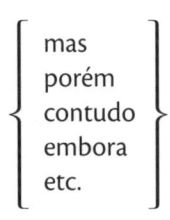

o uso de uns ou
outros depende do
tipo de estratégia
empregado pelo
locutor

Dentro da concepção aqui adotada, é preciso notar que as concessivas representam um caso particular da estrutura geral utilizada por Anscombre, Ducrot e Vogt para descrever o morfema **mas**, que Ducrot considera o **operador argumentativo por excelência**. Sem entrar em maiores detalhes (para o que remetemos aos diversos trabalhos destes autores sobre o assunto), pode-se dizer que, ao coordenarem-se dois elementos semânticos **p** e **q**, por meio do morfema **mas**, acrescentam-se a **p** e **q** duas ideias: a) que existe uma conclusão **r** que se tem clara na mente e que pode ser facilmente encontrada pelo destinatário, sugerida por **p** e não confirmada por **q**, isto é, que **p** e **q** apresentam orientações argumentativas opostas em relação a **r**; b) que a força de **q** contrária a **r** é maior que a força de **p** a seu favor, o que faz com que o conjunto **p** mas **q** seja orientado no sentido de **não-r** (¬R). Os autores fazem distinção entre um **mas SN** (correspondente ao alemão **sondern** e ao espanhol **sino**), que possui valor pragmático de **refutação, retificação**, ou ainda, **justificação de uma recusa** de **p**, que segue sempre uma proposição negativa (Neg p' MAS$_{PA}$) e que pode ser substituído ou desenvolvido por **ao contrário;** e um MAS$_{PA}$ (equivalente ao alemão **aber** e ao espanhol **pero**), que é o **mas** argumentativo em sentido estrito e que, do mesmo modo que o primeiro, permite uma descrição polifônica.

Para uma descrição polifônica de enunciados do tipo X mas Y, é preciso levar em conta que:

a) há uma distinção entre **X mas Y** e **p** mas **q**, já que o **mas** não opera necessariamente sobre todos os elementos contidos em X ou em Y, mas apenas sobre certos elementos semânticos **p** e **q**, os quais, juntamente com outros, constituem X e Y.

b) o locutor (L) de X **mas** Y pode ser diferente do de **p mas q**.

Torna-se preciso, portanto:

a) determinar L, p, q; construir um elemento semântico R (conclusão em relação à qual p e q se opõem; representarem-se dois enunciadores (E_1 e E_2).

b) atribuir a E_1: p; p $\longrightarrow$ R; p $\longmapsto$ R (dado p, pode-se concluir R).

c) atribuir a E_2: q; q $\longrightarrow$ ¬R; q $\longmapsto$ ¬R (dado q, conclui-se ¬R).

d) identificar L a E_2 e não E_1 (que pode ser o destinatário ou um interlocutor fictício, por exemplo).

e) atribuir a L um certo reconhecimento da legitimidade dos atos de E_1.

f) reconhecer p mas q como argumento para não-R ($\longrightarrow$ ¬R).

6. Isto é (quer dizer, ou seja, em outras palavras) — introduz **asserção derivada**, que visa a esclarecer, retificar, desenvolver, matizar uma enunciação anterior. Tem uma função geral de **ajustamento**, de **precisão** do sentido. Muitas vezes, essa asserção traz um esclarecimento sobre o que foi dito antes, mas que encerra um argumento mais forte no sentido de uma determinada conclusão. Cornulier (1980) denomina a esse recurso de "técnica de reiteração".

7. Quando se tem escalas orientadas no sentido da **afirmação plena** (universal afirmativa: tudo, todos) ou da **negação plena** (universal negativa: **nada, nenhum**), os quantificadores selecionam determinados operadores capazes de dar sequência ao discurso. Por ex.:

(6) *Muitos* estudantes estão descontentes com o nosso sistema de ensino: *quase* 80%.

(7) *Poucos* estudantes estão descontentes com o nosso sistema de ensino: *apenas* 20%.[12]

Isto acontece, também, com as expressões **pouco** e **um pouco**: pouco orienta no sentido da **negação**, da restrição da propriedade, e **um pouco**, no sentido da **afirmação**:

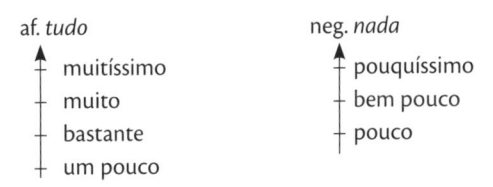

af. *tudo*	neg. *nada*
↑ muitíssimo	↑ pouquíssimo
┼ muito	┼ bem pouco
┼ bastante	┼ pouco
┼ um pouco	

---

12. Note-se que a troca desses operadores não é impossível, mas resulta sempre em manobra discursiva, isto é, em manipulação do sentido, no nível do implícito.

(8) O embrulho pesa *um pouco*: não sei se você conseguirá levá-lo até a loja.

(9) O embrulho pesa *pouco*: você conseguirá levá-lo até a loja.

Vê-se, portanto, como é importante o estudo desses operadores e a formulação dos diversos paradigmas que constituem.

É essa relação **paradigmática** que vai determinar a classe argumentativa a que o enunciado pertence, enquanto a **seleção** de um ou outro elemento vai apontar para combinações sintagmáticas ou encadeamentos possíveis. É somente na sintaxe do discurso que se caracteriza a não afinidade de certos morfemas em termos argumentativos. Ora, todos os operadores citados fazem parte da gramática da língua. **Evidencia-se, portanto, que essas instruções, codificadas, de natureza gramatical, supõem evidentemente um valor retórico da construção, ou seja, um valor retórico — ou argumentativo — da própria gramática. O fato de se admitir a existência de relações retóricas ou argumentativas inscritas na própria língua é que leva a postular a argumentação como o ato linguístico fundamental.**

Torna-se, pois, necessário pôr em evidência, na descrição gramatical da língua, os paradigmas constituídos de elementos de valor essencialmente argumentativo, elementos esses que, ao selecionar enunciados capazes de constituírem a sequência do discurso, são responsáveis pela sua orientação argumentativa global, no sentido de levarem o interlocutor a um determinado tipo de conclusões, em detrimento de outras. Relevante, é, também, especificar as conclusões a favor das quais os enunciados que os contêm podem servir de argumentos, ou seja, as possibilidades discursivas que, a partir deles, se abrem.

Pode-se dizer que todas essas virtualidades argumentativas têm um estatuto semelhante ao que era dado por Aristóteles às **opiniões** que fundamentavam os **lugares** (TOPOI). No caso, porém, não se trata necessariamente de opiniões gerais, fundadas sobre uma ideologia da coletividade. Basta que locutor e destinatário estejam de acordo sobre elas: esses **lugares** são relativos a uma situação específica de discurso.

Tanto nas gramáticas, como no ensino de língua materna, tem-se dado maior ênfase ao estudo dos morfemas lexicais e dos morfemas gramaticais flexionais e derivacionais, relegando-se a um plano totalmente secundário os elementos aqui abordados. Desse modo, eles passam praticamente despercebidos ao aprendiz, que — na melhor das hipóteses — limita-se a decorá-los, sem lhes dar maior atenção. No entanto, como vimos, grande parte da força argumentativa do texto está na dependência dessas marcas e o fato de se tentar minimizar a sua importância pode ser interpretado, até mesmo, como uma postura de caráter ideológico.

Queremos ressaltar a necessidade de se conscientizar o usuário da língua do valor argumentativo dessas marcas, para permitir-lhe percebê-las no discurso do outro e utilizá-las, com eficácia, no seu próprio discurso.

6. AS RELAÇÕES INTERFRÁSTICAS

6.1 Coordenação e subordinação

Os problemas com que se depara o estudioso ao tentar explicar os conceitos de **coordenação** e **subordinação**, isto é, a questão da dependência ou independência entre orações, decorrem do fato de se adotarem critérios meramente sintáticos ou formais. Toda oração ou conjunto de orações veicula significados; forma e conteúdo — como também a maneira pela qual são veiculados — são conceitos solidários, que não podem e não devem ser desvinculados no estudo da linguagem humana. Foi por isso que se fez sentir a necessidade de se incorporar à teoria linguística os componentes semântico e pragmático: o funcionamento global de uma língua só pode ser devidamente explicado por um estudo integrado dos três componentes.

Sob esse enfoque, torna-se inadequado falar em orações dependentes (ou subordinadas) e independentes (ou coordenadas), já que se estabelecem, entre as orações que compõem um período, um parágrafo ou um texto, relações de **interdependência**, de tal modo que qualquer uma delas é necessária à compreensão das demais. E, além das relações entre os enunciados (relações semióticas ou lógicas), há aqueles que se estabelecem entre o enunciado e a enunciação, a que se pode chamar de pragmáticas, "paralógicas" ou argumentativas.

É a partir desse posicionamento que tentaremos agora discutir algumas questões relacionadas ao assunto.

6.1.1 Othon Garcia (1978) dedica um item ao que chama de "falsa coordenação: coordenação gramatical e subordinação psicológica", que se inicia com as seguintes palavras: "Segundo a doutrina tradicional e ortodoxa [...], as orações coordenadas se dizem independentes, e as subordinadas, dependentes. Modernamente, entretanto, a questão tem sido encarada de modo diverso. **Dependência semântica mais do que sintática observa-se também na coordenação, salvo apenas, talvez, no que diz respeito às conjunções "e", "ou", e "nem"** (grifo meu). Passa, então, a apresentar uma série de exemplos de orações que normalmente se classificam como coordenadas, mas que não possuem nenhuma autonomia semântica, não se podendo, assim, falar em independência, visto que independência significa autonomia não só de função, mas também de sentido. Entre eles, encontramos:

(1) portanto, não sairemos.

(Está chovendo; portanto, não sairemos.)

(2) mas ninguém o encontrou.

(Todos o procuraram, mas ninguém o encontrou.)

Mostra que o par alternativo **quer... quer**, incluído por nossas gramáticas entre as conjunções coordenativas (alternativas), tem legítimo valor subordinativo-concessivo:

(3) Irei, quer chova, quer faça sol (mesmo que chova, mesmo que faça sol)

ou mesmo, concessivo-condicional, como no exemplo que cita, extraído de Rocha Lima:

(4) Irei, quer queiras, quer não queiras.

que equivale a:

Irei, *se* quiseres (e) *mesmo que* não queiras.

Através desse exemplo, critica também a afirmação de que as orações coordenadas devem ser da mesma natureza.

Finalmente, do mesmo modo que Borba (1979), apresenta exemplos de orações justapostas, mas que mantém nítida relação de dependência, podendo o valor da relação ser facilmente explicitado:

(5) Não fui à festa do seu aniversário: não me convidaram (causa).

(6) Não fui à festa do seu aniversário: passei-lhe um telegrama (oposição).

(7) Não fui à festa do seu aniversário: não posso saber quem estava lá (conclusão).

É de notar-se, aqui, que, embora, nos três exemplos, a primeira oração seja idêntica e a estrutura do período exatamente a mesma, cada um deles exprime uma relação diferente, o que não causa nenhum problema para a sua compreensão, mesmo na ausência da conjunção (ou de outro elemento de conexão). Por outro lado, a mesma relação semântica pode ser expressa por meio de construções diversas, com ou sem conectivo explícito.

Inúmeros exemplos poderiam ser acrescentados aos de Borba e de Othon Garcia:

(8) Resolveu isolar-se do mundo, porque não acreditava mais nos homens.

(8') Por não acreditar mais nos homens, resolveu isolar-se do mundo.

(8") Não acreditava mais nos homens, de modo que resolveu isolar-se do mundo.

(8''') Resolveu isolar-se do mundo: não acreditava mais nos homens (causa-consequência).

(9) Se não perderes o vício de mentir, acabarás desacreditado.

(9') Perde o vício de mentir: $\left\{ \begin{array}{l} \text{senão do} \\ \text{contrário} \end{array} \right\}$ acabarás desacreditado.

(9''') Ou perdes o vício de mentir, ou acabarás desacreditado (condicionalidade).

(10) Usou de todos os recursos possíveis para tentar convencer-nos de sua inocência.

(10') Tentou convencer-nos de sua inocência:

$\left\{ \begin{array}{l} \text{para isto} \\ \text{para o que} \end{array} \right\}$ usou de todos os recursos possíveis.

(10") Tentou convencer-nos de sua inocência, usando de todos os recursos possíveis.

(10''') Tentando convencer-nos de sua inocência, usou de todos os recursos possíveis.

(10'''') Tentou convencer-nos de sua inocência: usou de todos os recursos possíveis.

(meio-fim)

(11) Quando a velhice chegou, Pedro já tinha conseguido realizar todos os seus sonhos.

(11') Pedro já tinha conseguido realizar todos os seus sonhos, antes de a velhice chegar.

(11") A velhice chegou: Pedro já tinha realizado todos os seus sonhos.

(11''') Chegada a velhice, Pedro já tinha realizado todos os seus sonhos.

(tempo anterior/tempo posterior).

Em cada conjunto, encontramos orações que se costumam classificar de **coordenadas**, de **subordinadas** e de **justapostas**. No entanto, todas elas exprimem a mesma relação semântica, que exige, necessariamente, a presença dos dois membros. Portanto, não há autonomia entre elas, nem é lícito falar de oração principal e oração subordinada, já que se pode inverter a forma de combinação dos elementos do binômio sem alterar a relação. Assim, em todo e qualquer período composto por duas ou mais orações, verifica-se que há entre elas uma interdependência, visto que a presença de cada uma delas é necessária para veicular o significado pretendido. O simples fato de o locutor apresentá-las em um só período, já significa uma opção, que tem, portanto, consequências na constituição do sentido. Se é verdade que, em muitos dos exemplos citados, a primeira oração pode ser enunciada independentemente, o acréscimo da segunda vem trazer um novo significado a todo o conjunto: ela ora é responsável pela introdução de relações semânticas como as de causa/consequência, meio/fim, condição/condicionado etc.; ora encadeia-se sobre a primeira, como fator de progressão do discurso, sendo portadora de valores pragmáticos de extrema relevância que a relacionam não só com aquela, mas também com a própria enunciação.

Recorde-se, ainda, a propósito das chamadas orações coordenadas alternativas, adversativas e conclusivas, que as relações de alternância, oposição, conclusão se estabelecem, necessariamente, entre dois ou mais elementos (no nosso caso, orações): que só se dá uma explicação de algo que foi dito anteriormente, que uma conclusão decorre de premissas.

Mesmo no caso de orações ligadas por **e, ou, nem**, muitas vezes ditas "coordenadas típicas", não se poderia afirmar com certeza a independência de sentido. No caso de orações ligadas por **e**, trata-se, muitas vezes, de uma prossequência temporal, tanto que não se pode mudar a ordem das orações:

(12) Levantou-se e saiu.

Outras vezes, pode estar presente uma ideia de confronto:

(13) Maria gosta de livros e Paulo, de brinquedos.

Não raro, o **e** tem valor adversativo.

(14) Prometeu vir e não veio.

Em outros casos, introduz uma consequência.

(15) Caiu da janela e morreu.

Othon Garcia (p. 17, nota de rodapé n. 13) cita uma série de significados possíveis que pode assumir a partícula **e**.

O que é certo é que, em todos os exemplos acima, não é possível falar em orações independentes. Daí a justeza da observação de Borba: "A enunciação, porém, consta de uma sequência de orações encadeadas e, psicologicamente, interdependentes". Só faríamos restrição ao termo "psicologicamente": elas são semântica e pragmaticamente interdependentes.

6.1.2 Oração principal

Se, entre as orações de um período, existe **interdependência**, será certo falar de oração principal?

Sabe-se que, do ponto de vista estritamente sintático, oração principal é a oração que tem um de seus termos expandido por meio de uma outra oração, ou, em termos de Gramática Gerativa, a oração matriz superordenada, hierarquicamente mais alta, num diagrama em árvore.

No entanto, como afirma Bechara (1980), "oração principal nem sempre coincide com a determinação da ideia ou sentido principal do contexto". E Weinrich contesta a noção de oração principal, já que as orações de um período, do mesmo modo que as do texto, são interdependentes, formando uma totalidade em que tudo está relacionado.

Mesmo em frases em que aparecem proposições que, à primeira vista, poderiam ser consideradas como subordinadas típicas — certas orações substantivas das nossas gramáticas — um exame mais acurado mostra que a ideia principal se encontra justamente na oração encaixada:

(16) Desejo que *sejas feliz*.

(17) Afirmo *que não conheço esse indivíduo*.

E no caso das adjetivas? Por que chamar de oração subordinada a um membro da frase que constitui parte integrante do sujeito, como, por exemplo, em:

(18) *O homem que pensa duas vezes antes de falar* está menos sujeito a dizer tolices.

Por que classificar **que pensa duas vezes antes de falar** como uma **oração subordinada** adjetiva restritiva?

E quanto às adjetivas explicativas, que, segundo a maioria dos adeptos da Gramática Gerativa, resultam de orações coordenadas na estrutura profunda e possuem valor apositivo, como:

(19) O Ministro, *que é um homem íntegro,* revoltou-se contra as acusações feitas pelos jornais da capital?

Somente uma abordagem sintático-semântico-pragmática poderá dar solução a estas questões.

6.1.3 Posição interessante quanto às relações interfrásicas, do ponto de vista semântico, é a de Bally (1944) em **Linguistique Génerale et Linguistique Française,** Bally aborda os modos de combinação possíveis entre enunciações: trata-se, agora, de noções de ordem semântica e não morfológica ou sintática.

Seriam três esses modos: a **coordenação**, a **segmentação** e a **soldadura**.

a) **Coordenação** — há coordenação semântica entre A e B, se e somente se:

1. **A** for uma proposição independente, correspondendo a um ato de enunciação completo que permanece idêntico a si mesmo, quer seja seguido ou não de **B**, e comportando, portanto, um tema e um comentário;

2. **B** toma **A** por tema, apresentando-se como um comentário concernente a **A**. Por ex.: "Nós não sairemos; está geando", em que a afirmação "está geando" é dada como um comentário referente à afirmação precedente "Nós não sairemos". A coordenação semântica distingue-se da coordenação sintática (que é a relação entre segmentos com a mesma função), porque se fundamenta nos atos de enunciação realizados por ocasião da produção dos enunciados, **podendo ocorrer sem**

qualquer marca gramatical aparente (p. ex.: a conjunção) ou mesmo quando A e B estiverem ligados por conjunções ditas de subordinação. No exemplo acima, **A** pode ser objeto de um ato de linguagem autônomo e **B** aparece como uma consequência de **A**, comportando, pois, como parte integrante, uma referência a **A**. Há, assim, estreita relação entre a coordenação e a anáfora, conforme se verá adiante;

b) **frases ligadas** (soldadura) — ocorrem quando duas orações estão ligadas num único ato de enunciação, correspondente a uma única intenção, de tal modo que a primeira não constitui objeto de um ato de linguagem acabado, independentemente da segunda. É o caso de "Quando se é rico tem-se muitos amigos", em que o primeiro elemento não é objeto de um ato de enunciação isolado, não sendo afirmado como tal. (Ao contrário, em: Pedro é rico; tem, pois, muitos amigos", haveria coordenação.) No caso das frases ligadas, nenhuma das duas orações é objeto de um ato de enunciação compreensível independentemente do outro. Não se afirma sucessivamente A e B; anuncia-se uma relação entre elas.

c) **segmentação** — Bally denomina de frase segmentada uma frase única resultante da condensação de duas coordenadas, mas na qual a soldadura é imperfeita, permitindo distinguir duas partes, uma das quais tem a função de tema e a outra, a de comentário do enunciado. Segundo ele, a frase segmentada parece originar-se do fato de, numa coordenação, ocorrer uma retomada da primeira coordenada, o que se torna mais evidente quando se supõe as duas enunciações repartidas entre dois interlocutores: A: "Chove!" — B: "Chove?" (você diz que chove?). "Nós não sairemos".

A segmentação distingue-se da coordenação pelo fato de haver uma interdependência maior, um relacionamento recíproco entre dois enunciados **A** e **B**: **A** é um "apresentador" (*présentatif*) do enunciado e os dois segmentos condicionam-se reciprocamente. O que caracteriza a segmentação é tomar um dos elementos do enunciado como tema, **expondo-o** para fora da sentença:

(20) Este problema, não consigo resolvê-lo.

(20') Resolver este problema, não o consigo.

(20") $\left\{ \begin{array}{l} \text{Eu} \\ \text{Quanto a mim} \end{array} \right\}$ eu não resolverei este problema.

(21) Esta carta, ela jamais chegou à minhas mãos.

Os casos de sujeito ou objeto pleonástico e de anacoluto citados por nossas gramáticas se enquadram neste tipo de relação.

Bally inclui, mesmo, nesse modo de relacionamento, os **vocativos, expressões adverbiais deslocadas e frases parentéticas** ou **intercaladas**:

(22) *Paulo*, venha cá! Venha cá, *Paulo*! Venha, *Paulo*, comigo.

(23) Eu consinto, *disse ele*, em lhe perdoar.

Para mostrar a relação entre coordenação semântica e a anáfora, Bally imagina uma linguagem infantil que possuísse apenas duas palavras-frase: "coucou" (designando qualquer coisa que faz cuco) e "frtt" (designando um ruído leve, como um bater de asas). Se se pronunciasse as duas palavras juntas, sem coordenação, isto é, apenas justapostas, elas significariam algo como: "Eu vejo um pássaro. Eu ouço um barulho de asas". Se, no entanto, elas fossem coordenadas, tomando-se a segunda como um propósito que tivesse a primeira como tema, a interpretação, totalmente diferente, passaria a ser: "Alguma coisa faz cuco e (isto que faz cuco) faz frtt"; ou ainda, "Vejo um pássaro. Ele faz um barulho de asas". A coordenação, portanto, é neste caso responsável pela anáfora: o anafórico designa os seres cuja existência é postulada pela primeira frase e que são o tema da segunda.

Ducrot (1972) utiliza esta descrição de Bally para explicar o emprego de pronomes pessoais anafóricos que remetem a expressões indefinidas. Em frases coordenadas como:

                    A   B
(24) Uns amigos vieram visitar-me; eles me falaram de você.

é possível postular uma descrição existencial para **A**, admitindo, assim, que a expressão **uns amigos** não possui referente e, ao mesmo tempo, explicar o anafórico **eles** como referencial, apesar de ter por antecedente a expressão não referencial **uns amigos**. Ou seja, já que **B** toma **A** por tema, pode-se dizer que o locutor, após ter pronunciado **A**, age como se o ouvinte tivesse admitido as informações dadas por **A**, que já estão, assim, integradas ao universo do discurso. No ex.:

                    A   B
(25) Pedro comprou livros. Eles são interessantes.

A é uma proposição de tipo puramente existencial, que anuncia que existem livros que foram comprados por Pedro. Uma vez aceita essa proposição, é possível utilizá-la para estruturar o conjunto de livros, definindo, dentro deste, o subconjunto daqueles que foram comprados por Pedro. A partir daí, o **eles** de **B** poderá referir-se a objetos determinados, caracterizáveis a partir de **A**. Deste modo, se **eles** é referencial, isto se dá porque a informação veiculada por **A**, e suposta como admitida antes de se enunciar **B**, basta para caracterizar objetos determinados dentro do conjunto de livros: o enunciado **A** fornece os esclarecimentos necessários para que a referência seja operada em seguida, quando se lhe coordena **B**. A intervenção dos participantes do ato de enunciação situa-se, pois, não no momento da interpretação do indefinido, mas no momento da coordenação, da juntura entre os enunciados elementares **A** e **B**.

Por outro lado, existem enunciados como:

(26) Fui visitar José para que ele me desse notícias de nossa família.

em que o pronome anafórico parece representar papel semelhante ao das variáveis lógico-matemáticas, isto é, o de marcar os lugares dos argumentos no predicado. Seria, pois, possível distinguir dois tipos principais de anáfora, um originado pela coordenação e outro que ocorre nas frases ligadas.

Outro desenvolvimento importante que Ducrot nos apresenta a partir do trabalho de Bally é, justamente, mostrar que, dentro do que a gramática tradicional classifica sob o rótulo de subordinação, faz-se possível distinguir relações diferentes não só quanto à sua natureza, como também quanto à sua organização. Partindo dos exemplos:

(27) Pedro veio para que Tiago partisse.
(28) Pedro veio, de modo que Tiago partiu.
(29) Pedro veio porque Tiago partiu.
(30) Pedro veio, pois Tiago partiu.

demonstra, por meio da aplicação de vários critérios, a diferença entre (27) e (29), de um lado, e (28) e (30) de outro, possuindo cada um desses pares uma estrutura semelhante.

Os critérios utilizados são:

a) os enunciados (28) e (30) não podem ser objeto de uma interrogação ou de uma negação (Pedro veio de modo que Tiago partiu?);

b) não é possível introduzir a partícula **somente** antes de **de modo que** ou de **pois** em (28) e (30), como também não se pode introduzir nesses enunciados a forma enfática **é... que** (Pedro veio somente de modo que Tiago partiu; É de modo que Tiago partiu que Pedro veio).

Ducrot propõe que se adote a terminologia de Bally, classificando-se (28) e (30) como casos de coordenação e (27) e (29) como frases ligadas. Nestas últimas, a intenção principal do locutor é apontar a relação existente entre as duas orações que as compõe: daí a possibilidade de se introduzir expressões como **somente, é... que**, que têm por alvo exatamente essa relação, relação que pode também ser negada ou posta em dúvida. Já em (28) e (30), tem-se duas enunciações sucessivas: não se afirma a relação entre dois fatos, mas apenas afirma-se os dois fatos, introduzindo o segundo por intermédio de sua ligação com o primeiro. Admitindo o primeiro fato, isto é, que Pedro veio, enuncia-se, a seguir, outro fato, que é apresentado como consequência ou como prova, embora a proposição inicial não tenha por objetivo afirmar essa relação.

Para melhor explicitar a diferença entre os dois tipos de períodos como sendo uma diferença estrutural, marcada em sua organização interna, isto é, no modo como se articulam seus constituintes semânticos, Ducrot introduz a noção de **predicado complexo**: trata-se do predicado constituído quer por um predicado elementar sobre o qual agiram diferentes operadores, quer pela fusão de predicados elementares ou de predicados elementares e de orações, podendo essas possibilidades combinarem-se mutuamente. Assim, em (27) e (29), temos frases ligadas em que se atribui um predicado complexo a um sujeito único:

(27) Pedro (veio para que Tiago partisse).
(29) Pedro (veio porque Tiago partiu).

Se existem enunciados que só podem ser compreendidos como coordenações e outros que só se podem analisar como frases ligadas, há também aqueles que apresentam ambiguidade, podendo ser interpretados ora como produtos de coordenação, ora como frases ligadas.

(31) Só Pedro veio porque Tiago partiu.

tem duas leituras possíveis:

(31') "Somente Pedro veio: a causa disso é que Tiago partiu".
(31") "A única pessoa que veio por causa da partida de Tiago foi Pedro".

Em (31'), temos coordenação; em (31"), trata-se de frases ligadas, devendo ser lidas como uma proposição única, que possui um único predicado (vir porque Tiago partiu) e um único sujeito (Pedro), modificado por **só**. O predicado complexo, no caso, é formado pela fusão de um predicado "vir" e uma oração "Tiago partiu".

Não discutiremos aqui, em detalhe, todos os argumentos apresentados por Ducrot, o que fugiria ao escopo deste trabalho. O que visamos, na última parte deste item, foi mostrar como as noções sintáticas tradicionais de **coordenação** e **subordinação** têm sido discutidas, no decorrer do tempo, por estudiosos de formações as mais variadas, que procuraram ressaltar a necessidade de um exame mais atento das relações semânticas e/ou pragmáticas que se estabelecem no interior dos enunciados e que se apresentam intimamente ligadas às intenções do falante, ou seja, ao processo de enunciação.

A distinção entre **frases ligadas** e **coordenação**, por seu turno, apresenta-se de grande relevância. No caso de **frases ligadas**, tem-se um predicado complexo, e, portanto, um enunciado único, resultante de um único ato de enunciação. Na coordenação, ao contrário, trata-se de duas proposições, resultante de dois atos de enunciação diferentes, em que a segunda toma a primeira como tema: tem-se, pois, uma estrutura semântica em que ocorre uma sucessão de proposições.

Guimarães (1980), com base nessa formulação, mostra que a função da coordenação e a de estruturar orações em texto: nesse caso, não se trata de uma simples adição de orações, mas sim, de um encadeamento sucessivo que faz com que elas se transformem em texto, constituindo-se, portanto, em discurso. É por esta razão, diz ele, que as conjunções coordenativas aparecem não só entre orações de um mesmo período, mas também encadeando orações de períodos diferentes ou encadeando parágrafos entre si. Devem, por isso, ser consideradas como operadores de discurso, ao passo que as conjunções subordinativas, quando ligam apenas proposições dentro do mesmo enunciado, transformando predicados simples em complexos e dando origem a frases ligadas, constituem simplesmente conectivos ou operadores do tipo lógico, como demonstra Vogt (1978).

A adoção desta proposta exigiria, evidentemente, uma reclassificação das conjunções usualmente consideradas como coordenativas e como subordinativas pelas gramáticas tradicionais.

6.2 Relações entre enunciados do ponto de vista da enunciação

Conforme já se frisou anteriormente, a partir do momento em que se incorpora a enunciação ao estudo dos enunciados linguísticos e se considera a língua como um conjunto de regras que presidem à representação das pequenas cenas dramáticas que constituem o discurso, torna-se necessário levar em conta, na análise, não apenas as relações entre os enunciados produzidos, mas — e principalmente — as que se estabelecem entre estes e a enunciação.

Em decorrência, torna-se impossível estudar tais enunciados sob um ângulo estritamente lógico, como se tem feito frequentemente em Linguística e em Filosofia da Linguagem, já que existem na língua relações que, muitas vezes, aparentemente nada têm de lógico, as quais se pode chamar de **paralógicas, pragmáticas, discursivas, argumentativas** ou **ideológicas**. Em outras palavras: língua tem sua lógica própria.

Constitui princípio geral da Retórica, desde Aristóteles, que existe uma diferença entre **convencer** e **persuadir**. O ato de convencer dirige-se a um **auditório universal**, já que se destina a provocar a certeza, através da evidência dos fatos (provas objetivas) ou da evidência pela razão (relações demonstrativas; implicação lógica entre proposições). O ato de persuadir destina-se a um auditório particular, utilizando argumentos que podem levar a inferências[13] (mas não a verdades absolutas). As relações argumentativas dependem das intenções dos falantes e são sustentadas pelo princípio da plausibilidade.

---

13. O termo *inferência* não se refere, aqui, à inferência lógica.

Prova difere, pois, de argumento. Se **p** é apresentado como prova de **r**, **p** é condição suficiente para **r**. Por outro lado, **p** é argumento para **r**, se de **p** for possível tirar uma conclusão **r**, dentro do jogo de relações que se estabelece entre os participantes da situação. Aqui, portanto, é necessário levar em consideração as particularidades do auditório: o Outro é figura imprescindível para determinar as condições de intersubjetividade. Diz-se, assim, que **p** é um argumento para **r**, se **p** é apresentado pelo enunciador como devendo levar à conclusão **r**, o que envolve a ideologia, no sentido bem amplo do termo.

Como já se disse, tem-se considerado como princípio fundamental de organização das línguas a função referencial da linguagem: as línguas são a mediação necessária entre o pensamento e a linguagem, entre o homem e o mundo. O principal procedimento discursivo consistiria, assim, em apresentar sucessivamente ao interlocutor signos verbais possuidores, cada um deles, de uma área de significação definida. Utilizando estas marcas, o interlocutor reconstituiria, por um esforço de inteligência, a coisa significada, servindo-se da situação como uma fonte de referências suplementar. Este procedimento, que corresponde ao que se costuma chamar de descrição, está intimamente ligado a noção de **referência**, de **denotação**.

Assim, a aspiração do discurso científico, isto é, a sua ideologia, é a verdade, a objetividade. O problema consiste em como **ser objetivo**. Segundo Popper, ser objetivo é produzir um discurso que possa ser falseado. Desse modo, para ser objetivo, é preciso que o enunciador da verdade do enunciado tenha a intenção de se dirigir a um público indiferenciado, ou seja, a um público universal. Portanto, conforme Perelman, é necessário postular uma plateia que funcione como alegoria de um **auditório universal**.

Ora, se é necessário supor uma identidade indiferenciada do interlocutor, isto só é possível desde que se suponha que o locutor não fala como indivíduo, não havendo, assim, marcas de subjetividade: não poderá haver **representação** do locutor e o discurso terá de se contar a si mesmo, anulando totalmente a sua origem (cf. o que Benveniste denomina de **história**).

A velha questão da distinção entre lógica e retórica, que vem desde Aristóteles, leva a indagar se o conhecimento tem realidade objetiva ou se não passa de simples opinião. A afirmação possui o dom de criar a ilusão de que, ao ser feita, tem o poder de criar a própria realidade das coisas; no entanto, ela resulta sempre de uma opinião, manifestando uma determinada atitude do locutor em face dessa realidade e do(s) seu(s) interlocutor(es). O procedimento discursivo aqui utilizado é o da **implicitação**: existem sempre no discurso significações implicitadas, indicações modais das atitudes e intenções do falante.

Daí a posição que defendemos de que não há discurso neutro, objetivo, imparcial. É isto que leva Perelman a afirmar que a linguagem não é apenas um meio de comunicação, mas também um instrumento de ação sobre os espíritos, isto é, um meio de persuasão (p. 177). E que

> "nada é mais arbitrário que as distinções escolares entre discurso factual, neutro, descritivo e discurso sentimental, emotivo: estas distinções só têm interesse na medida em que atraem a atenção do estudante sobre a introdução manifesta de julgamentos de valor na argumentação, mas são nefastas na medida em que fazem subentender que existem maneiras de se exprimir que seriam descritivas em si mesmas, discursos em que intervêm somente os fatos e sua objetividade indiscutível" (p. 202).

Isto não significa, porém, que não se possa estudar as relações de caráter predominantemente lógico que se podem estabelecer entre enunciados e os operadores utilizados para marcar tais relações. Como se disse no item anterior, esses operadores transformam, geralmente, predicados elementares em predicados complexos ou operam a fusão de predicados elementares com orações, dando origem ao que, na terminologia de Bally, se denominam frases ligadas.

6.2.1 Relações do tipo lógico

6.2.1.1 **A Lógica de Port Royal** apresenta como tipos de proposições compostas as **copulativas**, as **disjuntivas**, as **condicionais**, as **causais**, as **relativas** e as **discretivas**.

As **copulativas** são aquelas que encerram vários sujeitos ou vários predicados (ou ambas as coisas), ligados por uma conjunção afirmativa (e) ou uma conjunção negativa (nem). A verdade dessas proposições depende da verdade de todas as suas partes, já que o que se afirma é a conjunção delas. Assim sendo, contradiz-se a copulativa negando expressamente a conjunção. Trata-se, no caso, da **negação fraca** (não universalmente **p**), expressa linguisticamente por **É falso que... Eu nego que** [...] etc.[14]

As **disjuntivas** são proposições cuja verdade depende da oposição necessária das partes, não se admitindo meio termo; são expressas pela conjunção **ou**. As proposições contraditórias às disjuntivas são aquelas em que se nega a verdade da disjunção.

Condicionais são proposições formadas de duas partes ligadas pela conjunção **se**, em que a primeira, que encerra a condição, constitui o antecedente e a segunda, o consequente. Ex.: **Se a alma é espiritual** (antecedente), **ela é imortal** (consequente). A consequência pode ser **mediata** ou **imediata**. É mediata, quando não há nenhum termo comum entre as partes: elas se ligam por algo que se tem na mente e que não é expresso. Ex.:

(36) Se Deus é justo, os maus serão punidos.

A verdade de tais proposições é determinada pela verdade do consequente. A sua negação é feita negando-se a condição, por meio da negação fraca. É comum, porém, exprimir a contradição por meio de **embora** + negação: aqui entende-se, pois, a concessiva como contraditória de uma condicional.

As **causais** são as proposições ligadas por conectivos causais, como **porque** ou **a fim de que**, incluindo, portanto, as que se costuma chamar de finais. Na verdade, a relação meio/fim encerra sempre uma relação de causa/consequência; o que as diferencia é o caráter intencional da primeira.

Arnauid e Nicole afirmam que se podem incluir aqui também as **reduplicativas**, já que é necessário, para a verdade destas proposições, que uma das partes seja causa da outra e que, portanto, ambas sejam verdadeiras. Ex.: **O homem enquanto homem é racional**. Contradizem-se as proposições causais, negando que uma coisa seja causa de outra.

---

14. A Lógica considera a existência de dois tipos de negação: a negação *forte* (universalmente não-p) e a negação *fraca* (não universalmente p).

As proposições **relativas** encerram uma comparação ou relação, assemelhando-se às correlativas e proporcionais da gramática tradicional. Ex.: **Tal é a vida, tal é a morte. Onde está o tesouro, aí está o coração. É-se estimado no mundo na proporção dos bens que se possui.** Sua verdade depende da justeza da relação e, para contradizê-las, nega-se essa relação.

As chamadas **discretivas** são aquelas em que se fazem julgamentos diferentes nas duas proposições, ligadas por partículas como **mas, entretanto** e semelhantes. A verdade dessas proposições depende da verdade de ambas as partes e da oposição que se estabelece entre elas. Podem ser contraditas de diversas maneiras, como no caso de:

(37) Não é das riquezas, mas da ciência que depende a felicidade.

Neg. 1 — A felicidade depende das riquezas, e não da ciência.

Neg. 2 — A felicidade não depende nem das riquezas, nem da ciência.

Sendo as duas últimas formas copulativas, nota-se que as copulativas são contraditórias das discretivas.

Citam-se, a seguir, as proposições compostas quanto ao sentido: exclusivas, excetivas, comparativas e inceptivas ou desitivas, sobre as quais não nos deteremos neste momento.

6.2.1.2 A lógica contemporânea, seguindo em linhas gerais a tradição da lógica clássica, considera as seguintes relações básicas entre proposições: **conjunção, disjunção, condicionalidade e bicondicionalidade.**

6.2.1.2.1 Conjunção

Tem-se conjunção (p. q) quando se afirmam dois estados de coisas conjuntamente, de modo que ela será verdadeira se e somente se ambas as proposições forem verdadeiras. Ex.:

(38) Chove e faz frio.

Do ponto de vista estritamente lógico, consideram-se como casos de conjunção enunciados formados de duas proposições ligadas por conectivos adversivos, como **mas, porém** etc., desde que ambas expressem estados de coisas reais (sendo portanto verdadeiras). Ex.: Tentei falar-lhe mas estava viajando. A conjunção inclui, pois, as copulativas e as discretivas da Lógica de Port Royal.

6.2.1.2.2 Disjunção

A **disjunção** combina proposições por meio da conjunção **ou**. No entanto, o emprego desse termo, em língua natural, é ambíguo, já que possui dois significados diferentes, embora relacionados em parte: o **ou** inclusivo (ou débil) e o **ou exclusivo** (ou forte). A disjunção inclusiva (p v q) é verdadeira se uma das proposições ou ambas forem verdadeiras. O **ou** (lat. *vel*), no caso, significa **um ou outro, possivelmente ambos**. Costuma-se explicitar esse sentido mediante o emprego da expressão **e/ou**. Ex.:

(39) Dá-se desconto especial para advogados ou economistas.

A disjunção exclusiva (p ≢ q) é verdadeira somente no caso de uma ou outra das proposições ser verdadeira, mas nunca ambas. O **ou**, aqui, corresponde ao latim *aut*. Ex.: No cardápio de um restaurante que fornece refeições completas em que se lê: "sobremesa: frutas ou doce", pode-se escolher um ou outro, mas não ambos.

O que ambos os tipos de disjunção têm em comum é que, para serem verdadeiras, exigem que pelo menos um de seus termos o seja (isto é, são falsas quando ambos são falsos). A diferença reside em que a inclusiva admite (inclui) a verdade de ambas, enquanto a disjuntiva não a admite (exclui).

6.2.1.2.3 Condicionalidade

Um enunciado composto é **condicional**, quando se combinam duas proposições, a primeira introduzida por **se** e a segunda por **então**, que pode vir implícito. No enunciado condicional (também chamado de **hipotético, implicativo**, ou ainda, **implicação material**)[15] o termo introduzido por **se** denomina-se **antecedente** e o

---

15. Trata-se, no caso, de outra acepção do termo *implicação*, diferente daquelas que foram apresentadas na parte introdutória deste livro.

outro, **consequente**. Enquanto a conjunção e a disjunção constituem relações comutativas (p.q = q.p, p ∨ q = q ∨ p, p ≢ q = q ≢ p), na fórmula condicional isso não ocorre: um enunciado condicional afirma que seu antecedente implica seu consequente (p ⊃ q). Ele não afirma que o antecedente é verdadeiro, mas tão-somente que, sendo o antecedente verdadeiro, o consequente também o será. Também não afirma a verdade do consequente, mas apenas que ele será verdadeiro se o antecedente o for. É por esta razão que o seu significado essencial reside na **relação de implicação** que se afirma existir entre o antecedente e o consequente.

Essa relação de implicação pode ser de vários tipos: **conexão lógica** (se todos os mamíferos são vertebrados e a baleia é um mamífero, então a baleia é vertebrada); **conexão de caráter definidor** (se Paulo é solteiro, então Paulo não é casado); **conexão causal** (se aquecermos o ferro, então ele se derreterá); **conexão de decisão** (se meu time perder, então beberei a noite inteira) (cf. Copi, 1968).

Existe, ainda, um tipo de condicional denominada pelos lógicos de implicação material, em que não há qualquer conexão real entre o antecedente e o consequente, afirmando-se tão-somente que não se dá o caso de o antecedente ser verdadeiro, sendo, pois, o consequente falso. Este tipo é frequentemente usado como método enfático ou humorístico de se negar o antecedente, pelo fato de ser o consequente uma asserção óbvia ou ridiculamente falsa. Há quem o chame de **paradoxo do condicional**. Ex.:

(40) Se aquilo é uma obra de arte, então eu sou uma estrela de cinema.

Costuma-se distinguir dois tipos de condição: a necessária e a suficiente. P é condição suficiente de q, quando a verdade de **p** permite afirmar a verdade de **q**. Assim, num enunciado condicional verdadeiro, **p** é condição suficiente de **q**; por outro lado, **q** é condição necessária de **p**, quando o conhecimento da falsidade de **q** permite assegurar a falsidade de **p**. Isto é, quando o consequente de um enunciado condicional verdadeiro é condição necessária do antecedente.

A relação de condicionalidade engloba, assim, as de causalidade (proposições causais, consecutivas e finais), bem como as proposições conclusivas da gramática tradicional.

6.2.1.2.4 Bicondicionalidade

Um enunciado é bicondicional (p≡q) quando cada uma de suas proposições é condição suficiente e necessária da outra. Ex.:

(41) Aprecio carne assada se e somente se ela está bem tostada.

O enunciado bicondicional equivale à negação da disjunção exclusiva (ou vice-versa); daí a simbolização desta: p ≢ q.

O enunciado bicondicional compõe-se de duas proposições materialmente equivalentes ou equivalentes em valor de verdade, já que são ambas verdadeiras ou ambas falsas, implicando-se materialmente uma na outra.

6.2.1.2.5 *Modus ponens* e *modus tollens*

Um **silogismo hipotético puro** é aquele que contém exclusivamente proposições condicionais. Ex.:

(42) Se João é um patriota, então ele deseja o bem da Pátria. Se ele deseja o bem da Pátria, então ele não votará em José.

Quando um silogismo possui uma premissa condicional e uma premissa categórica, tem-se um **silogismo hipotético misto**.

Se a premissa categórica afirma a proposição antecedente da premissa condicional, e a conclusão afirma a consequente, o silogismo recebe o nome de **modus ponens**. Qualquer argumento que tenha essa forma é sempre válido, e diz-se que está no **modo afirmativo**; daí **modus ponens**, do latim **ponere** (afirmar). Ex.:

(42) Se Pedro disse a verdade, então José mentiu. Pedro disse a verdade. Portanto, José mentiu.

Se, por outro lado, a premissa categórica nega a proposição consequente da premissa condicional, e a conclusão nega a sua antecedente, tem-se o **modus tollens**, do latim *tollere* (negar). Este tipo de silogismo também é sempre válido. Ex.:

(43) Se você fosse realmente inteligente, seria capaz de decifrar o enigma. Você não é capaz de decifrar o enigma. Portanto, você não é realmente inteligente.

6.2.1.3 As relações do tipo lógico são classificadas, em nossas gramáticas, umas como relações de coordenação (por exemplo, as conjuntivas, disjuntivas), outras como de subordinação (por exemplo, a causalidade, a condicionalidade). Já se discutiu, em itens anteriores, a inadequação dessas noções: a) por se tratar de conceitos meramente sintáticos; b) por serem discutíveis do ponto de vista semântico; c) por se mostrarem inutilizáveis do ponto de vista pragmático.

É por esta razão que damos preferência à classificação de Bally, optando por considerar a maioria dos enunciados que contêm proposições entre as quais se estabelecem relações do tipo lógico como casos de **frases ligadas**, portadoras de **predicados complexos** (Ducrot). Trata-se, no caso, de um único enunciado, resultante de um só ato de linguagem, visto que nenhuma das proposições é objeto de um ato de enunciação compreensível independentemente do outro.

> (44) Jorge não compareceu à homenagem porque estava enfermo
> [Jorge (~ p porque q)]
> (45) Fiz tudo para que ele me ouvisse.
> [Eu (p para que q)]
> (46) Você vai comigo ou prefere ficar em casa?
> [Você (p ≢ q)?]
> (47) Se fizer sol, iremos à praia.
> [p ⊃ q]

Em todas elas, a intenção principal do locutor é apontar a relação (lógica) existente entre as proposições.

6.2.2 Relações discursivas, pragmáticas ou argumentativas

Muito mais importantes, porém, do ponto de vista da enunciação, são as relações do tipo discursivo, a que, como dissemos, se podem denominar também de pragmáticas, argumentativas, retóricas ou ideológicas, e que são responsáveis pela estruturação de enunciados em textos, por meio de encadeamentos sucessivos de enunciados, cada um dos quais resultante de um ato de linguagem particular. Esse encadeamento é feito, geralmente, por meio dos operadores argumentativos (ou operadores do discurso). Por ex. em:

> (48) Conversei ontem com seu pai, tanto que ele estava gripado.

O operador **tanto que** não relaciona o conteúdo das duas proposições, mas serve para introduzir uma comprovação: **tanto isso é verdade que pude verificar que ele estava gripado.** Assim, a segunda proposição não se relaciona sintaticamente com a primeira, mas sim com o **modo da afirmação**, estabelecendo um elo com as condições subjetivas da enunciação.

6.2.2.1 Os operadores de discurso têm sido objeto de uma série de estudos importantes, na linha da Semântica Argumentativa. Dentre eles, poderíamos destacar os de Ducrot (1972) sobre os operadores **para que, de modo que, porque, pois**; Vogt e Ducrot (1979) sobre o **mas**; Vogt (1977) sobre os operadores de **comparação** (**mais que, menos que, tanto que** etc.), **mesmo, ainda, também**; Vogt (1978) sobre **porque, pois** e **já que**; Salomão (1978) e Geraldi (1981), sobre o **se**; Guimarães (1980 e 1981) sobre o **mas** e o **embora**; Anscombre (1975) e Anscombre e Ducrot (1976) sobre o **mas** e as estruturas comparativas; Ducrot et al. (1980) sobre **mas, decididamente, aliás** e **outros.**

Ressalta de todos os trabalhos citados que os períodos formados por enunciados ligados por meio de operadores argumentativos apresentam as características seguintes:

1. O emprego desses períodos equivale à realização de duas enunciações sucessivas, ou seja, dois atos de linguagem diferentes;

2. O que se afirma não é a relação existente entre o conteúdo de dois enunciados, mas sim cada um deles, introduzindo-se o segundo por intermédio de sua relação com o primeiro. Por esta razão, eles poderiam ser apresentados sob forma de dois períodos (separados por dois pontos, ponto e vírgula e ponto final) ou poderiam ser proferidos por locutores diferentes. Para verificar se se trata ou não de duas proposições, são utilizados os critérios de: alcance da pergunta, alcance da negação, encadeamento do discurso, extraposição e quantificação.

a) Alcance da interrogação e da negação.

Nas frases ligadas, a interrogação e a negação incidem sobre todo o enunciado; já os enunciados introduzidos por operadores argumentativos não podem ser objeto de uma interrogação. Quando estas ocorrem, incidem apenas sobre uma parte do período e não sobre a relação. Ex.:

(49) Parou de chover, pois a calçada está seca.
(50) Pedro veio à reunião porque a considerava importante.

Interrogação:

(49') ? Parou de chover (?) Pois a calçada está seca.
(50') Pedro veio à reunião porque a considerava importante.

Negação:

(49") ? Não parou de chover, pois a calçada está seca.
(50") Pedro não veio à reunião porque a considerava importante.[16]

b) Encadeamento.

(49''') Creio que [parou de chover], pois a calçada está seca.
(50''') Creio que [Pedro veio à reunião porque a considerava importante].

c) Extraposição (tematização de um elemento do enunciado por meio de um procedimento linguístico, do tipo **é... que, somente**.

(49'''') ? É pois a calçada está seca que parou de chover.
? Somente parou de chover, pois a calçada está molhada.
(50'''') É porque a considerava importante que Pedro veio à reunião.
Pedro somente veio à reunião porque a considerava importante.

d) Escopo da quantificação.

(51) As crianças entrarão logo, pois está muito frio.

$$\left\{\begin{array}{l} \text{Poucas} \\ \text{Muitas} \\ \text{Algumas} \end{array}\right\}$$ crianças entrarão logo, pois está muito frio.

(52) As crianças entrarão para se aquecerem.

$$\left\{\begin{array}{l} \text{Poucas} \\ \text{Muitas} \\ \text{Algumas} \end{array}\right\}$$ crianças entrarão para se aquecerem.

---

16. Recorde-se que os enunciados deste tipo são ambíguos, conforme demonstraram Ducrot (1972) e Vogt (1978).

Em (51) o quantificador incide somente sobre a primeira oração, enquanto em (52) incide sobre todo o enunciado.

3. Enquanto os operadores do tipo lógico encaixam uma oração em outra, transformando-a em termo desta, de modo a constituírem uma só oração com predicado complexo, os operadores argumentativos encadeiam enunciados, estruturando-os em texto, isto é, constituindo um discurso. Por isso, aparecem também encadeando orações de períodos diferentes ou parágrafos; ou, ainda, como no exemplo (48), encadeiam um enunciado com o modo da enunciação. Os enunciados ligados por esses operadores devem, pois, ser compreendidos como coordenações, na acepção de Bally.

6.2.2.2 Examinemos agora, a tipo de exemplificação, os tipos de implicação incluídos por Copi (1968) na relação de condicionalidade, com base na posição que decidimos adotar:

a) na conexão lógica, estabelece-se um silogismo; portanto, a última proposição — a conclusão — decorre das premissas. Na linguagem comum, frequentemente, ocorre a omissão de uma das premissas (em geral, a premissa maior) e a última proposição é do tipo que as gramáticas costumam denominar de **conclusivas**. Ex.:

(54) Júlio é um excelente atleta portanto (logo, por conseguinte) poderá vencer a corrida.

b) na conexão de caráter definidor, temos uma tautologia. Ex.:

(55) Se *Pedro é solteiro, então Pedro não é casado* (pouco comum na linguagem ordinária).

c) Na **conexão causal do tipo lógico**, é necessário que a primeira proposição seja condição suficiente da segunda:

(56) Os corpos caem porque são atraídos pela Terra.

É muito comum, porém, atribuírem-se a certos fatos, causas ou consequências que não são estritamente lógicas ou que resultam de julgamentos do locutor sobre os fatos. Além disso, ocorre com frequência apresentar-se como causa algo que simplesmente antecedeu o fato no tempo (dando origem ao que a lógica denomina de falácia do tipo **"non sequitur"** (**post hoc, non propter hoc**).

Outras vezes, ainda, o que aparenta ser uma causa constitui simplesmente uma explicação ou justificativa; aqui não existe relação de tipo lógico, mas o que ocorre é uma nova enunciação que se encadeia sobre a primeira.

Daí a importância dos estudos de Ducrot (1972 a 1980) e Vogt (1978), para evidenciar a diferença entre os dois tipos de relações.

d) a conexão de decisão não apresenta nenhum caráter lógico. Trata-se de uma relação subjetiva estabelecida pelo locutor entre um fato e uma decisão posterior de sua parte:

(57) Se meu time perder (ficarei tão aborrecido que) beberei a noite inteira.

e) no caso do paradoxo do condicional, os próprios lógicos afirmam não haver qualquer conexão real entre o antecedente e o consequente, tratando-se de um modo enfático ou humorístico de se negar o antecedente, cuja asserção é obviamente falsa. Ora, tanto a ênfase como a ironia e o sarcasmo estão intimamente relacionados à enunciação, tanto que nenhuma relação existe entre ambas as proposições. Só se pode falar, nesse caso, de relação discursiva, argumentativa: comprova-se o absurdo da primeira proposição, por meio da justificativa de que, se ela fosse verdadeira, outro absurdo teria lugar. O que o relaciona com a lógica é, apenas, que, por ser o antecedente falso, o consequente, necessariamente, também o será.

No exemplo (58): **Se aquilo é uma obra de arte, então eu sou uma estrela de cinema**, o que se diz é que **é tão absurdo considerar aquilo uma obra de arte, quanto afirmar que eu sou uma estrela de cinema (quando todos sabem que não sou)**.

O que se faz, no caso, é contestar o próprio modo no qual o enunciado vem expresso, isto é, a asserção subjacente à primeira proposição de que **aquilo é uma obra de arte**.

O último exemplo apresentado nos leva de volta à noção de polifonia, apresentada em Ducrot (1980), e que poderá explicar uma série de relações discursivas. No caso acima, quem afirma que algo é uma obra de arte não é o locutor, mas o alocutário ou a comunidade a que este pertence.

6.2.2.3 Outro caso em que ressalta a relação entre enunciado e enunciação é o das orações adjetivas explicativas. Já vimos que a Lógica de Port Royal as considerava como orações incidentes, classificando as proposições que as continham como **complexas quanto à matéria**. Bally (como também os gramáticos gerativos), aproxima-as da coordenação. Mostra, em primeiro lugar, que uma oração coordenada pode ser introduzida, sob forma de inciso, no corpo da primeira: em lugar de "**Você renunciou ao seu projeto; foi muito bom**", pode-se dizer "**Você renunciou — foi muito bom — ao seu projeto**". Assinala, a seguir, que a proposição relativa explicativa é, na verdade, uma oração coordenada semelhante àquela que encerra o antecedente do pronome relativo, apresentando-se como um inciso da primeira.

Ora, é comum, no discurso, apresentar-se sob forma de oração secundária ou incidente justamente a ideia que se quer ressaltar. Por exemplo:

(59) Nos Estados Unidos, que todos consideram um país democrático, ainda existe discriminação racial.

Também aqui a leitura polifônica se torna possível: pode-se atribuir a um outro enunciador a ideia incidente, sem assumir a responsabilidade dela, ou para enfatizá-la ou para contestá-la. Seria o caso de:

(60) O Brasil, que tem tantas riquezas naturais, possui uma economia altamente deficitária.

6.3 De todo o exposto, depreende-se a extraordinária importância, na estruturação do discurso, das relações argumentativas ou pragmáticas. São elas que estruturam os enunciados em texto, na maioria dos casos por intermédio dos operadores argumentativos. É a estrutura argumentativa do discurso a responsável pela ossatura (ou tessitura) do texto.

7. AS "ORAÇÕES" MODALIZADORAS

(IV Congresso de Língua Portuguesa — PUC-SP — junho de 1983)

Este trabalho tem por objetivo proceder ao exame de certas expressões modalizadoras de enunciados que, por apresentarem estrutura oracional, costumam ser analisadas por gramáticos e linguistas como orações "principais" ou "matrizes" em relação a outras que lhes seriam "subordinadas", por "complementar-lhes" o significado.

Dentro de uma teoria da linguagem que leva em conta a enunciação, consideram-se **modalizadores** todos os elementos linguísticos diretamente ligados ao evento de produção do enunciado e que funcionam como indicadores das intenções, sentimentos e atitudes do locutor com relação ao seu discurso. Estes elementos caracterizam os tipos de atos de fala que deseja desempenhar, revelam o maior ou menor grau de engajamento do falante com relação ao conteúdo proposicional veiculado, apontam as conclusões para as quais os diversos enunciados podem servir de argumento, selecionam os encadeamentos capazes de continuá-los, dão vida, enfim, aos diversos personagens cujas vozes se fazem ouvir no interior de cada discurso.

É entre os modalizadores que se incluem certas expressões da língua que se apresentam, do ponto de vista sintático, sob forma oracional, tais como:

1. [Eu ordeno que] você saia daqui.
2. [Eu prometo que] irei à sua festa.
3. [Eu declaro que] F. trabalha nesta firma.
4. [Eu pergunto se] todos me entenderam.
5. [Eu aviso que] não compartilharei com essa farsa.
6. $\left\{ \begin{array}{l} \text{É certo que} \\ \text{Tenho certeza de que} \end{array} \right\}$ Jorge virá.
7. [É evidente (claro, indubitável...)] que Pedro está enganado.
8. [É possível (provável...)] que o jornalista tenha razão.
9. [Eu acho (penso, imagino, creio...)] que o réu será absolvido.
10. [Fontes autorizadas afirmam] que o dólar subirá novamente esta semana.

11. [É bom que] eles tenham gostado da conferência.
12. [É lamentável que] ele seja um delator.
13. [É pena que] o meu time tenha perdido o campeonato.
14. [Desejo que] você seja feliz.
15. [As autoridades financeiras afirmam que] a nossa política econômica
    é adequada.

De acordo com a análise sintática tradicional, as primeiras orações
de cada um destes enunciados são consideradas como principais em
relação às segundas, classificadas como subordinadas (substantivas).
É preciso notar, porém, que o conteúdo proposicional propriamente
dito encontra-se, justamente, na segunda parte de cada um deles,
servindo a primeira parte apenas para modalizá-lo, isto é, para indicar
aspectos relacionados à enunciação. Passaremos, pois, a analisar os
vários exemplos sob o aspecto semântico-pragmático.

Em (1)-(5), a primeira parte do enunciado é representada por
um performativo explícito, que identifica o tipo de ato que o locutor
deseja produzir: **ordem**, **promessa**, **declaração**, **pergunta**, **aviso,** de
modo que, omitindo-se o performativo, o conteúdo proposicional
permanece inalterado. A expressão performativa nada faz senão assinalar explicitamente a força ilocucionária, inerente a todo e qualquer
ato de fala, segundo a fórmula de Searle (1969): F (p).

Prova de que tais expressões não fazem parte do conteúdo proposicional é o fato de poderem ser omitidas, como também aparecer,
muitas vezes, como orações justapostas, intercaladas ou pospostas.
Por ex.:

(5') Eu aviso: não compartilharei com essa farsa.

(5") Não compartilharei — eu aviso — com essa farsa.

(5"') Não compartilharei com essa farsa — $\left\{ \begin{array}{l} \text{eu aviso.} \\ \text{é um aviso.} \end{array} \right\}$

A essas orações, a que a Lógica de Port Royal já denominava de
acessórias ("incidentes"), constituindo o que chamavam de "proposições complexas quanto à forma", em oposição às proposições compostas, Strawson designa de "quase-comentários", visto que funcionam
como um comentário quanto à força ilocucionária do enunciado

produzido, garantindo, assim, o reconhecimento dessa força ("uptake") por parte do alocutário.

Em (6) a (9), por sua vez, as orações "matrizes" ou "principais" indicam o grau de engajamento do locutor com relação ao conteúdo proposicional veiculado pelas "encaixadas": em (6) e (7), o locutor assume total responsabilidade relativamente ao conteúdo asseverado, criando, também, para o interlocutor, o dever de crer; em decorrência, apresenta seu discurso como autoritário, não admitindo contestação. Se, por acaso, o alocutário puser em dúvida o conteúdo da asserção, o locutor, provavelmente, dirá algo como: "Pois se eu estou lhe dizendo...". Rejeitar a asserção, nesse caso, será rejeitar a própria continuidade do discurso. Já em (8) e (9), o locutor não se engaja totalmente com o conteúdo veiculado e, em (10), atribui a outrem a responsabilidade da asserção. O que ele pretende, evidentemente, não é expor o fato de que, naquele momento, crê ou admite como possível alguma coisa, mas sim realizar uma asserção fraca, atenuada, o que lhe permitira, inclusive, eximir-se, se questionado, da responsabilidade pelo que foi dito, apresentando seu discurso como polêmico.

Nas frases (11)-(14), tem-se a expressão de estados psicológicos do locutor diante dos fatos veiculados nos enunciados. Em (11)-(13), a "oração matriz" pode ser substituída por advérbios ou locuções atitudinais, como **felizmente, lamentavelmente** [(12) e (13)]; em (14), ela pode ser simplesmente omitida: "Seja feliz".

Finalmente, (15) é ambígua do ponto de vista pragmático (como, aliás, foi demonstrado também pelos lógicos de Port Royal). Conforme a interpretação que se der à oração dita principal, haverá dois tipos de encadeamentos possíveis: a) O_2 é um discurso relatado, que tem como tema as autoridades e como comentário aquilo que é dito sobre elas (no caso, aquilo que elas afirmam). Seria, então, possível um encadeamento como: "Mas elas não entendem nada do assunto"; b) o locutor recorre à argumentação por autoridade polifônica, isto é, reforça a sua afirmação de que a política econômica é adequada, invocando o testemunho das autoridades financeiras. Um encadeamento possível, nesse caso, seria: "devemos, pois, esperar dias melhores".[17]

---

17. Para maior esclarecimento deste assunto, veja-se o capítulo seguinte.

Conclui-se, portanto, que, em todos os exemplos apresentados (com exceção de [15a]), a primeira parte do enunciado se apresenta como um espelho da enunciação, mostrando — por meio de gestos linguísticos — o modo sob o qual o conteúdo proposicional é apresentado ao interlocutor. Trata-se, assim, de **expressões modalizadoras**, que constituem um modo de significar diferente daquele sob o qual é veiculado o conteúdo proposicional. Enquanto este contém a informação propriamente dita, **aquilo que é dito**, as expressões aqui analisadas indicam **o modo como aquilo que se diz é dito**, pertencendo, pois, ao universo da **mostração**, da **representação** (no sentido teatral do termo) e não ao universo de referência.

8. ARGUMENTAÇÃO E AUTORIDADE POLIFÔNICA*

(GEL — maio de 1982)

A noção de **polifonia**, elaborada por Oswald Ducrot e, entre nós, por Carlos Vogt, pode ser definida como a incorporação que o locutor faz ao seu discurso de asserções atribuídas a outros enunciadores ou personagens discursivos — ao(s) interlocutor(es), a terceiros ou à opinião pública em geral.

O termo, emprestado a Bakhtin, quando caracteriza como polifônico o romance de Dostoiewski, passa a designar, assim, o coro de vozes que se manifesta normalmente no discurso, visto ser o pensamento do outro constitutivo do nosso, não sendo possível separá-los radicalmente.

Não se trata, porém, como poderia parecer à primeira vista, do discurso relatado (direto ou indireto).[18] Tem-se o discurso relatado quando o objetivo do locutor L é fazer saber o que disse L'. Nesse caso, L' constitui o tema ou tópico do enunciado de L, ao passo que o **comentário** é todo o conjunto de palavras que se lhe atribui, de modo que se qualifica L' por aquilo que é dito Assim, em:

(1) Pedro disse que o tempo vai melhorar.

temos:

Pedro [disse que o tempo vai melhorar]
tema   comentário

o que permite encadeamentos do tipo: "Ele não é nada pessimista", "Ele não entende mesmo de meteorologia". Isto é, o encadeamento se faz sobre a **qualificação** de Pedro, que é dada por intermédio de suas palavras.

* Publicado na Série Estudos 9: Sobre Pragmática, *Revista das Faculdades Integradas de Uberaba*, Minas Gerais, p. 66-74, 1983.

18. Em seus trabalhos posteriores (Ducrot, 1984), o autor passa a distinguir a **polifonia de locutores** (discurso relatado) da **polifonia de enunciadores**, que é a que estará sendo aqui aprofundada.

Enunciações desse tipo apresentam-se, portanto, como asserções sobre L', cujo responsável é L, que é, ao mesmo tempo, locutor e enunciador. O conteúdo da asserção de L é uma proposição dotada de um sujeito — Pedro — e de um predicado complexo[19] — **dizer que o tempo vai melhorar.** O mesmo enunciado, porém, passa a ter uma interpretação polifônica se o ato ilocucionário de asserção for atribuído a um personagem diferente do locutor L, podendo, assim, o destinatário deste ato ser diferente do alocutário e, até mesmo, ser identificado com o próprio locutor L. Neste caso, apresenta-se a enunciação como uma asserção do locutor L, representa-se, por assim dizer, uma peça em que o personagem L' (Pedro) exerce o papel de enunciador. O conteúdo da asserção é uma proposição que tem por sujeito **o tempo** e, por predicado, **vai melhorar** e o responsável por essa asserção é Pedro. Um encadeamento possível, aqui, seria: **então poderemos ir à praia**, já que se aceita a asserção de Pedro sobre a melhora do tempo, ou seja, dá-se-lhe um certo grau de adesão. A condição para que haja polifonia é, pois, que o locutor L seja diferente do enunciador L': **o locutor L faz com que outro personagem diga algo no interior do seu próprio discurso.** É o que acontece, também, em:

(2) Ela não é bonita, mas simpática.

em que o locutor L atribui a L' a asserção **ela é bonita**, incorporando-a ao seu discurso.

É de se notar que esta abordagem retoma e explicita o que é dito na Lógica de Port Royal,[20] de Arnauld e Nicole, sobre enunciados como:

(3) Todos os astrônomos afirmam que a Terra é redonda.

que, conforme o desígnio de quem os pronuncia, podem ter duas interpretações:

---

19. A noção de *predicado complexo* aqui utilizada é a encontrada em: Ducrot, O. *Dizer e não dizer*: princípios de semântica linguística, 1972. Trad. bras. São Paulo: Cultrix, 1977.

20. Arnauld, A.; Nicole, P. *La Logique ou l'Art de Penser* [1680]. Paris: Flammarion, cap. VIII, p. 174-175, 1970.

a) se o desígnio for o de relatar a opinião dos astrônomos sem que o próprio locutor a aprove, a primeira parte sera a proposição principal e a segunda será apenas parte do atributo, pois o que o locutor assevera não é que a **Terra é redonda**, mas que **todos os astrônomos o afirmam**;

b) se a intenção for mostrar que a **Terra é redonda**, a primeira parte do enunciado será apenas uma proposição acessória, cuja finalidade é a de apoiar a asserção contida na segunda parte, sendo esta a verdadeira proposição.

Arnauld e Nicole dizem, ainda, ser fácil perceber que estas duas maneiras de considerar a mesma proposição alteram-na de tal forma que se trata de duas proposições diferentes, com sentidos (direções discursivas) totalmente diferentes; mas que, muitas vezes, é fácil julgar **pelos encadeamentos posteriores** em qual dos dois sentidos ela é usada. Tudo depende, no caso, da intenção do falante e não da forma linguística utilizada. Isto prova que o componente pragmático constitui um componente integrado, cujo lugar é entre o sintático e o semântico.

Em outras palavras: este fato comprova a existência de traços pragmáticos que exercem interferência direta tanto no nível semântico, como no nível sintático. Na primeira acepção, o tema é **todos os astrônomos** e o comentário é constituído pelo predicado complexo **afirmar que a Terra é redonda**, sendo **afirmar** um verbo **dicendi** ou de enunciação. O locutor, que é idêntico ao enunciador, relata o que dizem todos os astrônomos, toma a sua afirmação como tópico, para, a partir deste, fazer um comentário. Um encadeamento possível seria, pois: **eu gostaria de ver para crer**. Já na segunda acepção, em que, segundo os lógicos do Port Royal, ocorre a **complexidade de forma**, a primeira parte é apenas uma oração acessória que funciona como indicador modal,[21] e o locutor L, que produz o enunciado, é diferente do enunciador L' da asserção **a Terra é redonda**. No entanto, ele a incorpora ao seu enunciado, aderindo a ela de certa forma, a tal ponto que um encadeamento possível seria: **não pode haver dúvidas a respeito**.

---

21. Esta questão foi também discutida por Vogt, C.; Figueira, R. A. Dois verbos achar em *português?* São Paulo: IEL/Unicamp, Departamento de Linguística, 1980 (mimeo); e por Vendler, Z. Les perfomatifs en perspective. In: *Langages*, Paris: Larousse, n. 17, p. 73-90, 1980.

Para Ducrot, como também para Vogt, a polifonia é um fato constante no discurso, que oferece ao locutor a possibilidade de tirar consequências de uma asserção cuja responsabilidade não assume diretamente, atribuindo-a a um enunciador estranho. Uma série de fenômenos discursivos podem ser melhor esclarecidos em se adotando essa posição, havendo mesmo determinados morfemas ou torneios sintáticos que impõem a leitura polifônica. A título de exemplificação, podem-se relacionar os seguintes:

a) pressuposição

No enunciado

(4) João já não confia em sua mulher.

em que uma análise pressuposicional distingue:

pp. João confiava em sua mulher.

p. João atualmente não confia em sua mulher.

embora se tenha um locutor único, trata-se de dois atos de asserção atribuídos a enunciadores diferentes: quem afirma que João confiava em sua mulher não é simplesmente o locutor, mas uma comunidade linguística que pode ser a *vox publica* (opinião geral) em que o locutor esteja a sua crença, ou, por exemplo, aquela formada pelo locutor mais o alocutário; já o enunciador da segunda asserção é apenas o locutor. Assim sendo, este só se responsabiliza pessoalmente pelo posto.

Por outro lado, explica-se melhor o **uso retórico da pressuposição**, que consiste em apresentar como já sendo do conhecimento público ou como fazendo parte do saber partilhado entre o locutor e o(s) alocutário(os) justamente aquilo que se deseja veicular (fazer passar), como assinala B. de Cornulier:[22] "uma frase marcada para pressupor X pode muito bem ser empregada, retoricamente, em um enunciado que não o pressupõe mas que, por exemplo, o anuncia". Isto ocorre em enunciados como:

(5) Lamentamos não poder publicar o seu artigo.

---

22. Cornulier, B. de. Le détachement du sens. In: *Communications*, Paris: Ed. du Seuil, n. 32, p. 125-182, 1980.

nos quais se faz com que outros personagens, no interior do próprio discurso, digam aquilo que se deseja anunciar ou sobre o que se deseja chamar a atenção. Para tal, utilizam-se, frequentemente, estruturas ou termos considerados "acessórios" ou secundários do ponto de vista gramatical: apostos, orações explicativas, certos adjuntos ou orações adverbiais, todos eles portadores de asserções **aparentemente** pressupostas e, portanto, enunciadas por outros personagens que não o locutor. Por exemplo:

(6) Jorge, que *é* um grande *pilantra*, sempre consegue levar a melhor.

(7) *Depois que Reinaldo conquistou aquela tua ex-namorada*, nunca mais apareceu por aqui.

b) negação

Todo enunciado negativo pressupõe um enunciado afirmativo de outro enunciador E1, incorporado ao discurso de um locutor L = E2. Prova disso são encadeamentos extremamente frequentes, introduzidos por morfemas como **pelo contrário**. Em

(8) Ele não é orgulhoso; pelo contrário, é um homem bastante simples.

o enunciado introduzido por **pelo contrário** não se opõe, evidentemente, a **não é orgulhoso** e, sim, a asserção de L' = E1: **Ele é orgulhoso**, incorporada ao enunciado do locutor L = E2, pelo fenômeno da polifonia.

c) o uso da forma verbal futuro do pretérito, especialmente na linguagem jornalística

Num enunciado como:

(9) O preço do petróleo subiria na próxima semana.

O locutor atribui a asserção a terceiros que se fazem presentes no seu discurso, o que lhe permite manter um maior distanciamento com relação a ela, não assumindo a responsabilidade pelo que é asseverado ("não sou eu quem o digo"), embora lhe seja possível apresentar encadeamentos como: "estamos a poucos passos da guerra atômica".

d) emprego de expressões do tipo "parece que"

Um enunciado como

(10) Parece que o custo de vida subirá menos no próximo ano.

apresenta características semelhantes às de enunciados que contêm verbos no futuro do pretérito. O enunciado (10) pode ser apresentado como argumento para conclusões do tipo: **os esforços do governo estão sendo coroados de êxito**, mas não para outros como: **ainda há pessoas que acreditam em Papai Noel**.

e) utilização de certos operadores argumentativos

a) proposições introduzidas por SE, no chamado "paradoxo do condicional", em que não há conexão real entre o antecedente e o consequente e que consiste num modo enfático ou humorístico de se negar o antecedente, cuja asserção é obviamente falsa. Ora, essa asserção é atribuída a um enunciador diferente do locutor.

(11) Se (*como dizem por aí ou como você está dizendo*) aquilo é uma obra de arte, então eu sou uma estrela de cinema.

b) enunciados do tipo X mas Y permitem sempre uma descrição polifônica, em que se atribui X a um enunciador diferente do locutor, como será demonstrado mais adiante.

Passando-se ao campo da argumentação, destaca-se a importância da noção de polifonia, particularmente dentro do que Ducrot chama de argumentação por autoridade, assim definida: "Existe um **argumento por autoridade** quando, a propósito de uma proposição P, ocorre simultaneamente que: a) indica-se que P **já foi**, é ou **poderia ser** objeto de uma asserção; b) apresenta-se esse fato como valorizando a proposição P, isto é, como **reforçando-a**, acrescentando-lhe um peso particular".

Ducrot admite duas formas de argumentação por autoridade: a **autoridade polifônica**, diretamente inscrita na língua, e o **raciocínio por autoridade**, que constitui um tipo de demonstração entre outros, como a **recorrência**, a **indução** e a **analogia**. O segundo constitui uma espécie de raciocínio experimental em que se parte do fato de que "X disse P" e, com base na suposição de que X, de acordo com sua situação ou competência, tem boas razões para não estar enganado, conclui-se quanto à verdade ou à verossimilhança de P. O fundamento desse raciocínio é, pois, uma espécie de implicação entre a proposição segundo a qual X assevera que P, e a própria proposição P. Em outras palavras, a premissa de um raciocínio por autoridade deve ser a asserção de uma asserção:

(12) Jorge disse que Mário viria. Penso, pois, que ele virá.

Como toda forma de prova, um raciocínio deste tipo pode ser facilmente contestado: ou se considera, de um modo geral, que a simples palavra de alguém não prova nada, ou se sustenta que X em particular pode ter-se enganado sobre tal fato particular.

Salienta Perelman que o mais característico dos **argumentos de prestígio é o argumento de autoridade**, que utiliza os atos ou julgamentos de uma pessoa ou de um grupo de pessoas como meio de prova em favor de uma tese. É um procedimento retórico que, segundo diz, tem sido muito combatido, porque, nos meios hostis à livre pesquisa científica, tem sido utilizado de maneira abusiva, peremptória, atribuindo-se-lhe um valor constrangente, como se as autoridades invocadas fossem infalíveis. Seu lugar na argumentação é, porém, considerável, embora não se deva perder de vista que, como todo argumento, ele se insere entre outros tipos de acordo. Se, por um lado, quando a ele se recorre, é porque o acordo sobre aquilo que se está discutindo esta arriscado a ser posto em questão, por outro lado ele mesmo pode, também, ser contestado.

Já o argumento introduzido por autoridade polifônica: a) não se apresenta como autoritário; b) não pode ser contestado, por ser introduzido ao nível do mostrar, da representação dramática, não podendo, pois, ser julgado em termos de verdade ou falsidade; ele é representado como sendo produzido por um outro enunciador diferente do locutor, de modo que este, embora o "mantenha", prestando-lhe um certo grau de adesão ou reconhecendo-lhe certa legitimidade, não assume a responsabilidade direta de tê-lo dito, usando-o, inclusive, muitas vezes, para refutá-lo.

A autoridade polifônica, constitui, segundo Ducrot, o próprio fundamento do encadeamento discursivo. Neste caso, o locutor introduz no seu discurso uma voz responsável pela asserção de **P**, de modo que essa asserção é apenas **representada**, e encadeia sobre ela uma segunda, relativa a outra proposição **Q**, como o faria sobre a própria proposição considerada como uma verdade. Tomando por admitido que **P** acarreta **Q** (ou seja, que há uma relação de tipo lógico entre **P** e **Q**), o locutor vê-se no direito de, a partir de **P**, asseverar **Q**. A asserção de **P**, representada no seu discurso, pelo simples fato de ter sido asseverada, aparece como um argumento efetivamente utilizável a favor de **Q**.

É justamente o que acontece com asserções introduzidas por expressões como **talvez, parece que** ou pelo **futuro do pretérito** no estilo jornalístico. Assim definida, a autoridade polifônica é coextensiva a toda argumentação. Enquanto o raciocínio por autoridade constitui um procedimento facultativo, a autoridade polifônica é uma necessidade constitutiva da fala.

É o que ocorre em encadeamentos conclusivos do tipo:

(13) O governo argentino estaria disposto a negociar com os ingleses; portanto, há esperanças de que a guerra termine em breve.

(14) Parece que o Palmeiras conseguiu um maior entrosamento em sua equipe; é possível, pois, que consiga um lugar de destaque neste campeonato.

As estruturas de tipo concessivo, bem como a estrutura geral utilizada por Ducrot, Anscombre e Vogt[23] para descrever as condições de emprego do morfema MAS, das quais as primeiras são apenas um caso particular, consistem em estruturas mais complexas, que poderiam ser descritas em duas etapas:

1ª etapa: atribui-se a um enunciador E1 o enunciado **P**, que constitui um argumento em favor da conclusão **r**, de modo que, dado **P**, poder-se-ia concluir **r**. Esta asserção de **P** por E1 é, portanto, introduzida no enunciado de um locutor L através da autoridade polifônica;

2ª etapa: o locutor L (= E2) assevera **Q**, argumento para **não-r**, de maneira que, dado **Q**, é-se levado a concluir **não-r**. O argumento

---

23. Entre os diversos trabalhos em que os autores citados analisam o morfema MAS, podem-se citar: Anscombre, J. C.; Ducrot, O. Deux *mais* en français? In: *Língua*, n. 43, p. 23-40, 1977; Vogt, C.; Ducrot, O. De *magis* a *mas*: uma hipótese semântica, 1980. p. 103-128.

contido em **Q** deverá ser mais forte em favor da conclusão **não-r** que o argumento **P** em favor de **r**, de tal modo que **p mas q; q, embora p;** ou **embora p, q** sejam reconhecidos com argumentos para **não-r**. Ora, a estrutura gramatical das línguas naturais, ao contrário do que acontece com a linguagem lógica, permite distinguir entre **argumento possível** e **argumento decisivo**. Deste modo, a asserção **p** é considerada pelo locutor como argumento possível em favor da conclusão **r**, mas ele recusa essa virtualidade argumentativa, por ter razões para admitir ou defender a conclusão oposta **não-r**. É o que ocorre em:

(15) Embora estivesse chovendo a cântaros, fui à cidade fazer compras.

(16) Maria é realmente bonita, mas eu não me casaria com ela.

É isso que acontece, também, no caso das construções condicionais irreais ou contrafactuais, em que se apresenta um ato de suposição, reconhecendo-lhe certa virtualidade, mas recusa-se aceitar como verdadeira tal suposição, introduzida no enunciado por autoridade polifônica:

(17) Mesmo que ele me beijasse os pés, eu não o perdoaria.

Nos casos citados, portanto, o locutor admite que um enunciado seja argumentativamente utilizável a favor de certa conclusão, isto é, reconhece a legitimidade dessa tendência atribuída ao destinatário, a um enunciador virtual ou à opinião pública, mas, ao mesmo tempo, recusa esta conclusão, apresentando argumentos decisivos em favor da conclusão oposta. Neste sentido, toda concessão tem um valor justificativo; o fato de se incorporarem ao discurso as objeções (argumentos possíveis) do adversário real ou virtual confere às próprias teses uma seriedade e uma imparcialidade que não teriam se apresentadas de maneira peremptória. Trata-se, como ressaltam Ducrot e Vogt, de uma questão ideológica: em vez de se apresentar os argumentos de maneira **ditatorial**, reconhece-se estrategicamente as razões do outro, isto é, reconhece-se a realidade das instituições liberais, ainda que esse reconhecimento não seja senão estratégico, visando à manipulação através do discurso. Esta manobra retórica, amplamente reconhecida nos manuais dedicados à argumentação, tem sido denominada por muitos autores de **concordância parcial**.[24] Explicar-se-iam, também, dessa maneira, silogismos incompletos (entimemas), em que o enunciado polifônico fica subentendido.

Na argumentação,[25] portanto, o recurso à autoridade polifônica permite ao locutor:

a) não se portar de modo ditatorial (discurso autoritário);

b) prever os argumentos possíveis do adversário e reconhecer-lhes certa validade, incorporando-os ao próprio discurso;

c) aduzir argumentos decisivos em sentido contrário, fazendo oscilar os pratos da balança para o seu lado;

d) adotar estratégias de relação, como a da antecipação e a do suspense,[26] descritas por Guimarães (1981), dependendo do esquema sintático utilizado para introduzir argumentos através da autoridade polifônica;

e) dotar o seu discurso de maior poder de persuasão, desarmando o seu adversário; a) porque não pode ser contestado; b) porque permite antecipar-se a ele, introduzindo no próprio discurso os argumentos possíveis contrários à sua tese, destruindo-os logo a seguir, pela apresentação de argumentos mais fortes (decisivos).

---

24. Cf., entre outros, Garcia, O. *Comunicação em prosa moderna*, 7. ed. São Paulo: Fundação Getúlio Vargas, 1978. p. 376-377.

25. Argumentação entendida, aqui, em sentido estrito, como a define, por exemplo Perelman, C., em *Le champ de l'argumentation* e *traité de l'argumentation*: o discurso argumentativo é aquele que "visa a provocar a adesão dos espíritos às teses que se apresentam ao seu assentimento".

26. Essa questão foi desenvolvida por Guimarães, Eduardo R. J. Estratégias de relação e estruturação do texto. In: *Sobre a estruturação do discurso*. São Paulo: IEL/Campinas, 1981. Ela será abordada mais adiante.

9. A RETÓRICA APLICADA

Numa concepção enunciativa do sentido, torna-se necessário distinguir, em cada enunciado, aquilo que nele aparece de maneira aberta ou pública — isto é, os argumentos que o locutor apresenta (ou admite ter apresentado), para induzir o alocutário a determinadas conclusões, aquelas abertamente apresentadas como visadas pelo locutor e que são constitutivas do sentido, daquelas que não o são. Mas é preciso reconhecer a existência dessas outras, apresentadas de forma velada, ou seja, por manipulação. As primeiras são determinadas pela estrutura argumentativa das frases, enquanto as segundas são, por vezes, contrárias às anteriores, originando-se de certas manobras que o discurso torna possíveis. Enquanto as primeiras se explicam através de mecanismos semânticos (projetados pela própria língua), nas segundas intervêm mecanismos de interpretação particulares a cada situação, através dos quais se estabelecem relações de outra natureza, que passam pelos raciocínios, intenções, reações dos interlocutores. A distinção linguístico/não linguístico é, pois, uma distinção entre mecanismos de tipos diferentes: existem os mecanismos semânticos ("lato sensu") e os mecanismos de interpretação particular em cada situação discursiva (hermenêuticos ou interpretativos).

Como, para Ducrot (1980), a enunciação é um evento cuja descrição está feita, de certa forma, no interior do próprio enunciado, a situação passa a ser quase um conceito linguístico, isto é, a enunciação só inclui da situação aquilo que é linguisticamente produzido como situação: do ponto de vista linguístico, não há **contexto sem texto**.

Explica-se assim, o desaparecimento da distinção anteriormente feita por Ducrot entre componente linguístico e componente retórico. O que há, na verdade, são **níveis de significação**. Existem os mecanismos retóricos presentes ao nível linguístico fundamental, inscritos na própria significação das frases; e existem os mecanismos retóricos que se manifestam em outros níveis que não são propriamente linguísticos, mas que constituem manobras discursivas.

1. Para explicar estes últimos, fazem-se necessários processos interpretativos que permitam encontrar explicações para os casos recalcitrantes, como **a ironia, a sátira, a insinuação, o sarcasmo** etc.

1.1 Récanati (1979), por exemplo, procura mostrar que Grice (1975) confunde, sob a denominação comum de subentendido, coisas bastantes diferentes, quais sejam: **dar a entender, deixar entender** e **subentender**.

Deixar entender não envolve nenhuma intenção comunicativa, aberta ou velada, do locutor: é aquilo que uma enunciação, por si mesma, **implica** publicamente, tendo em vista os postulados conversacionais; dentro de certos limites, é objetivamente determinável, e, embora não constitua o objeto da comunicação, o locutor não o pode negar. **Dar a entender ou insinuar** é um **ato** que põe em jogo uma intenção comunicativa particular do locutor, apresentada de maneira **velada**; assim, ela independe do reconhecimento ("uptake") por parte do alocutário, já que o locutor não lhe dá a reconhecer essa intenção. **Subentender**, por sua vez, opõe-se a ambos: um locutor subentende que **q**, se dá a entender que **q**, com a intenção de comunicar, por meio de sua enunciação, algo que, de qualquer modo, o enunciado implica (deixa entender); porém, tal intenção é **publica**, i.é., constitui objeto de um **ato** de comunicação que só se realiza por meio do reconhecimento por parte do alocutário (é o caso, segundo o autor, dos atos de fala indiretos ou derivados).

1.2 Quanto à ironia que, conforme Grice, poderia ser analisada, juntamente com a metáfora, a litotes e a hipérbole, como uma violação a **Máxima de Qualidade** ("Não diga aquilo que acredita ser falso"), explicável, portanto, por meio de implicitações conversacionais, Ducrot (1980) sugere, para descrevê-la, uma extensão da noção de polifonia. Para ele, uma solução possível seria supor que, no caso, um locutor empírico atribui certos enunciados (ou segmentos de enunciados) a um enunciador fictício: desse modo, havendo um sentido **A**, impossível de ser previsto na significação da frase, e um sentido inverso **B** que ela prevê, pode-se admitir que o locutor assume a responsabilidade de **A**, ou que ele atribui **B** a um enunciador virtual, apresentando-o como ridículo.

Segundo Sperber e Wilson (1978), as ironias podem ser descritas como **menções**, geralmente implícitas, de **proposição**, interpretadas como o eco de um enunciado ou de um pensamento cuja falta de pertinência ou inexatidão o locutor pretende sublinhar. Normalmente, as ironias têm um alvo determinado: quando se trata de um eco distante e vago, elas não visam a um alvo determinado; quando, porém, o eco é próximo e precisável, o alvo são as pessoas as quais elas fazem eco. Se o locutor faz eco a si mesmo, tem-se a **autoironia**; se faz eco ao destinatário, tem-se o **sarcasmo**.

Ducrot diz ainda que, por meio da ironia, procura-se mostrar a falsidade de uma tese, utilizando em seu favor argumentos absurdos atribuídos aos defensores dessa tese — seria o eco de Sperber —, de tal modo que o absurdo de suas palavras possa fazer aparecer o absurdo da tese. As posições de ambos mostram ser bem plausível tratar-se a ironia como um fenômeno polifônico.

1.3 Quando se trata de certas relações poucos comuns, encontráveis em textos concretos, pode-se postular que o locutor esteja fazendo **alusão** a elementos semânticos não atestados no discurso, por exemplo, a uma reação psicológica sua ou do interlocutor; ou ainda, que ele esteja encadeando sobre o não dito, isto é, sobre a própria enunciação, fato que revela uma tendência constante, ainda que velada, de se fazer referência, quando se fala, ao fato mesmo de que se fala. Essas alusões à enunciação são deduzíveis, ao mesmo tempo, da língua e do discurso.

Na alusão, o que ocorre é que o locutor diz algo sem aparentar dizê-lo, fazendo-o dizer pelo interlocutor e não fazendo, de sua parte, senão aquiescer. Ducrot diz que o querer dizer do locutor assume a forma bastante indireta de um consentimento ao que os outros querem fazê-lo dizer. Deste modo, o sentido não se apresenta como preexistindo à codificação, mas como **constituído por ela**. A alusão constitui uma estratégia retórica de tipo bem particular, em que a palavra do locutor fica a salvo de qualquer risco: as condições que conduzem a lhe dar uma leitura alusiva são justamente aquelas que tornam a leitura verdadeira.

1.4 Outra manobra discursiva, citada por Ducrot, é a de se estabelecer, dentro de um enunciado, o que poderia chamar de **graus de**

destinaridade ("degrés dans la destinarité"), noção que permitiria descrever expressões do tipo:

(10) O que estou dizendo neste momento

destina-se $\begin{cases} \text{menos} \\ \text{em menor medida} \end{cases}$ $\begin{cases} \text{aos colegas do que} \\ \text{aos alunos presentes.} \end{cases}$

No exemplo, o que os morfemas **menos**, **em menor medida** modificam é a imagem da enunciação, constitutiva do sentido do enunciado: entre os destinatários, uns o são mais do que outros.

1.5 A retórica da pressuposição (já citada em Ducrot [1972]), consiste em colocar, sob forma de pressuposto, justamente a informação que se deseja veicular. É o caso de plaquetas comumente encontradas em estabelecimentos comerciais, onde se lê: "**Lamentamos informar que não aceitamos cheques**". Ou em enunciados como: "**O marido de Lúcia acaba de chegar**", para informar que Lúcia é casada.

Isso ocorre também nos casos em que, por manipulação, se encadeia sobre o pressuposto. No exemplo de Ducrot:

(11) Ele comeu pouco.

temos $\begin{cases} \text{pp. Ele comeu} \\ \text{p. A quantidade que comeu é pouca.} \end{cases}$

Um encadeamento normal, do ponto de vista linguístico, seria: "Prepare-lhe um lanche". No entanto, por meio de uma manobra discursiva, é possível encontrar usos contrários, do tipo: "Não é preciso oferecer-lhe nada", em que o encadeamento se faz com base no pressuposto. Há elementos de significação que permitem esse tipo de manobra, muito usada na publicidade, por exemplo.

2. Outros recursos retóricos ou argumentativos

Dentre os inúmeros recursos retórico-estilísticos, podem-se destacar:

2.1 Inter-relacionamento de campos lexicais

Vanoye (1973) define campo lexical como **conjunto de palavras empregadas para designar, qualificar, caracterizar, significar uma**

noção, uma atividade, uma técnica, uma pessoa. Há, em cada texto, um ou vários campos lexicais dominantes. Constitui manobra retórica de grande eficácia inter-relacionar diversos campos lexicais, associá-los uns aos outros de modo a, por meio dessa interpenetração, criar um novo sentido, diferente daquele que seria veiculado pelo emprego de termos de cada um deles, isoladamente.

2.2 Seleção lexical

A seleção lexical é outro recurso retórico de grande importância. É através dela que se estabelecem **as oposições, os jogos de palavras, as metáforas, o paralelismo rítmico** etc. Há palavras que, colocadas estrategicamente no texto, trazem consigo uma carga poderosa de implícitos. Perelman (1970) ressalta que a escolha dos termos raramente se apresenta despida de carga argumentativa. Em todo e qualquer discurso particular, só se pode falar, por exemplo, em sinonímia, levando-se em conta a situação de conjunto na qual o discurso está inserido e as convenções sociais que o regem. Assim sendo, a escolha de um determinado termo pode servir de índice de distinção, de familiaridade, de simplicidade, ou pode estar a serviço da argumentação, situando melhor o objeto do discurso dentro de determinada categoria, do que o faria o uso de um sinônimo A intenção argumentativa pode ser detectada, muitas vezes, pelo uso de um termo pouco habitual na linguagem cotidiana. Por outro lado, a escolha do termo habitual pode igualmente possuir valor de argumento.

Salienta, ainda, que denomina de termo habitual aquele que passa despercebido, já que **não existe escolha neutra**: o que existe, apenas, é uma escolha que **parece neutra**, a partir da qual se podem estudar as modificações argumentativas. O recurso ao **estilo neutro** deve também ser considerado como um caso particular de **renúncia**, que se destina a aumentar a credibilidade, por contraste com um estilo argumentativo mais inflamado.

Segundo Halliday, um dos fatores de **coesão textual** é, exatamente, a **coesão lexical**. Nós acrescentaríamos que, muitas vezes, não só se torna possível a manutenção dos pressupostos básicos do texto por meio de uma seleção lexical adequada, como também se estabelece a referência anafórica por intermédio de termos ou expressões de carga significativa semelhante (por ex., o uso de expressões referenciais definidas), mas que orientam para sentidos diversos.

2.3 A argumentação por autoridade

Como foi visto anteriormente, Ducrot, em seu artigo "L'argumentation par autorité", apresenta a seguinte definição:

> "Existe um *argumento por autoridade* quando, a propósito de uma proposição *p*, ocorre ao mesmo tempo, que: a) indica-se que *p* já *foi, é* ou *poderia* ser objeto de uma asserção; b) apresenta-se esse fato como *valorizando* a proposição *p*, isto é, como *reforçando-a*, acrescentando-lhe um peso particular".

Admite duas formas de **argumentação por autoridade: a autoridade polifônica**, diretamente inscrita na língua, e o **argumento de autoridade** (*raisonnement par autorité*).

Só a primeira forma está diretamente inscrita na língua visto que, do ponto de vista linguístico, é totalmente diferente **retomar** a asserção de outro (por um fenômeno de polifonia) e **fazer**, por sua própria conta, uma asserção à qual se dá por fundamento a asserção de outro(s) (cf. o capítulo anterior).

O recurso a **provérbios, máximas, ditos populares, expressões consagradas pelo uso** pode ser considerado um exemplo de argumentação por autoridade.

2.4 A exclamação e as expressões de valor interjetivo

Uma interjeição ou uma exclamação mostram (representação2) que sua enunciação foi produzida de maneira direta, "arrancada à alma" por uma emoção ou uma percepção. Elas caracterizam a fala como constrangente, como algo inevitável, não sendo, pois, suscetíveis de uma apreciação em termos de verdade ou falsidade. Na medida em que se apresentam desse modo, elas pretendem constituir por si mesmas uma prova (prova indicial, tal como fumaça e prova do fogo). Daí o recurso a elas para dar ao discurso maior força argumentativa.

2.5 Outros recursos retóricos muito empregados são: questões retóricas, períodos tensos, reiterações, gradações, antíteses, reticências,

aspas, paralelismo sintático, similicadência, recursos gráficos como o negrito, o itálico, os travessões entre outros. Todos estes recursos têm sido largamente analisados nos manuais de retórica, razão pela qual não se aprofundará aqui o seu estudo.

2.6 Estratégias discursivas sugeridas por Guimarães (1981)

São a da **antecipação** e a do **"suspense"**, que ele exemplifica por meio das conjunções **embora** e **mas**.

Quando se diz **embora B, A**, antecipa-se ao interlocutor que se irá apresentar um argumento possível a favor de uma conclusão **r**, mas que este será anulado, logo em seguida, pela introdução de um argumento decisivo a favor de **não-r** ($\neg$ R). Por outro lado, quando se inverte a posição dos argumentos, obtendo-se "**A, embora B**", essa antecipação já não ocorre, pois **A** é o argumento que deverá prevalecer, já que o embora sempre nega argumentativamente o enunciado em que aparece. No caso de **A mas B**, nada previne o alocutário de que se pretende apresentar, por meio de **B**, um argumento mais forte a favor de **não-r** ($\neg$ R) do que aquele introduzido por **A**, e favor de r de modo que ele é surpreendido quando isso acontece.

A estratégia do **mas** é, pois, a de frustrar uma expectativa que se criou no destinatário, ao passo que a do embora é a de manter a expectativa, quando o enunciado introduzido por **embora** vem posposto; no caso de vir anteposto, anuncia-se antecipadamente que o argumento seguinte é que prevalecerá.

Interessante é notar que Garcia (1978), ao falar da argumentação, diz que, ao **defender** uma tese, deve-se utilizar uma estrutura semelhante à do **mas**: apresentar primeiro todos os argumentos contrários à tese, sem dar a conhecer a própria posição, e depois invalidá-los pela introdução, através do mas, de argumentos mais fortes (decisivos). Por outro lado, no caso da **contestação**, a estrutura é semelhante à do **embora**: negam-se argumentativamente os argumentos possíveis, introduzindo-os por meio de conjunções como **embora, ainda que, posto que, apesar de que** e, em seguida, apresentam-se os argumentos decisivos.

Esse fato vem comprovar a posição adotada de que o valor argumentativo desses morfemas encontra-se inscrito, na própria língua.

2.7 Pode-se, pois, afirmar, com Guimarães (1980) e Geraldi (1981), que a argumentação é uma atividade estruturante do discurso, pois é ela que marca as possibilidades de sua construção e lhe assegura a continuidade. É ela a responsável pelos encadeamentos discursivos, articulando entre si enunciados ou parágrafos, de modo a transformá-los em texto: a progressão do discurso se faz, exatamente, através das articulações da argumentação. Desse modo, a argumentação pode ser considerada como importante elemento coesivo.

Além disso, se a pressuposição, ao instituir o quadro para o desenvolvimento do discurso, garante-lhe a **coerência**, a **argumentação**, ao articular entre si os enunciados, por meio dos operadores argumentativos, estruturando, assim, o discurso enquanto texto, apresenta-se como principal fator, não só de **coerência**, mas também de **progressão**, condições básicas da existência de todo e qualquer discurso.

CAPÍTULO IV

Algumas reflexões sobre o ensino da leitura

O ensino de leitura assume, nas aulas de língua materna, particular relevância. Conforme postula Paulo Freire, o aluno necessita ser preparado para tornar-se o **sujeito do ato de ler**. Para tanto, é preciso que ele se torne apto a apreender a significação profunda dos textos com que se defronta, capacitando-se a reconstruí-los e a reinventá-los.

Ao professor cabe a tarefa de despertar no educando uma atitude crítica diante da realidade em que se encontra inserido, preparando-o para "ler o mundo": a princípio, o **seu** mundo, mas, daí em diante, e paulatinamente, **todos** os mundos possíveis.

Assim, nas aulas de leitura, é importante conscientizar o aprendiz da existência, em cada texto, de diversos níveis de significação. Isto é, cumpre mostrar-lhe que, além da significação explícita, existe toda uma gama de significações implícitas, muito mais sutis, diretamente ligadas à intencionalidade do produtor. É neste nível que se revelam os tipos de atos que deseja realizar através do texto, os efeitos que pretende produzir no leitor, sua atitude perante os estados de coisas a que o texto remete, seu maior ou menor grau de engajamento com relação aos enunciados que produz, a maneira, enfim, como representa a si mesmo, ao outro e ao mundo por meio da linguagem.

Desse modo, a atividade de interpretação do texto deve sempre fundar-se na suposição de que o produtor tem determinadas intenções e de que uma compreensão adequada exige justamente, a captação dessas intenções por parte de quem lê: é preciso compreender-se o **querer dizer** como um **querer fazer**.

Como se sabe, cada texto abre a perspectiva de uma multiplicidade de interpretações ou leituras: se, conforme se disse, as intenções do produtor podem ser as mais variadas, não teria sentido a pretensão de atribuir ao texto apenas **uma** interpretação, única e verdadeira. A intelecção de um texto consiste na apreensão de suas significações possíveis, as quais se representam nele, em grande parte, por meio de **marcas** linguísticas. Tais marcas funcionam como pistas dadas ao leitor para permitir-lhe uma compreensão adequada: a estrutura da significação, em língua natural, pode ser definida como o conjunto de relações que se instituem **na atividade da linguagem** entre os indivíduos que a utilizam, atividade esta que se inscreve sistematicamente no interior da própria língua.

Portanto, para que possa chegar a uma intelecção mais aprofundada do texto, o educando precisa ser preparado para reconhecer essas marcas. Entre elas, podem-se citar, a título de exemplo: os tempos e modos verbais; o posto, o pressuposto e o subentendido; as modalidades (lógicas, avaliativas, deônticas); a topicalização e, na linguagem falada, a entonação (representada, em parte, pela pontuação na escrita); os diversos tipos de referência anafórica, destacando-se aquela que se faz por meio de expressões referenciais definidas; os itens lexicais que funcionam como operadores argumentativos (ou operadores de discurso); a maneira como o emissor inter-relaciona, no texto, diversos campos lexicais, de maneira a produzir novas significações; certas redundâncias intencionais; recursos gráficos e estilísticos de valor argumentativo.

O aluno deve ser alertado para o fato de que a maioria dessas marcas está inserida na própria gramática das várias línguas, isto é, de que a **argumentatividade** — possibilidade de, por meio de certos sinais, levar o interlocutor a determinados tipos de conclusão, com exclusão de outras, é algo inerente à própria língua, e não algo acrescentado "a posteriori", em determinadas situações específicas de comunicação.

É preciso, pois, mostrar ao educando que as pistas que lhe são oferecidas no texto tornam possível não só **reconstruir** o evento da sua enunciação, no sentido de permitir-lhe apreender a intencionalidade subjacente ao texto, como também **recriá-lo** a partir de sua vivência, de seu conhecimento e de sua visão de mundo.

Importante é o aprendiz notar que cada nova leitura de um texto lhe permitirá desvelar novas significações, não detectadas nas leituras anteriores. Esse fato poderá, inclusive, servir-lhe de motivação, despertando-lhe maior gosto pela leitura ao perceber que, pela reconstrução que ele próprio faz do texto, acaba por recriá-lo, tornando-se, por assim dizer, o seu coautor.

Ainda mais: no momento em que o educando se tornar capaz de descobrir tudo aquilo que se encontra, de algum modo, implicitado no texto, em seus diversos níveis de significação, ser-lhe-á mais fácil fugir à manipulação, ou seja, reconhecer as manobras discursivas realizadas pelo produtor, com o intuito de conduzi-lo a uma determinada interpretação ou obter dele determinados tipos de comportamento.

O conjunto de todas essas habilidades — além de outras que não foram aqui mencionadas — constitui a **competência de leitura**, parte da **competência textual** do ser humano, que envolve tanto a competência linguística "stricto sensu", quanto a competência comunicativa. Desenvolvendo a sua competência de leitura, o aluno — não só nas **aulas** de leitura, como também **fora delas** — deixará de ser um elemento passivo e passará a participar, como **sujeito ativo**, do ato de ler.

CAPÍTULO V

Análise de textos

Sumário das categorias analíticas a serem utilizadas

1. Recursos argumentativos presentes no nível linguístico fundamental (constitutivos do sentido) — **retórica integrada:**

1.1   Tempos verbais $\left\{\begin{array}{l}\text{"mundo comentado"}\\\text{"mundo narrado"}\end{array}\right.$

1.2   Advérbios e expressões atitudinais

1.3   Índices de avaliação

1.4   Indicadores ilocucionários

1.5   Indicadores modais (de modalidade): verbos, advérbios, expressões, torneios sintáticos etc.

1.6   Pressuposições

1.7   Operadores argumentativos

1.8   Índices de polifonia

2. Recursos retóricos ou estilísticos de segundo nível — retórica aplicada ("acrescentada"), decorrentes da aplicação de leis do discurso ou de outros tipos de mecanismos que operam em diferentes níveis de significação:

2.1   Ironia e metalogismos em geral

2.2   Seleção lexical: oposições, jogos de palavras, metáforas, reiterações etc.

2.3   Inter-relacionamento de campos lexicais

2.4   Argumentos de autoridade (raciocínio por autoridade)

2.5   Questões retóricas

2.6   Exclamações retóricas

2.7   Comparações

2.8   Uso retórico da pressuposição

2.9   Apresentação de explicitações ou argumentos que se pretende ressaltar ou sobre os quais se deseja chamar a atenção, sob forma de termos ou orações intercaladas ou acessórias do ponto de vista gramatical

2.10 Paralelismo sintático e rítmico (similicadência)

1. EXEMPLIFICAÇÃO: INTER-RELACIONAMENTO DE CAMPOS LEXICAIS

Coisas da política-Leão sem representação

Wilson Figueiredo

O leão fiscal é um animal originário do Brasil, com a peculiaridade de preferir as rendas de salário e mostrar muito menor voracidade em relação às rendas de capital. Vive em nossa selva tributária e tem as honras de rei para redistribuir os babados que fizeram da classe média a eleita, indiretamente, para o sacrifício social.

Esta é a última semana em que o leão ficará solto, inclusive na televisão, para conduzir o imenso rebanho pequeno-burguês ao parque nacional da Receita Federal. A parcela mais apetitosa da fauna tributária nacional estará a caminho dos guichês bancários que dão ingresso à grande exposição.

O leão não conseguiu ainda moderar sua fome, mas disciplinou a temporada alimentar; além da antiga e tradicional ração, servida através dos descontos na fonte e da suplementação mensal que cobre uma discutível diferença, a mais nobre personalidade do reino tributário brasileiro tem agora, trimestralmente, o prato feito por profissionais liberais e quantos — de preferência viúvas e desquitadas — ousam sobreviver de rendas de imóveis. E, de sobremesa, o leão exige a contribuição de pessoas físicas que cometem a imprudência de receber remuneração de outra: 30% adiantados sobre o sonho avulso.

O leão da Receita Federal nutre-se é do capital de giro da pequena burguesia historicamente encalacrada para manter uma apresentação parecida com a da grande, situada mais em cima. Abaixo dela, sem despesas de representação, outra classe se candidata a subir a escada rolante dos salários no edifício social sem se dar conta do que a espera: nada menos que o voraz leão do Tesouro.

Os exemplares de maior porte salarial começam a ser reavaliados pela insaciável fome tributária. O contribuinte brasileiro da classe média é hoje um espécimen perfeitamente ciente de que, por honra da ascensão social, vai pagar mais do que pode. Sente também que nem assim se libertará de um ancestral sentimento de sonegação que vem dos tempos coloniais. A classe média carrega a culpa de uma dívida social que não fez mas perfilha. A crescente diferença de seu orçamento doméstico, pela ótica do leão, excede as necessidades oficialmente calculadas.

É tão generalizado o pânico fiscal que até os políticos fecham os olhos para não ver. Pudera. Nada impede que o leão tributário demonstre por eles uma eventual preferência. Anonimamente, sem qualquer prerrogativa, os políticos engrossarão o rebanho de maior porte, que agora fará fila nos guichês da rede bancária credenciada a receber, leoninamente, a confissão completa de ganhos e gastos reconhecidos. É a armadilha. Também eles, os políticos, vão reviver esta semana, dissolvidos na coletividade contribuinte, a impressão bíblica do dilúvio. Ninguém quer ser barrado na hora de embarcar na Arca de Noé.

Bons tempos aqueles em que o fisco usava um leão de chácara para garantir seu quinhão. Havia isenções inscritas na própria Constituição que, pelo menos nisso, era rigorosamente respeitada. Um dia da caça, outro do caçador. Era assim antigamente. Mas até a lei da fatalidade acabou revogada na confusão: o dia que não é do caçador fica reservado à engorda da caça.

Só de 4 em 4 anos a caça tributária tem reconhecido o direito de exercitar sua preferência. É um banquete eleitoral. O ano que vem — o primeiro do ciclo da coincidência — é um desses em que estarão reservadas à classe média as honras de premiar caçadores de votos. De vereador a senador, o pequeno burguês vai ter muito a escolher. Mas dificilmente estará curado do ressentimento de caça ferida pelo predador da selva tributária. E se lembrará de que não mereceu sequer a piedade representativa do Congresso. Nenhum mandatário do povo se lembrou de uma antiga e ponderada manifestação da cordialidade, brasileiríssima por sinal, que foi letra carnavalesca na voz de Carmem Miranda e se tornou expressão de uso corrente por uma geração inteira. Sossega, Leão! Nem isso se ouviu na Câmara ou no Senado, esquecidos do "no taxation without representation" que alicerça a estabilidade norte-americana.

Paciência, cidadão contribuinte. Se a oposição mugisse, o leão a localizaria. E aí a Receita Federal inventaria a cédula Y para os ganhos parlamentares que não remuneram a devoção pública na parte fixa dos subsídios. Da maioria não saiu sequer um gemido fiscal, porque, embora de olhos fechados, o leão está politicamente vigilante.

A salvação geral terá de vir da classe média que tem seu destino vinculado à cédula eleitoral numa hipoteca histórica. Sem ela não há democracia que se aguente. Com ela, há pelo menos possibilidade. Pode haver outras hipóteses, mas nem é bom falar de corda em casa de enforcado. Por muito menos — tributariamente falando — Tiradentes pagou o preço do seu pescoço. A representação política quer ter honras de Tiradentes com o bolso do contribuinte. Por isso, se o leão, antes da idade fiscal brasileira, já era o rei dos animais, pôde tornar-se depois o monarca absoluto da classe média. E o pequeno burguês, credenciado pela História a financiar a democracia, tem pela frente um investimento superior a seus ganhos. As fundações eleitorais da democracia serão erguidas em 82. É hora de começar a poupar, mês a mês, uma parcela de indignação tributária abatida dos salários para, com juros e correção monetária, aplicar nas urnas. Quem financia pode escolher os inquilinos e recusar devedores impontuais e caloteiros (*Jornal do Brasil*, 5.4.81).

Trata-se de uma argumentação que se pode chamar de **alegórica** ou **metafórica**, já que se apresenta quase integralmente sob a forma de implícito.

1. Recursos retóricos de nível fundamental — retórica integrada

1.1 Tempos verbais

Predominância dos tempos do "mundo comentado" (grupo I). Do 1º ao 6º §, ocorrem apenas os tempos do grupo I.

§ 7º — Predominância dos tempos do "mundo narrado". Trata-se de um relato servindo de base ao comentário (**Bons tempos aqueles!**...), até "**Era assim antigamente**" (metáfora temporal: já não vale (era, já não é mais). A partir daí, voltam os tempos do comentário.

§ 8º — Tempos do Grupo I até selva tributária (13). Daí por diante, tem-se o relato, introduzido, porém, por um tempo comentador: E se lembrará de que... Os verbos que seguem vêm todos no perfeito, que marca, portanto, uma perspectiva de retrospecção.

§ 9° — Além dos tempos do Grupo I, temos metáforas de validez limitada — emprego do futuro do pretérito com valor de hipótese, probabilidade: localizaria (3), inventaria (4).

§ 10 — Tempos do Grupo I.

§ 11 — Tempos do Grupo I. Exceção: se o leão [...] já **era** [...] **pôde**.

                                                        imp.   perf.

Ambos encontram-se no mesmo período, marcando uma retrospectiva em relação ao tempo de comentário.

1.2. Advérbios e expressões atitudinais

§ 6° — Pudera (3). Expressão de valor interjetivo. Segundo Bruxelles (1980), uma interjeição pode ser reconhecida por meio de duas propriedades complementares: uma, negativa, é o fato de não se apresentar como destinada a fornecer uma informação, embora possa trazê-la, sendo esta, justamente, a intenção velada do enunciador; outra, positiva, é o fato de apresentar-se como que arrancada ao locutor pela situação, como uma espécie de grito.

1.3 Índices de avaliação

§ 2° — a parcela mais apetitosa

§ 3° — a mais nobre personalidade

§ 3° — cobre uma discutível diferença

§ 7° — bons tempos aqueles...

§ 8° — brasileiríssima, por sinal.

1.4. Indicadores ilocucionários e modais

(verbos, expressões, advérbios, torneios sintáticos etc.)

§ 3° — a) de preferência viúvas e desquitadas

       b) ousam sobreviver

       c) [...] de sobremesa...

       d) [...] cometem a imprudência...

modalização através da seleção lexical feita pelo autor.

§ 4° — a) O leão da Receita Federal nutre-se é do capital de giro da pequena burguesia — modalização dada pelo emprego do **é** enfático.

§ 5º — [...] pela ótica do leão... O locutor atribui a responsabilidade da asserção ao "leão", não se comprometendo com (e até contestando) sua validade, o que é confirmado, a seguir, pelo advérbio **oficialmente**.

§ 6º — [...] a) Nada impede que... (é possível e até provável).

b) Anonimamente, sem qualquer prerrogativa... Alusão às prerrogativas parlamentares de que devem gozar os representantes do povo, que foi assunto amplamente discutido na época. Para fins de imposto, essas prerrogativas deixam de existir e os políticos fazem parte da massa anônima.

c) [...] credenciada a receber, leoninamente... Alusão à fábula em que a parte do leão é sempre a maior, donde a expressão popular: "ele ficou com a parte do leão".

§ 7º — [...] que, **pelo menos nisso**, era rigorosamente respeitada... Modalização do enunciado por meio do operador **pelo menos nisso**, subentendendo que havia muitos pontos em que a Constituição não era respeitada. Dá a entender, também, que hoje ela não é mais respeitada: era assim antigamente.

§ 8º — a) Mas, **dificilmente** estará curado do ressentimento de caça ferida... (Dificilmente = é certo que não...) — modalidade epistêmica.

b) E se **lembrará** de que... (deverá lembrar-se...) — modalidade deôntica.

§ 8º — **Nem isso** se ouviu... Indica quebra de expectativa: esperava-se que, pelo menos isso (que já faz parte da tradição) fosse levado em conta.

§ 9º — Paciência, cidadão contribuinte. Ato de conselho.

§ 10 — A salvação geral **terá de vir** da classe média... — Modalidade do necessário.

b) **Pode haver** outras hipóteses... Modalidade do possível, que, logo a seguir, é negada: mas nem é bom falar de corda em casa de enforcado (orientação no sentido do impossível).

c) Por muito menos... ato de justificativa do enunciado anterior.

d) tributariamente falando — qualificação daquilo que é dito:

L: quero dizer, do ponto de vista tributário (quando, na realidade, dá a entender que não se trata apenas de questão
tributária).

§ 11 — a) As fundações eleitorais da democracia **serão** erguidas
em 82 — **deverão ser**. Modalidade deôntica.

b) É hora de começar a poupar... Ato de asserção que subentende um conselho.

c) Quem financia **pode** escolher os inquilinos... pode e deve, isto
é, tem não só direito de, mas também o dever de... Forma litótica que
subentende um imperativo, portanto, modalidade deôntica.

1.5 Pressuposições
Pressuposto básico do texto:
A classe média foi eleita para o sacrifício social.

Esse pressuposto, mantido em todo o texto, aparece, na parte
final, sob nova forma:

§ 10 — pp. A classe média tem seu destino vinculado à cédula
eleitoral numa hipoteca histórica.

p. A salvação geral terá de vir da classe média que tem seu destino... histórica.

§ 11 — a) pp. O pequeno burguês foi credenciado pela História
a financiar a democracia.

p. e o pequeno burguês, credenciado..., tem pela frente um investimento superior a seus ganhos.

b) ⌈ pp. (existencial) Há uma indignação tributária por parte do
│ pequeno burguês.
│
│ pp. Há uma hora de poupar uma parcela dessa indignação
│ tributária (já que tem pela frente um investimento superior
⌊ a seus ganhos).

p. É hora de começar a poupar, mês a mês, uma parcela...
para, com juros e correção monetária, aplicar nas urnas.

1.7 Operadores discursivos mais importantes
§ 2º — **Inclusive** — equivale a **até, até mesmo**. Seleciona o argumento mais forte da escala orientada para a conclusão R: conduzir
o rebanho ao parque da Receita Federal. Para isso, o leão ficará solto:

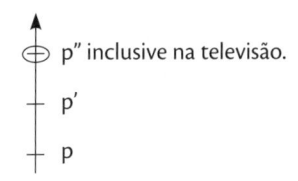

p" inclusive na televisão.

p'

p

§ 3º — **mas** — MAS$_{PA}$

X — O leão não conseguiu ainda moderar a sua fome

mas **y** — O leão (já) disciplinou a temporada alimentar.

Com base na descrição de Anscombre e Ducrot (1977), podemos dizer que:

a) quando o MAS$_{PA}$ segue uma negação, esta será sempre descritiva, acarretando, portanto, uma inversão argumentativa;

b) p' e q devem ter a mesma orientação argumentativa, devendo p' ser argumentativamente superior a q.

No caso: p' — o leão moderou sua fome ⟍   O leão
           q' — o leão disciplinou   ⟩ —꓿ está mais
                a temporada alimentar ⟋   manso

NEG. p': o leão não moderou sua fome — produz uma inversão argumentativa: o leão **não** está mais manso.

Pela Lei do Abaixamento, o enunciado NEG p' é compatível com os que verificam a zona inferior da escala. O *mas* indica a oposição argumentativa entre NEG p' e q, sendo o conjunto *NEG p' mas q* orientado para R (o leão não está mais manso).

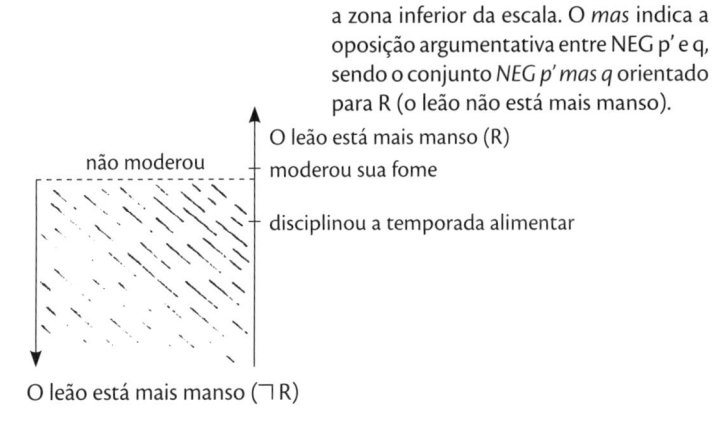

não moderou

O leão está mais manso (R)
moderou sua fome

disciplinou a temporada alimentar

O leão está mais manso (⌐ R)

c) 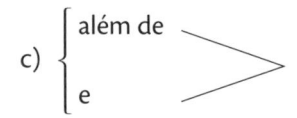 operadores de conjunção, ligando argumentos orientados no sentido da mesma conclusão.

§ 4° — a) **sem** se dar conta — operador de valor concessivo [...] outra classe se candidata a subir a escada rolante dos salários, embora não se dê conta... (É bem verdade que ela não se dá conta do que irá acontecer.)

b) **nada menos que** — seleciona, entre outros, o argumento mais forte da escala (a pior coisa possível).

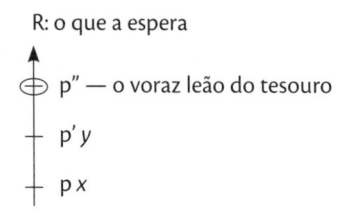

§ 5° — a) **também** — liga dois atos de asserção do locutor: o primeiro consiste numa asserção categórica do fato e o segundo, numa asserção mitigada.

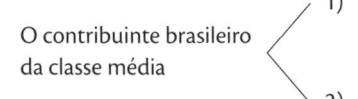

O contribuinte brasileiro da classe média
1) está *perfeitamente ciente* de que, por honra da ascensão social, vai pagar mais do que pode (certeza)
2) *sente*, também que nem assim...

b) **nem assim** = mesmo assim não... operador de valor concessivo.

X: o contribuinte da classe média vai pagar mais do que pode — argumento possível: assim se libertará do ancestral sentimento de sonegação (R).

Y: O locutor reconhece a validade do argumento, mas anula-o para tirar a conclusão contrária: mesmo pagando mais do que pode (**nem assim**) **se libertará**... (continuará carregando a culpa). Ele admite deliberadamente **p**, que já foi ou poderia ter sido enunciado pelo alocutário ou por um enunciador virtual, mas tira-lhe a eficácia, por meio do argumento **q**.

e) **mas** (13) — MAS_{PA}

X — A classe média carrega a culpa de uma dívida **que não fez.**
mas Y — perfilha.
p — a classe média não fez a dívida —∃ R = não deve pagar
mas q — a classe média perfilha a dívida —∃ ¬R = deve pagar

§ 6º — a) **também** — é, no caso, marcador de inclusão: A coletividade contribuinte vai reviver a impressão bíblica do dilúvio (coletividade contribuinte) ⊃ (classe X, classe Y, classe Z). Os políticos, aqui, estão dissolvidos na coletividade contribuinte (anonimamente, sem prerrogativas), não constituindo uma classe à parte.

O **também** opõe-se ao **até** de linhas acima, em que os políticos constituem o ponto mais alto da escala (independentemente, portanto, das outras classes); agora, passam a ter o mesmo valor (não apenas argumentativo) do dos demais contribuintes. Essa hipótese é reforçada pelo aposto enfático: eles, os políticos.

§ 7º — a) **pelo menos** — marca uma condição favorável, mas mínima, numa escala orientada no sentido do vazio (negação universal). Teríamos:

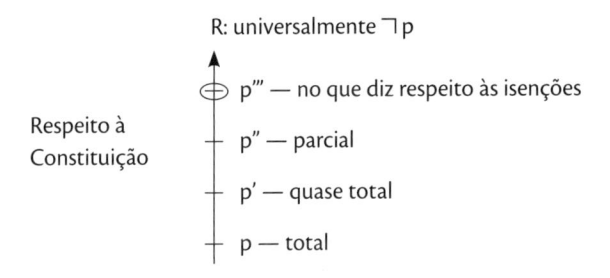

R: universalmente ¬p

Respeito à
Constituição

⊕ p''' — no que diz respeito às isenções
p'' — parcial
p' — quase total
p — total

b) **mas** — MAS_{PA}
X: Antigamente era assim: um dia da caça, outro do caçador
mas Y: (Até) a lei da fatalidade acabou revogada na confusão

> p: Antigamente era assim; mas não se deduza daí que continua sendo assim (R), pois q: até a lei da fatalidade acabou revogada.

Portanto, não é mais assim.

a) **até:** aponta o argumento mais forte da escala no sentido de uma conclusão R: as leis da natureza estão sendo revogadas.

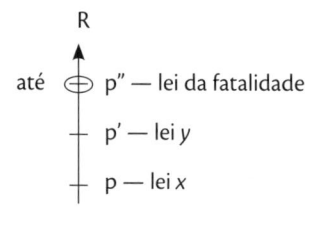

§ 8° — a) **E** — introduz um ato de asserção, aparentemente apenas acrescentado ao anterior, mas que, na realidade, contém um ato ilocucionário derivado de **diretiva** (= deverá lembrar-se).

d) **sequer** — (= nem mesmo), indica o mínimo que se poderia exigir do Congresso, em termos de representatividade, numa escala orientada no sentido do vazio (negação universal).

e) **por sinal** — (= aliás). Introduz um argumento suplementar que, à primeira vista, poderia ser dispensado, mas que o locutor julga importante introduzir nesse momento do discurso, possivelmente em virtude de uma mudança da imagem que faz do alocutário.

§ 9° — a) **Se** — introduz um ato de suposição contrafactual, em que se pressupõe sempre a falsidade do fato introduzido por suposição. Poder-se-ia representar:

Se p $\rightarrow$ q, mas ⌐ p.

b) **E** — introduz uma segunda implicação que seria acarretada no caso em que a suposição falsa fosse verdadeira:

Se p $\rightarrow$ **q** e **t** (mas ⌐ p)

c) **porque** — Operador que introduz uma justificativa da asserção anterior. Trata-se de uma nova enunciação, que toma a primeira por tema. Tem-se, pois, o que Bally denomina de coordenação semântica.

d) **embora** — funciona também como operador de coordenação, de valor concessivo, opondo dois argumentos que levam a conclusões contrárias:

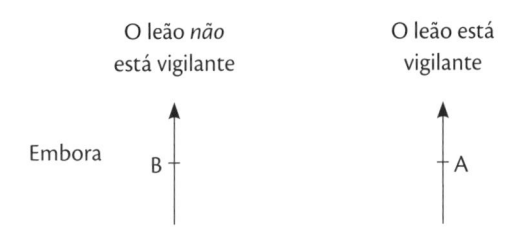

O leão *não*
está vigilante

O leão está
vigilante

Embora B

A

o leão tem os olhos fechados

Segundo Vogt (1979):

há uma distinção entre o ato de argumentar para *r*, fundando-se em B, e a consideração de B como um argumento possível a favor de *r*, sendo mesmo comum reconhecer a B certo valor argumentativo, sem utilizá-lo, porém, de maneira efetiva, como argumento. Só se recorre a B para fazer sobressair a importância de A, de modo que o ato de argumentação efetivamente realizado nega de fato o valor argumentativo que, no entanto, é reconhecido a B.

Guimarães (1981) afirma que, por meio da estratégia da antecipação, o locutor, embora reconheça a possibilidade da utilização do argumento B a favor da conclusão r, invalida-o de antemão, dando uma indicação ao alocutário de que o argumento A é que irá prevalecer.

§ 10 — a) pelo menos — em termos lógicos, seleciona a modalidade menos forte (particular): se não é necessário, é possível (a verdade da universal acarreta a verdade da particular, mas o inverso não é verdadeiro). Em termos escalares, numa escala orientada no sentido do necessário, marca o elemento que se encontra na zona inferior da escala:

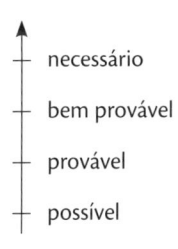

necessário

bem provável

provável

possível

No entanto, para sermos coerentes com as análises anteriores, podemos postular uma escala orientada no sentido do vazio (universalmente não).

↑ impossível	Nesse caso, *pelo menos* estaria marcando o argumento mais próximo da negação total. Como o enunciado anterior se refere ao *impossível* (não há democracia possível), teríamos aqui um abaixamento na escala, acarretado pela introdução de um fato novo (com ela...).
possível	
provável	
bem provável	

b) **mas** — MAS$_{PA}$
    X: Pode haver outras hipóteses.
mas Y: Nem é bom falar de corda em casa de enforcado.

O que o **mas** opõe, no caso, são dois atos ilocucionários, um direto (asserção) e outro derivado (subentendido); este segundo refere-se ao próprio fato de X ter sido dito:

asserção de p —∃ R (as hipóteses serão aventadas)

q se opõe tanto ao conteúdo **p**, como, principalmente, ao próprio fato de se ter enunciado **p**; portanto q —∃ ¬ R — (não se apresentarão as hipóteses).

p mas q —∃ ¬ R

c) **por muito menos** (9) — operador de argumentação que introduz uma exemplificação, implicando a retomada da ideia contida em Y, para reforçar a conclusão de que X não deveria ter sido dito.
§ 11 — a) **Se** (4) o leão, **antes** da idade... **já** (15) era o rei dos animais, pôde tornar-se **depois**...
Se — operador de coordenação semântica, introduzindo novo ato de enunciação. Pode-se subentender:
se é verdade que..., de modo que a proposição possui valor concessivo.

Já — marcador temporal de excesso, intensificado pela oposição antes/depois.

depois — X já era Y em T_0 (T_0 = antes), portanto X sempre foi Y; em T_1 (depois), X passou a ser Y + Z.

2. Recursos retóricos de 2º nível — retórica aplicada

2.1 Ironia — percorre todo o texto (sátira)

Exemplos: § 1º — O leão fiscal é um animal originário do Brasil, com a peculiaridade de preferir as rendas de salário e mostrar muito menor voracidade em relação às rendas de capital.

§ 6º — Ninguém quer ser barrado na hora de embarcar na arca de Noé.

§ 10 — Por muito menos — tributariamente falando — Tiradentes pagou o preço de seu pescoço.

2.2 Inter-relacionamento de campos lexicais

Quatro campos lexicais se destacam nitidamente no texto:

a) campo da selva (animal),
b) campo econômico-tributário,
c) campo histórico-social,
d) campo político.

Desde o início, inter-relacionam-se de maneira direta (por meio de cruzamentos sintáticos) os campos **a** e **b** (quadro A, no esquema); e, de maneira indireta, os dois primeiros com o campo **c** (que interpenetra todo o texto).

A partir do § 8º, assume relevância o campo político (d), para o qual convergem todos os demais.

De grande importância é, no § 9, a expressão CIDADÃO CONTRIBUINTE: a palavra **cidadão** vem substituir **fauna, exemplares, rebanho, caça** etc., marcando, a partir daí, o seu poder decisório nas próximas eleições e encaminhando, assim, a conclusão (3 últimos períodos do § 11).

SELVA		TRIBUTÁRIO	HISTÓRICO
ANIMAL		ECONÔMICO	SOCIAL

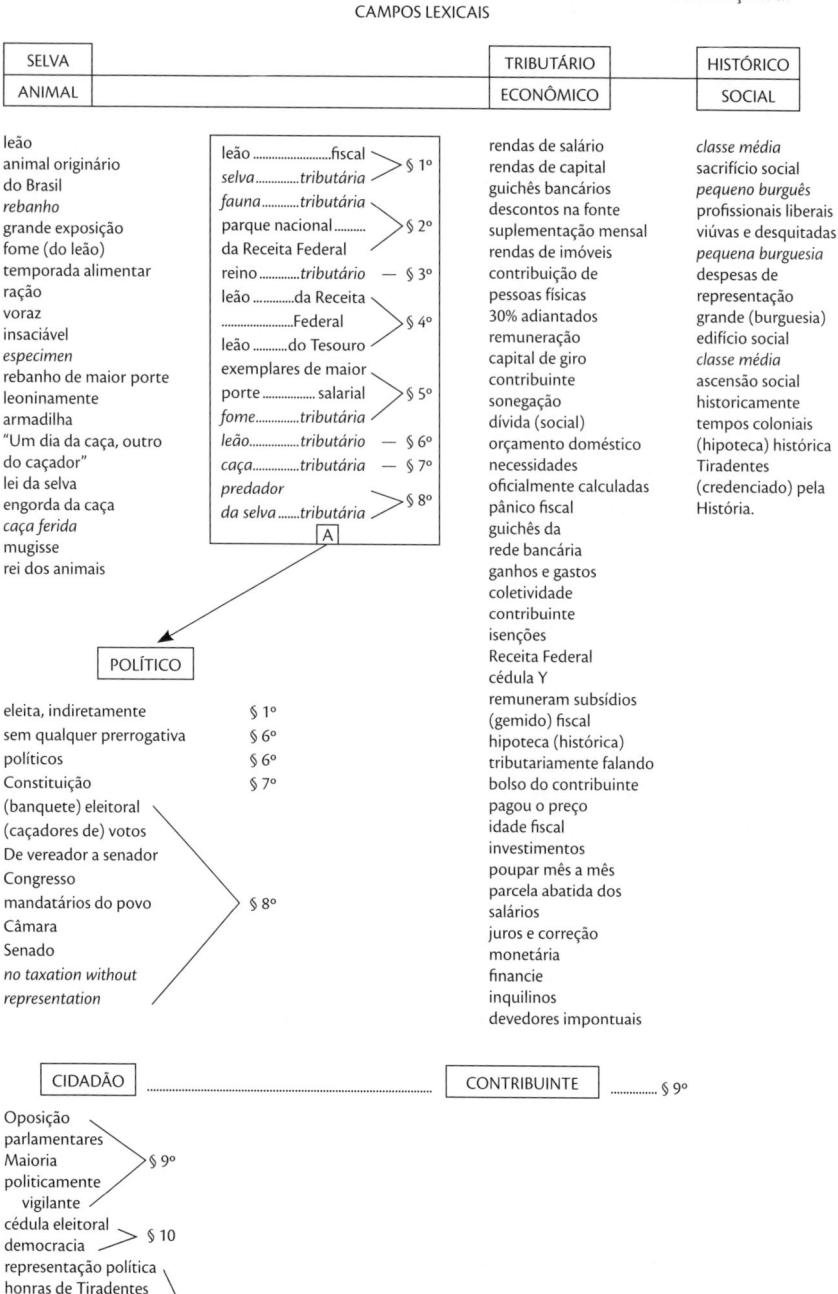

leão
animal originário
do Brasil
rebanho
grande exposição
fome (do leão)
temporada alimentar
ração
voraz
insaciável
especimen
rebanho de maior porte
leoninamente
armadilha
"Um dia da caça, outro
do caçador"
lei da selva
engorda da caça
caça ferida
mugisse
rei dos animais

leão ....fiscal ⟩ § 1º
selva............*tributária*
fauna...........*tributária*
parque nacional......... ⟩ § 2º
da Receita Federal
reino............*tributário* — § 3º
leão ....da Receita
................Federal ⟩ § 4º
leão ....do Tesouro
exemplares de maior
porte .... salarial ⟩ § 5º
fome...........*tributária*
leão...........*tributário* — § 6º
caça...........*tributária* — § 7º
predador
da selva ......*tributária* ⟩ § 8º
A

POLÍTICO

eleita, indiretamente   § 1º
sem qualquer prerrogativa   § 6º
políticos   § 6º
Constituição   § 7º
(banquete) eleitoral
(caçadores de) votos
De vereador a senador
Congresso
mandatários do povo   ⟩ § 8º
Câmara
Senado
no taxation without
representation

rendas de salário
rendas de capital
guichês bancários
descontos na fonte
suplementação mensal
rendas de imóveis
contribuição de
pessoas físicas
30% adiantados
remuneração
capital de giro
contribuinte
sonegação
dívida (social)
orçamento doméstico
necessidades
oficialmente calculadas
pânico fiscal
guichês da
rede bancária
ganhos e gastos
coletividade
contribuinte
isenções
Receita Federal
cédula Y
remuneram subsídios
(gemido) fiscal
hipoteca (histórica)
tributariamente falando
bolso do contribuinte
pagou o preço
idade fiscal
investimentos
poupar mês a mês
parcela abatida dos
salários
juros e correção
monetária
financie
inquilinos
devedores impontuais

classe média
sacrifício social
pequeno burguês
profissionais liberais
viúvas e desquitadas
pequena burguesia
despesas de
representação
grande (burguesia)
edifício social
classe média
ascensão social
historicamente
tempos coloniais
(hipoteca) histórica
Tiradentes
(credenciado) pela
História.

CIDADÃO .... CONTRIBUINTE .... § 9º

Oposição
parlamentares
Maioria   ⟩ § 9º
politicamente
vigilante
cédula eleitoral
democracia   ⟩ § 10
representação política
honras de Tiradentes
monarca absoluto   ⟩ § 11
fundações eleitorais
da democracia
aplicar nas urnas ....indignação gratuita

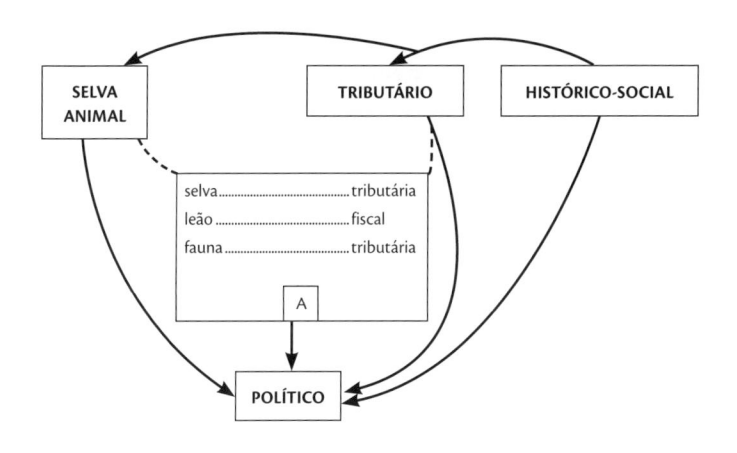

2.3 Seleção lexical

2.3.1 Jogos de palavras
politicamente × tributariamente falando

2.3.2. Oposições
§ 4º — [...] situada mais em cima/abaixo dela
§ 10 — Sem ela... × com ela

2.3.3 emprego polissêmico do termo **leão**, inclusive em expressões como **leão de chácara, Sossega, leão!**, que constitui um dos fatores básicos de coesão lexical, a partir do próprio título.

2.3.4 Expressões usadas como sinônimas:
classe-média — rebanho pequeno burguês — pequena burguesia — pequeno burguês.

2.3.5 gradação (estratégia cumulativa, segundo Cornulier).
§ 3 ração — prato feito — sobremesa

2.3.6 Conotação
§ 9 — ...Se a Oposição **mugisse**
Da maioria não saiu sequer um **gemido** fiscal

2.3.7 advérbios portadores de implícitos

§ 1º ...eleita, **indiretamente**, ...

§ 4º ...**historicamente** encalacrada

§ 5º ...espécimen **perfeitamente** ciente...

§ 5º ...as necessidades **oficialmente** calculadas

§ 6º ...**Anonimamente**, sem qualquer prerrogativa

§ 7º ...Era assim **antigamente**

§ 8º ...Mas, **dificilmente**, estará curado do ressentimento de caça ferida pelo predador

§ 9º ...embora de olhos fechados, o leão está **politicamente** vigilante

§ 10 Por muito menos — **tributariamente** falando — Tiradentes pagou o preço do seu pescoço.

2.3.8 Metáforas

f) § 1º ... e tem as **honras de rei** (leão: rei dos animais) para redistribuir os babados que fizeram da classe média a eleita, indiretamente, para o sacrifício social.

g) § 2º ... A parcela mais apetitosa da fauna tributária nacional estará a caminho dos guichês bancários que dão ingresso a grande exposição.

h) § 4º ...outra classe se candidata a subir a escada rolante dos salários no edifício social...

i) § 6º ... fará fila nos guichês da rede bancária, credenciada a receber, leoninamente, a confissão completa de ganhos e gastos reconhecidos. É a armadilha.

j) § 6º ... Também eles, os políticos, vão reviver esta semana... a impressão bíblica do dilúvio. Ninguém quer ser barrado na hora de embarcar na Arca de Noé.

k) § 8 ... É um banquete eleitoral.

2.6 **Recurso a provérbios, termos e ditos populares, ou expressões consagradas pelo uso:**

a) § 6º   Arca de Noé (19), dilúvio

b) § 7º   Bons tempos aqueles...

leão de chácara

Um dia da caça, outro do caçador

c) § 8°   cordialidade brasileira

Sossega, leão! (em tipos gráficos diferentes)

"no taxation without representation"

d) § 10   "não é bom falar de corda em casa de enforcado"

2.7 Construções enfáticas

a) § 4°   O leão da Receita Federal nutre-se é do capital de giro...

2.8 Exclamações ou expressões de valor interjetivo

a) § 6°   Pudera

b) § 7°   Bons tempos aqueles...

c) § 8°   Sossega, leão!

d) § 9°   Paciência, cidadão contribuinte (Valor ilocucionário de conselho, incentivo).

2.9 Simulação de outra forma de discurso, no caso, **a descrição conceitual** (veja-se, a título de confronto, as descrições de animais apresentadas em manuais didáticos e exigidas dos alunos nas aulas de redação, especialmente no 1° grau):

§ 1° — O leão fiscal é um animal originário do Brasil, com a peculiaridade de preferir as rendas de salário às rendas de capital. Vive em nossa selva tributária...

2.10. A referência anafórica entre elementos de períodos sucessivos é feita, em grande parte, por expressões definidas que, embora diferentes na forma, apontam para o mesmo referente (coesão lexical). Exemplos:

§ 2° — [...] para conduzir o **imenso rebanho pequeno burguês** ao parque nacional da Receita Federal. **A parcela mais apetitosa da fauna tributária nacional** (= rebanho pequeno burguês) estará a caminho...

§ 3º — **O leão** não conseguiu ainda moderar a sua forma, mas...
a mais nobre personalidade do reino tributário brasileiro (= leão).

§ 5º — **Os exemplares de maior porte salarial começam...** O
contribuinte brasileiro da classe média (= exemplares
de maior porte) é hoje...

2.11 Repetições intencionais e pleonasmos

a) Também **eles, os políticos...**
aposto enfático
No mesmo §, a palavra **político** é repetida três vezes.

b) § 1º [...] que fizeram da **classe média a eleita indiretamente para o sacrifício social**

§ 2º ...para conduzir o **imenso rebanho pequeno burguês** ao parque...

§ 4º [...] da **pequena burguesia**, historicamente encalacrada para manter uma apresentação parecida com a da grande...

§ 5º — O contribuinte brasileiro da **classe média** é hoje...

A **classe média** carrega a culpa de uma dívida social...

§ 8º — [...] é um desses em que estarão reservadas à **classe média** as honras de premiar caçadores de votos.

[...] o **pequeno burguês** vai ter muito a escolher.

§ 10 — A salvação geral terá de vir da **classe média, que, tem seu destino vinculado à cédula eleitoral numa hipoteca histórica**.

Sem **ela**, não há democracia que aguente. Com **ela**, há pelo menos possibilidade (ela = classe média).

§ 11 — E o **pequeno burguês, credenciado pela História a financiar a democracia**, tem pela frente...

Conclusão: O uso da **estratégia cumulativa**, descrita por Cornulier (1980), isto é, de repetições intencionais de um mesmo termo ou de expressões definidas que constroem de formas diversas o mesmo referente, apresentadas numa espécie de **crescendo** e utilizadas, inclusive, para estabelecer a referência anafórica, aliado ao entrelaçamento de campos lexicais, vem reforçar o pressuposto básico do texto, que, também ele, se mantém presente do início ao fim: "À classe média, eleita para o sacrifício social, cabe financiar a democracia, mas também, salvaguardá-la por meio do voto. Daí a conclusão: Quem financia pode escolher os inquilinos e recusar devedores impontuais ou caloteiros.

A análise feita vem confirmar a hipótese levantada de início: trata-se de um texto de bastante força argumentativa, embora esta se apresente quase integralmente de maneira implícita. É por meio de subentendidos, ironias, entrelaçamentos de campos lexicais, seleção lexical altamente metafórica e dos demais recursos retóricos assinalados que o autor constrói sua argumentação, que apresenta não só de maneira coerente, mas bastante original.

2. EXEMPLIFICAÇÃO: ANÁLISE DO TEXTO "QUEM TEM MEDO DA UNIVERSIDADE?"

Quem tem medo da universidade?

R. C. C. L.

Aparentemente, qualquer programa no setor de educação revela um projeto político. Napoleão foi o autor da mais radical reforma educacional pela qual tenha passado a França. Não apenas reformulou a universidade como também criou o sistema de grandes escolas destinadas a formar os líderes do país. A famosa polêmica entre Benjamin Franklin e Thomas Jefferson sobre o conceito de ensino superior a ser adotado em seu país desvenda as concepções sociopolíticas dos dois estadistas americanos. De Gaulle, ao instituir o célebre comitê dos sábios e reformular a universidade francesa, permite recompor a sua "ideia da França". As propostas de Humboldt sobre o papel da universidade estão em relação íntima com os conceitos políticos de Bismarck.

Essas considerações talvez ajudem a esclarecer as razões que fazem tanto o governo federal como o do Estado de São Paulo oprimir a universidade brasileira e paulista, respectivamente. Há, certamente, uma incompatibilidade entre os projetos políticos do Planalto e do Palácio dos Bandeirantes e as funções exercidas pela universidade junto à sociedade. Justamente em um período de abertura política, justamente quando o concurso da universidade poderia ser valioso na busca de fórmulas para a renovação democrática do país! E para a emancipação da sociedade brasileira! E para a construção de uma cultura própria, de uma identidade nacional! Deixo a resposta para Bertrand Russell com sua inigualável eloquência.

"O homem teme o pensamento como nada mais sobre a terra, mais que a ruína e mesmo mais que a morte. O pensamento é subversivo e revolucionário, destrutivo e terrível; o pensamento é impiedoso com os privilégios, com instituições estabelecidas e com hábitos confortáveis. O pensamento é anárquico e indiferente à autoridade, descuidado com a sabedoria curada pela idade. O pensamento espia o fundo do inferno e não se amedronta. Ele vê o homem como um frágil graveto circundado por desmesurados abismos de silêncio. Não obstante, ele se porta orgulhosamente, imutável, como se fosse o senhor do universo. O pensamento é grande, ágil e livre, é a luz do mundo e a verdadeira glória do homem. Mas se for para fazer do pensamento a possessão de todos e não o privilégio de alguns, nós teremos que acabar com o medo. É o medo que restringe o homem. Medo de que suas crenças queridas se revelem como ilusões, medo de que as instituições pelas quais vive se provem maléficas, medo de que ele próprio se reconheça menos digno de respeito do que sempre supôs ser. Deveriam os trabalhadores pensar livremente sobre a propriedade? Então o que aconteceria conosco, os ricos? Deveriam os jovens pensar livremente sobre o sexo? Que aconteceria então com a moralidade? Deveriam os soldados pensar livremente sobre a guerra? O que aconteceria então com a disciplina militar? Abaixo o pensamento! De volta às sombras do preconceito, sem o que a propriedade, a moralidade e a guerra estarão ameaçadas. É melhor que os homens sejam estúpidos, indolentes e opressivos, do que sejam seus pensamentos livres. Pois se seus pensamentos se tornassem livres, eles poderiam não pensar como nós. E a qualquer custo, esse desastre deve ser evitado."

(Folha de S.Paulo, 1º semestre de 1981.)

Principais categorias de análise:
1) tempos verbais
2) modalizadores
3) operadores argumentativos
4) polifonia

1. Tempos verbais

Verificou-se que, segundo a teoria de H. Weinrich, os tempos verbais podem ser classificados em dois grandes grupos, que vão caracterizar a **atitude comunicativa** do locutor como **relato** ou como **comentário.** Como foi visto, são **tempos do relato**, o **imperfeito e o perfeito do indicativo** (tempos **zero**), o **mais que perfeito**, o **futuro**

do pretérito e as locuções verbais em que entram esses tempos. Os tempos do comentário são o presente (tempo zero), **o pretérito perfeito composto**, o **futuro do presente** e as locuções verbais formadas com estes tempos. Inclui-se também, neste grupo, no caso do português, o **pretérito perfeito** com valor retrospectivo com relação ao tempo zero (presente), pelo fato de, em nossa língua, ocorrer uma neutralização entre esta forma e a do perfeito como tempo zero do mundo relatado.

Essa classificação dos tempos verbais em dois grupos explica a necessidade de concordância dos tempos verbais dentro de um mesmo período, sendo somente permitida a passagem de um grupo a outro além da fronteira da frase. Assim, quando, dentro de um mesmo período, ocorre o emprego de uma forma pertencente a outro grupo, tem-se uma **metáfora temporal**: relata-se **como se** se comentasse (é o caso do presente narrativo ou histórico), para acentuar a validade do relato; ou comenta-se **como se** se narrasse, diminuindo a força do comentário, isto é, não se engajando nele totalmente: é o caso do emprego metafórico, extremamente frequente, do futuro do pretérito.

No texto, pode notar-se que:

a) o primeiro parágrafo inicia-se com o presente — tempo zero do comentário (**revela**). Em seguida, faz-se um retrospecto histórico com os verbos inicialmente no pretérito perfeito: **foi, reformulou, criou**. A seguir, porém, aparecem novamente verbos no **presente** (**desvenda, permite, estão**), já que as asserções encerram comentários do autor.

b) no segundo parágrafo, tem-se somente tempos do comentário, com uma única exceção: **poderia**, futuro do pretérito empregado como metáfora temporal de validez limitada, indicando **suposição, irrealidade**.

c) no terceiro parágrafo, comparecem basicamente os tempos do comentário, novamente com exceção de uma série de formas no futuro do pretérito. O parágrafo termina com um presente, tempo de comentário. Assim, no conjunto, o texto deve ser caracterizado como pertencente ao "mundo comentado" sendo, pois, explicitamente argumentativo.

2. Modalizadores

a) **Aparentemente** — o autor coloca ao nível do **parecer** aquilo que pretende demonstrar que **é**
Talvez — também coloca o enunciado ao nível do parecer, manifestando **hipótese, dúvida**

não assume (ou finge não assumir) totalmente seu discurso

× (*versus*)

b) **Certamente** — engaja-se diretamente ao lançar a tese: "há incompatibilidade entre os projetos políticos do governo e as funções exercidas pela Universidade junto à sociedade".

Surge aí a forma verbal **poderia**, indicando

a) **irrealidade** — mas não é
b) **suposição** — seria, se não houvesse um projeto político por trás de tudo.

c) **poderia** implícita **deveria** (**poderia** e **deveria** ser assim), enfatizado pelo **justamente** (repetido), pelas **exclamações**, pelo **paralelismo de construção** e pela repetição do conector **E**.

Portanto **o que parece, é** — há um projeto político, só que incompatível com as verdadeiras funções da universidade.

3. Operadores argumentativos

a) **1º parágrafo: Não apenas... mas também** — ligam dois argumentos orientados no mesmo sentido:

R: Napoleão foi autor da mais radical reforma educacional na França.

R ↑ Napoleão reformulou a universidade

R ↑ Napoleão criou o sistema de grandes escolas para formar líderes

não apenas..mas também............

b) **2° parágrafo: E ... E** — também ligam argumentos orientados para a mesma conclusão.

c) **3° parágrafo**: 1. **Mesmo**: marca o argumento mais forte de uma escala orientada para determinada conclusão. No caso:

R: "O homem teme o pensamento como nada mais sobre a terra".

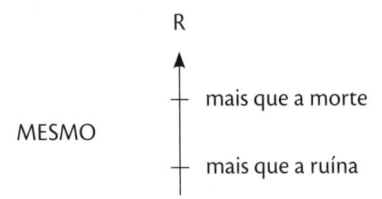

Além disso, a própria estrutura comparativa (quer de igualdade, quer de superioridade) já é por si mesma argumentativa.

2. **e = mas**:

"Espia o fundo do inferno, [e = mas] não se amedronta".

De **p** poder-se ia concluir R — então se amedronta; o operador MAS orienta para a conclusão ¬R (não se amedronta).

3. **não obstante** — tem a mesma função do **mas**: opõe dois argumentos orientados em direção contrária, fazendo prevalecer o segundo.

"O pensamento é grande, nada teme".

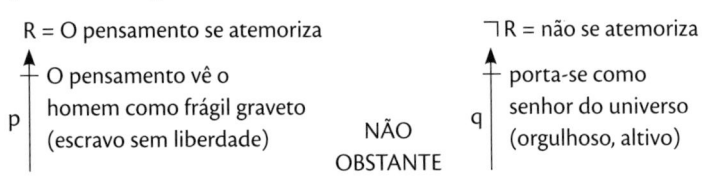

4. **mas** (linha 10) — operador argumentativo que estabelece a oposição básica do texto de Russell (**Medo × liberdade de pensamento**), utilizada como argumento fundamental a favor da tese do autor.

— pressuposto: o pensamento é privilégio de alguns

— suposição: deseja-se fazer do pensamento privilégio de todos

se... então

é preciso acabar com o medo, **porque** (justificativa) o medo restringe o homem, tira-lhe a liberdade.

Essa oposição é representada no jogo de questões que se cruzam (a partir da linha 10), às quais se poderia dar a forma lógica do raciocínio hipotético (condicionalidade):

Se... então
Se... então
Se... então
portanto: Abaixo o pensamento! (conclusão do raciocínio) para evitar o *desastre de que os outros não pensem como nós (pensem livremente)* (razão do medo)

5. No entanto, da maneira como a oposição é representada ("encenada"), utiliza-se o recurso da **polifonia**, ou seja, incorporam-se ao discurso outras vozes, de outros enunciadores, que podem ser a(s) do(s) interlocutor(es), de terceiros ou da opinião pública em geral. Aqui temos dois grupos de vozes contrapondo-se dentro do discurso de Russell, que as incorpora, embora elas estejam nele apenas representadas (implicitadas, mostradas).

Conclusão: comprovação da tese: Há certamente uma incompatibilidade entre os projetos políticos do governo e as funções exercidas pela universidade.

Ora, essa incompatibilidade revela a existência de um projeto político interessado em minimizar essas funções: por isso, a Universidade não é como poderia (e deveria) ser (retomando o 2º parágrafo).

5. Outro recurso retórico, além do **paralelismo**, das **exclamações** e **interrogações** já mencionados, é o da coesão lexical: a palavra MEDO, que já aparece no título, repete-se por diversas vezes no texto:

É o *medo* que restringe o homem

MEDO de que...
MEDO de que...
MEDO de que...

Surgem também outros termos relacionados, isto é, do mesmo campo lexical: o homem **teme** o pensamento, o pensamento não se **amedronta**. Trata-se, pois, de outro elemento de coesão textual, argumento poderoso a favor da tese: a **incompatibilidade é devida ao medo** e a resposta à indagação do título: **"Quem tem medo da Universidade?"**

A análise feita vem ressaltar a importância de nos conscientizar-mos da existência e do valor das marcas argumentativas implícitas nos textos, para permitir-nos detectá-las no discurso do outro, não nos deixando manipular por ele, e utilizá-las de maneira adequada no nosso próprio discurso, dotando-o de maior poder de persuasão.

É por essa razão, também, que, no ensino da língua, **leitura**, **compreensão**, **interpretação** e **produção** necessitam ser trabalhadas em conjunto, se quisermos ampliar a capacidade de nossos alunos de interagirem socialmente por meio de linguagem verbal.

3. EXEMPLIFICAÇÃO: ANÁLISE DO TEXTO "UM DESENHISTA QUE REJEITA O ESTILO"

Um desenhista que rejeita o estilo

Sheila Leirner

Os desenhos contidos no livro que Millôr Fernandes lança hoje em São Paulo talvez não sejam os melhores ou os mais significativos. E a forma que os organizadores e a Editora Raízes escolheram, baseada inteiramente no catálogo da exposição de Saul Steinberg no Whitney Museum of Art de N. Y., por Harold Rosenberg (A. A. Knopf), talvez também não seja a mais adequada ao trabalho irreverente e anticonvencional de Millôr. Um trabalho que exigiria muito mais um livro de artista, do que sobre o artista como a "coroação" tradicionalista de uma carreira realmente excepcional.

Entretanto, fica, felizmente, o registro de uma obra sem par neste país. Millôr e único nessa marginalidade de escritor de quadros e pintor de escrituras, desenhista do pensamento, cartunista do literário, crítico do grafismo e humorista da tragédia. Alguém que está fora de qualquer categoria, livre para pensar, assim como Steinberg, que "desenhar é uma maneira de ponderar sobre o papel", e de ver as cenas do mundo também assim como o genial artista americano: "Com uma assinatura bem embaixo, no canto direito".

No livro, alguns desenhos ironizam as fórmulas de linguagem da História da Arte (op, concretismo, abstracionismo etc.), sem dúvida, tão falsas e autoevidentes quanto a figura de Papai Noel ou o ovo de Páscoa. Esta crítica faz sentido: afinal, além de ser um escritor sem estilo, Millôr e também, para nossa alegria, um desenhista que rejeita o estilo. Pertence ao rol daqueles que independem das máscaras que dão corpo aos sentimentos, pois apresentam os próprios sentimentos, como eles são. Confusos, sem uniformidade, paradoxais, mas genuínos. Coerentes apenas com a linha brilhante do seu pensamento, e a sensualidade, humor e vitalidade do seu temperamento. (*O Estado de S. Paulo*, 1981)

1. Recursos argumentativos do nível fundamental — retórica integrada

1.1 Tempos verbais

Todos os tempos verbais do texto pertencem ao "mundo comentado" (Grupo I), com uma única exceção:

exigiria (§ 1,6), explicável na terminologia de Weinrich, como **metáfora temporal de validez limitada** — condicional irreal (visto que a obra a que o texto se refere já está publicada).

1.2 Advérbios atitudinais

§ 1 **realmente**: embora se refira ao adjetivo **excepcional**, podendo, pois, ser considerado **advérbio de constituinte**, traduz o sentimento do locutor diante da obra de Millôr Fernandes (**realmente, trata-se de uma** carreira excepcional). Apresenta, mesmo, um valor argumentativo próximo ao de **decididamente**, analisado por Bruxelles et al. in Ducrot (1980).[1] Preferimos, portanto, considerá-lo como advérbio concernente ao conjunto do enunciado, revelando atitude do locutor.

§ 2 **felizmente** — também exprime o sentimento, a atitude do locutor perante o fato contido no enunciado.

§ 3 a) **sem dúvida** — introduz um julgamento do locutor. Embora pudesse ser considerado um marcador ilocucionário (eu afirmo com certeza que...), isto é, como simples reforço do ato de asserção, tem-se a impressão de que, no caso, o locutor manifesta um sentimento, uma convicção quanto ao julgamento que vai fazer e que consiste numa comparação: **as fórmulas da linguagem da História da Arte...** (são), sem dúvida (isto é, na minha opinião, eu não tenho a menor dúvida a respeito) **tão falsas e autoevidentes** quanto a figura de Papai Noel ou do ovo de Páscoa.

b) **Afinal** (na verdade, é preciso reconhecer que...) introduz uma justificativa com relação ao conteúdo da asserção anterior e encaminha a conclusão do locutor.

---

1. Bruxelles, S. et al. Décidément: la classification dissimulée, 1978. In: Ducrot, O. *Les mots du discours*. Paris: Ed. du Minuit, 1980.

c) **para nossa alegria** — expressão adverbial de valor argumentativo semelhante ao de felizmente (ver acima).

1.3 Índices de avaliação

§ 1   os melhores ou os mais significativos
      a mais adequada
      trabalho irreverente e anticonvencional
      carreira realmente excepcional
§ 2   obra sem par neste país
      etc.

1.4 Indicadores ilocucionários e modais

(verbos, expressões, advérbios, torneios sintáticos etc.)

§ 1   a)   **talvez** não sejam os melhores ou os mais significativos (A).

      b)   **talvez** não seja a mais adequada (B)

Talvez, como indicador ilocucionário, modaliza os enunciados que introduz, **atenuando** a força do ato de asserção. No entanto, o enunciado "Talvez P" permite tirar as mesmas conclusões que se tirariam se P fosse simplesmente asseverado. Segundo Ducrot, isto ocorre pelo fato de "Talvez p" **mostrar**, **representar** uma asserção de P, atribuída a um enunciador diferente do locutor. Nesses casos, porém não se trata de um enunciador real, fisicamente distinto de L, mas de um enunciador **virtual** ou, mesmo, de uma certa **virtualidade de L**. Daí a semelhança com "**poder-se-ia dizer que...**", "**Eu seria tentado a dizer que...**". Tem-se, aqui, portanto, um caso de **autoridade polifônica**, já que o simples fato de A e B terem sido enunciados, ainda que por um enunciador virtual, dá a essas asserções o valor de argumentos, permitindo que venham a constituir a base de possíveis inferências.

c) **exigiria** — condicional irreal. Aqui não se trata do emprego polifônico do condicional (futuro do pretérito), mas de um introdutor de **modalidade deôntica** (dever ser): Um tratado que **exigiria** (deveria ser) muito mais um livro de artista do que um livro **sobre** o artista... A irrealidade é marcada, justamente, pela oposição entre o **dever** e o **ser** (**deveria ser, mas não é**).

1.5 Pressuposições

§ 1 a) pp. Millôr Fernandes lança hoje um livro em São Paulo.

   p. Os desenhos contidos no livro que Millôr Fernandes lança hoje em São Paulo...

   b) pp. Os organizadores e a Editora Raízes escolheram uma forma baseada inteiramente no catálogo...

   p. E a forma que os organizadores e a Editora Raízes escolheram, baseada inteiramente no catálogo...

   c) pp. trata-se de um livro **sobre** o artista.

   p. Um trabalho que exigiria muito mais um livro **de** artista do que um livro **sobre** o artista...

§ 2 a) pp. Millôr pensa livremente, como Steinberg.

   p. [...], Livre para pensar, assim como Steinberg, que...

§ 3 a) pp. Millôr é **um artista sem estilo**.

   p. [...] além de ser **um artista sem estilo**, Millôr é também...

   b) ⎡pp. há máscaras que dão corpo aos sentimentos (existencial)

pp. ⎨ p. há aqueles que independem de máscaras para dar corpo aos sentimentos (existencial)

   ⎣ p. Pertence ao rol daqueles que independem...

   c) pp. **existencial básico do texto**: há desenhistas que rejeitam o estilo.

   p. Millôr é um desenhista que rejeita o estilo — retomando o título.

1.6 Operadores discursivos

§ 1 a) **ou** — operador de disjunção inclusiva (e/ou)

b) **E** — operador de conjunção, ligando dois atos de linguagem — dois atos de asserção que encerram atos de argumentação por autoridade polifônica.

c) os melhores
   os mais significativos
   a mais adequada

⎱ superlativos (relativos) que encerram comparação, com omissão dos termos comparantes (todos os demais elementos de cada conjunto).

d) (muito) **mais** um livro de artista **do que** sobre o artista... operador de comparação (comparativo de superioridade), intensificado por **muito**, em que se valoriza o termo comparado, isto é, argumenta-se a favor do termo comparado, negando (embora mantendo, ao mesmo tempo) o termo comparante que, no caso, é o tema. A estrutura poderia ser parafraseada por **Não B mas$_{SN}$ A**: não um livro sobre o artista, mas um livro de artista, em que B é objeto de um ato de refutação do qual A é o instrumento.[2]

e) **como** (7) — operador comparativo, estabelecendo relação de igualdade entre os valores **livro sobre o artista e coroação tradicionalista**, ambos minimizados diante do valor mais forte **livro de artista**, que seria exigido por uma carreira excepcional!

§ 2 a) **Entretanto** (1) = MAS$_{PA}$

X (todo o parágrafo anterior), entretanto **Y** (fica, felizmente, o registro de uma obra sem par neste país).

p ⌐R (o livro *não é* bom, não faz justiça ao autor)

q ⌐ R (o livro *é* bom, enquanto registro de uma obra excepcional).

O primeiro parágrafo tem valor concessivo: admite a possibilidade de se argumentar a favor da conclusão R por meio de uma série de argumentos (p), introduzidos por autoridades polifônica, isto é, **mantidos**, na acepção de Vogt, mas que são, ao mesmo tempo, negados, no segundo parágrafo, pela introdução de **q**, argumento mais forte para ⌐R do que o são os argumentos **p** para R. A estratégia da concessão consiste em acordar-se à palavra do outro certo valor argumentativo, para dar maior peso aos proprios argumentos que se apresentam, a seguir, em sentido contrário.

---

2. Ducrot, O. Analyses pragmatiques. In: *Communications*, n. 32, p. 27, 1980: "Seguido de *ao contrário, mas* serve de retificação e introduz um predicado de orientação oposta à daquele que é negado na primeira proposição".

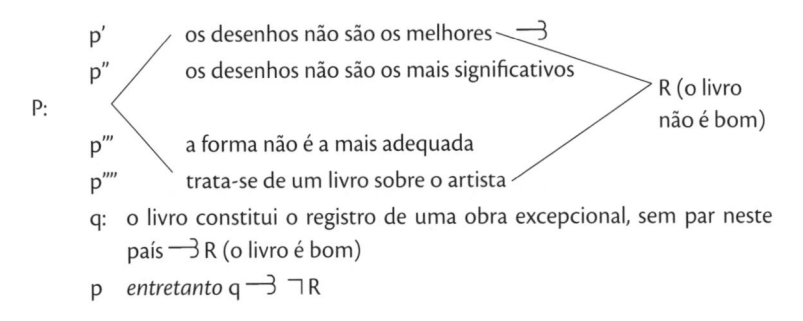

P:
p'   os desenhos não são os melhores —∃
p"   os desenhos não são os mais significativos
                                                    R (o livro
p"'   a forma não é a mais adequada   não é bom)
p""   trata-se de um livro sobre o artista

q: o livro constitui o registro de uma obra excepcional, sem par neste
    país —∃ R (o livro é bom)
p   *entretanto* q —∃ ¬R

Toda a sequência do texto constitui uma justificativa de **q**.

b) **assim como** (5 e 6) — operador de comparação (= do mesmo modo que). Pode ser considerado uma espécie de cruzamento sintático entre **tão (tanto)... como (quanto)** e **como (tal... como)**, permitindo a substituição pela expressão popular **que nem**. Embora, no caso, não se trate de comparação de propriedades atribuídas a um ser **A** e a um ser **B**, mas da comparação entre os próprios indivíduos A e B, pode-se admitir que, sendo o segundo termo (comparante), no caso Steinberg, considerado como exemplar (daí o fato citado no § 1 de se ter calcado a organização da obra de Millôr na de Steinberg), evidencia-se a presença da oposição entre os dois termos que estão sendo comparados, ou seja, o dinamismo argumentativo da compensação entre o termo comparante e o termo comparado: tomando-se o termo comparado como tema, mesmo em se tratando de um comparativo de igualdade, argumenta-se favoravelmente a ele (cf. o caso do § 3, a). Em outras palavras: a compensação argumentativa opera a diferença na igualdade.[3]

c) **também** (6): operador que liga dois argumentos **p** e **q** orientados para uma mesma direção.

§ 3 — a) **tão** falsas e autoevidentes **quanto** (2, 3): operador de comparação.

---

3. Vogt (1977, p. 202) afirma que: "o comparativo de igualdade se apresenta como um equilíbrio passageiro entre dois pesos de uma balança e que, por isso mesmo, se sustenta por uma oposição entre os dois termos comparados. Tal oposição, que é dinâmica, tanto pode realizar-se ao nível das conclusões que se podem tirar de cada um dos termos, ou ao nível dos próprios termos, enquanto argumentos equivalentes para uma mesma conclusão".

termo comparado: fórmulas de linguagem da História da Arte.

termos comparantes: Papai Noel e ovo de Páscoa.

Segundo Vogt, quando o termo comparado é tomado como tema, o enunciado comparativo constitui um argumento favorável (argumentativamente forte) à existência da propriedade que lhe é atribuída: "**A** é tão **p** quanto **B**" enuncia uma certa igualdade de **A** e **B** relativamente a **p**, mas de modo a apreciar **A** como provavelmente mais e **B** como necessariamente menos.[4] Assim, a falsidade e a autoevidência de Papai Noel e do ovo de Páscoa são apresentadas como argumentos favoráveis à **falsidade** e **autoevidência** das fórmulas de linguagem da História da Arte, visto que, se os referenciais objetivos dos termos comparantes já realizam de forma "exemplar" a qualidade, os termos comparados a realizarão com a força argumentativa que os termos comparantes lhes asseguram.

b) **afinal** (4) — introduz justificativa do que foi dito anteriormente, encaminhando para a conclusão.

c) **além** de (4)..., e **também** (4): a soma dos dois operadores equivale a **não só**... **mas também**, ligando dois argumentos a favor de uma mesma conclusão. Pressupõe-se uma intenção do alocutário de considerar somente o primeiro argumento (**p**), isto é, de atribuir-lhe um caráter de exclusividade para uma conclusão R e recusa-se esta exclusividade, acrescentando um argumento **q** com a mesma força de **p** no sentido dessa conclusão, ou, mesmo, argumentativamente mais forte, o que, no texto, é confirmado pela expressão "para nossa alegria". A conclusão para a qual o enunciado aponta é a **unicidade** da obra de Millôr (obra sem par neste país).

d) **pois** (6) — operador de coordenação responsável pelo encadeamento de um novo segmento discursivo, que consiste num ato de justificação do enunciado anterior.

e) **como** (7) (= da forma como): operador indicativo de modo (maneira).

f) **mas** (8) — MAS_{PA}

___

4. Vogt (1977, p. 210).

X — confusos, sem uniformidade, paradoxais
mas Y — genuínos
p ⊃ R (não tem valor artístico)
q ⊃ ¬R (têm valor artístico)
p mas q ⊃ ¬R

g) **apenas** (8) — operador de restrição (somente, unicamente), que inverte o sentido da escala:

R — os desenhos são coerentes, portanto o artista tem um estilo próprio.

R — os desenhos são coerentes **apenas** com os sentimentos do desenhista, portanto o **desenhista rejeita o estilo** (conclusão do texto, que retoma o título).

2. Recursos retóricos de 2° nível — retórica aplicada

2.1 Seleção lexical

2.1.1 Jogos de palavras
a) livro **de** artista × livro **sobre** o artista (baseado no valor semântico das preposições)
b) escritor de quadros × pintor de escrituras
c) desenhista do pensamento   "escritor sem estilo" ×
   cartunista do literário   desenhista que rejeita
   crítico do grafismo   o estilo

2.1.2 Oposições
a) humorista da tragédia
b) anticonvencional × tradicionalista

2.1.3 Termos dotados da mesma força argumentativa

trabalho irreverente e anticonvencional
marginalidade
fora de qualquer categoria   rejeição
independe de máscaras   ⊐ do estilo
ironiza as fórmulas da linguagem
confusos, sem uniformidade, paradoxais

2.2. Discurso relatado:
a) utilizado para caracterizar o artista, atribuindo-lhe pensamentos semelhantes aos de Steinberg:

"desenhar é uma maneira de ponderar sobre o papel" (5, 6)
"Com uma assinatura bem embaixo, no canto direito" (7)

b) atribuído a algum crítico da obra de Millôr (ou a ele próprio): "um escritor sem estilo" (4)

2.3 Elementos intercalados (palavras, expressões, orações) de maneira acessória, contendo ideias ou argumentos que o locutor deseja ressaltar (introduzidas por sinais gráficos como parênteses, virgulas etc.).

§ 1 — [...], baseada inteiramente no catálogo da exposição de Saul Steinberg, no Whitney Museum of Art de Nova York, por Harold Rosenberg (A. A. Knopf), [...] (2 a 6).

§ 2 — [...], livre para pensar, assim como Steinberg, que [...] e de ver as cenas do mundo, também assim como o genial artista americano [...] (4 a 7).

§ 3 — [...] afinal, além de ser um escritor sem estilo [...] (4, 5).

2.4 Outros recursos gráficos

Aspas — usadas sempre para introduzir o discurso relatado, com exceção de "coroação" (§ 1, 7), que deixa transparecer uma alusão irônica ou sarcástica.

Mudança de tipo: mais um livro **de** artista, do que **sobre** o artista.

2.5 Comparações

O texto é montado basicamente sobre comparações (o que pode ser comprovado, inclusive, pela predominância dos operadores de comparação).

Além das comparações de caráter propriamente linguístico já analisadas, podemos detectar:

a) no primeiro parágrafo, um paralelo entre Millôr e Steinberg, que pode ser considerado desfavorável ao primeiro, em razão de se apontar o fato de os editores e organizadores de seu livro se terem calcado, de maneira evidente, na organização (formal) do catálogo da exposição da obra de Steinberg;

b) no 2º parágrafo, um paralelo entre o modo de pensar e a visão de mundo de ambos os artistas. Introduzido por uma adversativa (entretanto), fica clara a oposição entre os dois parágrafos: se, do ponto de vista meramente formal da organização do livro, Millôr fica a dever a Steinberg, do ponto de vista artístico e intelectual os dois se encontram, no mínimo, no mesmo plano. O equilíbrio da balança é passageiro, fazendo com que ela se incline para o lado do termo comparado, quando esse é tomado como tema — e o termo comparado, no caso, é Millôr.

c) no 3º parágrafo, um confronto entre as correntes artísticas — **fórmulas de linguagem** da História da Arte — e os trabalhos do artista — confusos, sem uniformidade, paradoxais, mas genuínos.

d) no mesmo parágrafo, o confronto:

"escritor sem estilo" × desenhista que **rejeita estilo**

e) ainda no último parágrafo, o paralelo entre a incoerência aparente e a coerência interna, na essência, da obra de Millôr e que o define como um desenhista que rejeita o estilo.

Conclusão

A maior força argumentativa do texto está no uso da comparação, que, como vimos acima, se estabelece em vários níveis: no nível especificamente linguístico (uso dos comparativos de igualdade e de superioridade); no nível informativo (semelhança entre a forma da coletânea de trabalhos de Millôr e Steinberg, semelhança entre as visões de mundo dos dois artistas); no nível do implícito (subentendido), quando se dá a entender que a semelhança entre o modo de pensar e a concepção de arte dos dois artistas, ambos geniais, é muito mais importante que a organização formal de suas coleções; que, enquanto a maioria dos artistas necessita de máscaras para dar corpo aos sentimentos, Millôr é capaz de apresentá-los de maneira genuína, tais como são; e que esta liberdade no modo de pensar, de agir, de criar é que faz com que ele **rejeite** o estilo (**fórmulas** impostas pela História da Arte). Esquematizando:

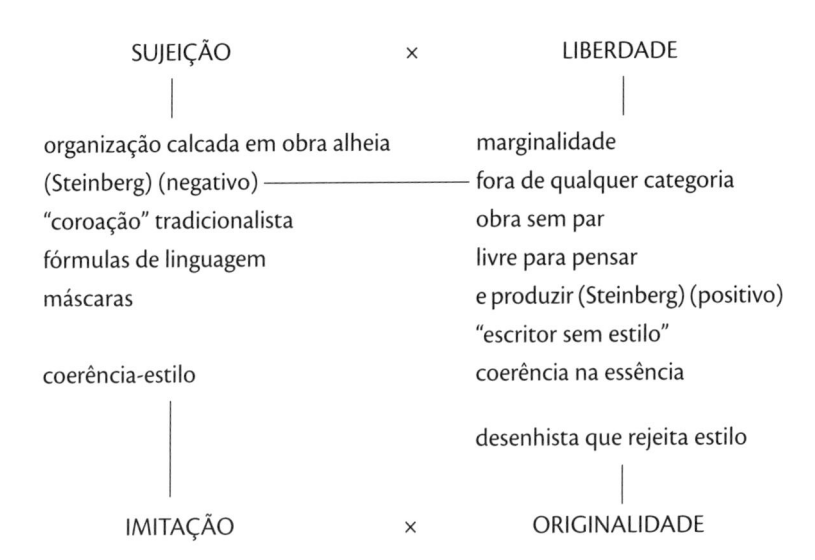

SUJEIÇÃO	×	LIBERDADE
organização calcada em obra alheia (Steinberg) (negativo) ——————— "coroação" tradicionalista fórmulas de linguagem máscaras		marginalidade —— fora de qualquer categoria obra sem par livre para pensar e produzir (Steinberg) (positivo) "escritor sem estilo"
coerência-estilo		coerência na essência
		desenhista que rejeita estilo
IMITAÇÃO	×	ORIGINALIDADE

O movimento argumentativo do texto é, em escala maior, o do MAS_{PA}, operador argumentativo por excelência, no dizer de Ducrot. Todo o primeiro parágrafo pode ser considerado o elemento **p**, que poderia levar o leitor a concluir pela má qualidade do livro de Millôr. A autora do texto reconhece a validade dos argumentos contidos em **p**, mas acrescenta, por meio de **q** (2º parágrafo), argumentos mais fortes no sentido da conclusão inversa: a boa qualidade da obra. O terceiro parágrafo confirma a regra de que

$$p \; MAS_{PA} \; q \longrightarrow \neg R$$

isto é, que, no final, deve prevalecer a conclusão contrária àquela a que se poderia ser levado pelos argumentos contidos em **p**, já que os argumentos apresentados em **q** para R são mais fortes que os de **p** para ¬R, sendo reforçados, ainda, pela própria "liberalidade" (concessão) da aceitação de **p**: o procedimento **retórico** de se admitir os argumentos do opositor tornam mais sólida a nossa própria argumentação no sentido oposto.

4. EXEMPLIFICAÇÃO: ANÁLISE DO TEXTO "OPINIÃO CARIOCA"

Opinião Carioca

(De *José Medeiros*, da **Sport Press**, exclusivo
para **A Gazeta Esportiva**, 17 set. 81)

I — Zico realizou uma grande exibição, fez dois gols e comandou o Flamengo na vitória (fácil) sobre o Boca Juniors. Isto equivale a dizer que venceu com sobras o duelo com Diego Maradona. Mas não seria equilibrado que, com base nestes fatos, se desse um veredicto final: Zico é melhor que Maradona. O que se deve dizer, efetivamente, é que Zico é um jogador formado, maduro, experiente e em grande fase. Ao contrário de Maradona, que, com 21 anos, é um jovem em formação, sem ter ainda explorado e desenvolvido todo o seu potencial. Onde pode chegar é difícil prever-se, mas pode, quando tiver a idade e a experiência de Zico, estar até em um nível superior ao do jogador do Flamengo, que, com 28 anos, pode manter-se onde está por muito tempo, mas dificilmente terá algo novo a acrescentar ao seu ótimo repertório.

II — No julgamento das atuações de Zico e Maradona, anteontem, deve-se considerar algumas diferenças fundamentais nas condições de jogo de cada um. Zico tinha ao seu lado a imensa torcida, que o motiva, e uma equipe de jogadores de grande categoria, entrosada, jogando quase por música, com pelo menos uma dúzia de jogadas ensaiadas. Maradona, ao contrário, foi prejudicado pela mediocridade quase geral do time do Boca Juniors. Alguns torcedores saíram convencidos de que sem Maradona, Perotti e Ruggeri, este time do Boca Juniors teria que disputar a segunda divisão do Rio, com o Friburguense e o Niterói. Enquanto Zico recebia boas bolas e tinha sempre um companheiro bem colocado para recebê-las de volta, Maradona não conseguia trocar mais de dois passes com qualquer companheiro. E desta forma não poderia mesmo mostrar todo o seu futebol.

III — Mas em algumas poucas intervenções, quando conseguiu livrar-se da implacável marcação de Andrade, Maradona, em simples toques de bola, mostrou sua inteligência e sua habilidade. Não mostrou, no entanto, nada que justificasse o cartaz que tem, porque seu cartaz é de fato muito maior que seu futebol, ainda em desenvolvimento. O que ocorre é que Maradona é para os torcedores brasileiros um jogador de *videoteipe*. Eu explico: o que se vê de Maradona, no Brasil, são lances extraídos de uma partida, em que ele normalmente produz grandes jogadas. O julgamento de Maradona, acima de qualquer suspeita, seria feito pela observação de seu comportamento em vários jogos, durante os 90 minutos. O cartaz de Maradona, no Brasil, é exagerado. É produto de um expediente muito utilizado por empresários nem sempre honestos, que costumam vender jogadores para o exterior exibindo gols ou boas jogadas selecionadas em vários jogos. Isto significa a venda de um produto pela exibição de suas qualidades, sem a chance de o freguês ver os seus defeitos.

1. Recursos argumentativos do nível fundamental — retórica integrada

1.1 Tempos verbais

§ 1 — Predominância dos tempos do comentário (Grupo I)

Exceções:

a) **1º período** — todos os verbos no **perfeito do indicativo**: **realizou** e **comandou**. Pode-se dizer que se trata de um relato rápido que irá dar origem ao comentário, ou seja, de uma retrospectiva em relação ao tempo zero do comentário — (presente do indicativo).

b) **venceu** — também **perfeito** com valor retrospectivo.

c) **seria** — metáfora temporal de validez limitada (futuro do pretérito). Já vimos que, de acordo com Ducrot (1980), pode ser considerado como um fenômeno de polifonia, em que se incorpora ao enunciado algo que se pode atribuir a um locutor real ou virtual, a um conjunto de enunciadores, ou mesmo à "vox populi".

§ 2 — Embora introduzido por um tempo comentador — **deve-se considerar** — apresenta predominância dos tempos do Grupo II, isto é, do mundo narrado. Trata-se, com efeito, de um relato sumário do que aconteceu no decorrer da partida. O que chama a atenção é o fato de a maioria dos verbos virem no **imperfeito do indicativo**, tempo que, segundo Weinrich, marca o **segundo plano** da narrativa. Na verdade, a impressão que se tem é que o locutor tenta, através deles, mostrar o panorama geral do jogo, servindo de pano de fundo a alguns destaques que faz com relação à partida como um todo e, no parágrafo seguinte, à atuação individual de Maradona. Se não, vejamos:

a) [...] Zico *tinha* ao seu lado a imensa torcida...

b) Enquanto Zico *recebia* boas bolas e *tinha* sempre um companheiro bem colocado, Maradona não *conseguia* trocar mais de dois passes com qualquer companheiro.

c) [...] Maradona, ao contrário, *foi* prejudicado pela mediocridade...

d) Alguns torcedores *saíram* convencidos de que...

c) e d) são destaques que encerram uma opinião do locutor.

Há, ainda, outras formas verbais a serem explicadas:

e) Zico tinha ao seu lado a imensa torcida, que o *motiva*...

O **presente do indicativo**, tempo fundamental do comentário, empregado dentro do relato, leva a este, na opinião de Weinrich, algo da validade, do compromisso comum ao mundo comentado. Seria, portanto, uma metáfora temporal, já que a quebra da concordância dos tempos verbais ocorre dentro do mesmo período. O que é de estranhar é o fato de ser justamente o verbo da oração adjetiva o que se encontra no presente. Se ambos os verbos estivessem no presente, ter-se-ia o presente narrativo, definido por Weinrich como metáfora temporal que insiste sobre a validade dos fatos narrados, isto é, destina-se a acentuar a realidade do relato. Do modo, porém, como o período está construído, a explicação de Weinrich não parece adequada. Há duas hipóteses que poderiam justificar o emprego do presente na adjetiva:

i) reintroduzir a noção de aspecto — contra a qual se insurge Weinrich — afirmando tratar-se de **ação habitual**, tanto que se pode subentender o advérbio **sempre**: que **sempre** o motiva (que costuma motivá-lo);

ii) postular (para evitar o recurso ao aspecto) que se trata de uma **oração acessória**: "complexidade de matéria", na terminologia da lógica de Port Royal — cuja interpretação seria: torcida **que tem o poder**

de motivá-lo, explicação que nos parece mais coerente com a linha que vimos adotando.

f) Alguns torcedores **saíram** convencidos de que... esse time do Boca Juniors **teria que disputar**...

As duas formas verbais existentes no período pertencem ao Grupo II (mundo narrado), portanto a concordância foi observada. Embora este período não constitua propriamente parte do relato daquilo que os dois jogadores fizeram em campo, o enunciador incorporou ao relato a opinião provável dos torcedores que assistiram à peleja ao saírem do estádio, o que justifica o uso dos tempos do mundo narrado.

g) E desta forma não **poderia** mesmo mostrar todo o seu futebol.

Aqui surge novamente o futuro do pretérito, fechando o segundo parágrafo que, como vimos, foi introduzido por um **tempo comentador**, após o qual se passou ao relato. Seria de se esperar, pois, um tempo do mundo comentado, já que se emite uma opinião. Tem-se, assim, uma metáfora temporal, limitando a validade do comentário; ou, então, a atribuição desse comentário a um outro interlocutor (possivelmente os torcedores), atenuando a força da asserção da qual o locutor não se apresenta como o único responsável.

§ 3 — Nos dois primeiros períodos, encontram-se três ocorrências do **perfeito** (conseguiu), **mostrou; mostrou — justificasse** (imperfeito do subjuntivo, semitempo dependente de **mostrou**), ressaltando, como já se disse, a atuação individual de Maradona.

Já no segundo período, porém, ocorre um **presente** (é) e, a partir daí, somente aparecem os tempos do comentário, o que se justifica por ser esta, justamente, a parte em que o locutor apresenta suas opiniões com relação aos fatos anteriormente levantados.

A ocorrência do presente no segundo período, quebrando a concordância dos tempos verbais, explica-se por se tratar de um novo ato de enunciação, apresentado como justificativa dos fatos relatados na primeira parte do período.

Exceção: **seria feito** = deveria ser feito. Limita a validade da asserção (deveria, mas não é).

1.2. Advérbios atitudinais

§ 1 a) **efetivamente** = com certeza, sem receio de errar.

1.3 Índices de avaliação

§ 1 a) ...grande exibição...

   b) ...venceu com sobras o duelo

   c) ...não seria equilibrado que...

   d) ...seu **ótimo** repertório.

§ 2 a) ...a **imensa** torcida...

   b) ...uma equipe de jogadores **de grande categoria jogando quase por música...**

§ 3 a) ...seu cartaz é muito maior que seu futebol...

   b) ...acima de qualquer suspeita...

   c) O cartaz... é exagerado.

1.4. Indicadores ilocucionários e modais

(verbos, expressões, advérbios, torneios sintáticos etc.):

§ 1 a) Isto equivale a dizer que...

Introduz uma asserção derivada, destinada a esclarecer melhor, a desenvolver o ato de asserção anterior. Essas expressões possuem uma função geral de **ajustamento, de precisão do sentido** do enunciado que interpretam, sendo as interpretações por eles introduzidas sujeitas ao **destacamento do sentido** (*détachement du sens*), na acepção de Cornulier (1980),[1] manifestando expressamente uma intenção semântica.

b) **O que se deve dizer**, efetivamente, **é que...**

Novo ato de asserção derivada, que diz respeito não apenas ao que foi dito anteriormente, mas ao **próprio dizer**.

deve — modalidade **deôntica**

---

1. Cornulier, Benoit de. Le détachement du sens. In: *Communications*, Paris: Ed. du Seuil, n. 32, 1980.

c) Onde **pode** chegar... é difícil prever-se...
pode — modalidade do possível (=
ter possibilidade); **é difícil** — orientação no sentido do impossível.

d) mas **pode**... estar — modalidade do
possível.

e) **pode** manter-se = modalidade do
possível.

f) ...**dificilmente** terá algo novo = orientação no sentido do impossível.

§ 2 a) não poderia mesmo mostrar =
orientação no sentido do impossível.

modalidades
aléticas oposição
entre *possível* e
impossível

b) **deve-se** considerar = modalidade deôntica (= tem-se o
dever de...).

§ 3 a) seu cartaz é **de fato** muito maior que seu futebol... de fato
= realmente = modalidade da certeza (eixo epistêmico): asserção reforçada.

b) **Eu explico** — verbo explicar usado com valor de performativo explícito, com função semelhante à da expressão: **isto equivale a
dizer que**..., analisada em § 1 a.

c) **O julgamento**... **seria feito**... = deveria ser feito — modalidade
deôntica, atenuada pelo emprego do condicional (futuro do pretérito).

d) **Isto significa**: ver acima — § 1 a e § 3 b.

1.5 Pressuposições

§ 1: a)   pp.   Maradona tem um grande potencial a ser explorado e desenvolvido

p.   ...é um jovem em formação, sem ter ainda explorado e desenvolvido todo o seu potencial

b)   pp.   Maradona não tem a idade e a experiência de Zico

p.   ...quando tiver a idade e a experiência de Zico

c)   pp.   O repertório de Zico é ótimo

p.   ...dificilmente terá algo a acrescentar ao seu ótimo
repertório

§ 2:   pp. há uma imensa torcida que motiva Zico (existencial)

         p. Zico tinha ao seu lado a imensa torcida, que o motiva

§ 3: a) pp. a marcação de Andrade foi implacável

pp. p. em algumas intervenções, Maradona conseguiu livrar-se da marcação de Andrade.

         p. ...em algumas intervenções, quando Maradona conseguiu livrar-se da implacável marcação de Andrade...

b) pp. Maradona tem inteligência e habilidade

      p. Maradona, em simples toques de bola, mostrou sua inteligência e habilidade

c) pp. Maradona tem cartaz no Brasil

pp. p. o cartaz de Maradona no Brasil é exagerado

      p. ... nada justifica o cartaz que tem, porque seu cartaz é de fato muito maior que o seu futebol... (3, 4)

d) pp. Maradona tem cartaz no Brasil

      p. O cartaz de Maradona no Brasil é exagerado

e) pp. Há empresários desonestos (existencial)

      pp. Esses empresários costumam utilizar expedientes desonestos para vender jogadores para o exterior.

      p. É produto de um expediente muito utilizado por empresários nem sempre honestos que costumam...

f) pp. O freguês não tem chance de ver os seus defeitos.

      p. Isto significa a venda de um produto pela exibição de suas qualidades, sem a chance de o freguês ver os seus defeitos.

Note-se que é possível ler todo o texto com base apenas nos pressupostos.

1.6 Operadores discursivos

§ 1   a)   **e** — operador de conjunção

b)   **mas** — MAS$_{PA}$

X: Isto equivale a dizer que venceu com sobras o duelo com Diego Maradona.

mas Y: não seria equilibrado que, com base nestes fatos, se desse um veredito final: Zico é melhor que Maradona.

p   (Zico venceu com sobras o duelo) ⌐⌐ R: Zico é melhor.

q   (só estes fatos não bastam) ⌐⌐ ¬R: não seria equilibrado dar um veredito final.

Note-se que **q** não se opõe diretamente a **p**. O **mas**, no caso, estabelece oposição entre dois atos de asserção: o primeiro, em que se afirma que "Zico venceu com sobras o duelo" e que poderia levar à conclusão de que "Zico é melhor que Maradona"; o segundo, em que se põe em dúvida essa asserção, com base na insuficiência de dados para se dar um veredito final. O locutor, de certo modo, admite a possibilidade de se argumentar a favor da conclusão R por meio do argumento **p**; no entanto, embora não se oponha a essa conclusão, introduz o argumento **q**, por meio do qual declara que seria precipitado tirar de **p** a conclusão R, dado que os fatos em que **q** se baseia são insuficientes, o que tentará comprovar daí por diante, tanto no final do primeiro parágrafo, como também no segundo e em parte do terceiro.

O movimento argumentativo seria algo como:

p, você poderia ser levado a concluir R, mas **não seja precipitado**, porque **q** (série de argumentos que deixam em suspenso a conclusão R). O elemento **q**, portanto, se opõe, não ao argumento **p** e à conclusão R, em si mesmos, mas à **pressa**, à **precipitação** do interlocutor em tirar essa conclusão.[2] Teríamos:

p mas **q** ——— ainda não R.

---

2. Ducrot mostra que o *mas* pode exprimir um movimento psicológico de oposição entre crenças, opiniões, emoções, desejos, decisões etc., quando estes se orientam em sentidos contrários (*Analyses pragmatiques*. In: *Communications*, n. 32, p. 11-60, 1980),

c) **melhor que** — operador de comparação (comparativo de superioridade), em que se argumenta a favor do termo comparado A em detrimento do termo comparante B, embora B seja mantido; isto é, para valorizar A, que é o tema, o locutor tem interesse de manter certa importância para B, que serve de instrumento para o elogio de A. Esta estrutura comparativa é parafraseável por um MAS_{PA}.

d) **ao contrário de** — operador que estabelece oposição entre dois termos, por meio de um confronto.

e) **mas** — MAS_{PA} X: Onde pode chegar é difícil prever-se mas Y: pode, quando tiver a idade e a experiência de Zico, estar até em nível superior...

> p   (é difícil prever-se) —3 R: não se deve tentar nenhuma previsão
> q   (pode... estar em um nível superior) —3 ¬R: é possível imaginar que...
> p   mas q —3 ¬R: levantamento da possibilidade (previsão) de que Maradona venha a superar Zico.

O argumento **p** aponta para a conclusão de que não se pode fazer qualquer previsão quanto ao futuro de Maradona; embora mantendo, de certo modo, esse argumento, o locutor introduz outro que vai em direção oposta: a possibilidade de se imaginar que, quando Maradona tiver a idade e a experiência de Zico, ele venha a superá-lo. A oposição não se estabelece no nível de conteúdos, mas no nível dos atos ilocucionários e das modalidades lógicas: em **p** o **ato de prever** é considerado (quase) impossível (**p** é orientado no sentido do impossível), ao passo que, em **q**, aventa-se a possibilidade de uma previsão.

O conjunto **p mas q** orienta-se, assim, para a modalidade do possível, o que é, inclusive, justificado pela introdução da outra oposição (ver o item seguinte).

f) **mas** (8) — MAS_{PA}

X: [...] do jogador do Flamengo, que com 28 anos, pode manter-se onde está por muito tempo.

mas Y: dificilmente terá algo novo a acrescentar ao seu ótimo repertório.

> p   (pode manter-se... por muito tempo) —3 R não será superado.
> q   (dificilmente terá algo novo a acrescentar...) —3 ¬R: poderá ser superado.

Aqui, o jogo adversativo que se estabelece é exatamente o oposto do anterior: em **p**, coloca-se a possibilidade, enquanto em **q** se introduz uma orientação no sentido da impossibilidade: quase impossível. O conjunto **p mas q** orienta-se no sentido da impossibilidade de o jogador manter-se sempre no mesmo nível ou mesmo de superá-lo, portanto, no sentido de ¬R (a maior probabilidade de que venha a ser superado), o que vem, exatamente, justificar a previsão anteriormente feita. Essa previsão, porém, acaba sendo anulada pelo superlativo **ótimo**.

g) **até** — operador de discurso que introduz o argumento mais forte no sentido de uma conclusão R.

Em T1, Maradona poderá atingir um nível x

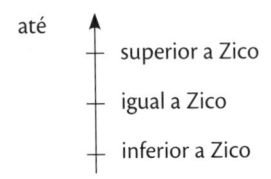

$$até \quad \begin{cases} \text{superior a Zico} \\ \text{igual a Zico} \\ \text{inferior a Zico} \end{cases}$$

§ 2 a) **quase** — operador que introduz um argumento, geralmente forte, numa escala orientada para o sentido do pleno (universal afirmativo);

b) **pelo menos** — marca o argumento situado na zona inferior de uma escala orientada para certa conclusão, ou seja, o mínimo que se pode dizer para que o enunciado se oriente para a conclusão desejada;

c) **ao contrário** — marcador de oposição entre o conteúdo de dois enunciados: o primeiro referente a Zico e o segundo a Maradona;

d) **quase** — cf. item **a** deste § 2°;

e) **enquanto** — marcador de confronto (= ao passo que);

f) **desta forma** = portanto;

g) **mesmo** — operador que marca o argumento mais forte de uma escala no sentido de uma conclusão R, no caso, orientada no sentido da negação (não poderia de jeito nenhum).

§ 3 a) **mas** — MAS$_{PA}$

X: todo o segundo parágrafo, especialmente o enunciado final.

mas Y: em algumas intervenções... mostrou sua inteligência e sua habilidade.

p (houve diferenças fundamentais nas condições de jogo de cada um). —3 R: Maradona não poderia mostrar todo o seu futebol.

q (houve alguns momentos em que mostrou sua inteligência e sua habilidade) —3 R: mostrou algo do seu futebol.

p mas q —3 R: conseguiu mostrar um pouco do seu futebol (apesar das condições que lhe foram inteiramente adversas).

b) no entanto = MAS_{PA}. Novo jogo adversativo:

X [...] em algumas poucas intervenções... mostrou sua inteligência e sua habilidade.

mas Y: não mostrou nada que justificasse o cartaz que tem.

p = (q do item anterior) —3 R: mostrou algo de seu futebol.

q (não mostrou nada de extraordinário) —3 ¬R não justificou o cartaz que possui.

p mas q —3 ¬R não justificou o cartaz que tem.

c) **porque** — operador de coordenação, que introduz um ato de justificativa do enunciado anterior (= já que).

d) (muito) **maior que** — operador de comparação (comparativo de superioridade), intensificado por muito, em que se toma o termo comparado como tema, de modo a desvalorizar o termo comparante (cf. item **c** do § 1).

e) **ainda** — marcador temporal de excesso.

f) **nem sempre** — operador que marca a frequência da negação da qualidade expressa no enunciado (muitas vezes desonesto).

g) **ou** — operador de disjunção inclusiva (e/ou)

h) **sem** — no caso, introduz justificativa em relação ao conteúdo da asserção anterior, indicando a exclusão de um fato que poderia constituir um argumento contrário.

2. Recursos retóricos de 2º nível — retórica aplicada

2.1 Seleção lexical

2.1.1. Oposições

§ 2 a) equipe de jogadores de grande categoria × mediocridade quase geral do time do Boca Juniors.

§ 3 a) mostrou × não mostrou.

b) **exibição** de suas **qualidades** × **ocultamento** de seus **defeitos**.

2.1.2 Termos ou expressões semanticamente relacionadas e/ou portadores de implícitos.

a) duelo.

b) ótimo **repertório**/jogando quase **por música**/jogadas **ensaiadas**.

c) veredito final/julgamento.

d) jogador de videoteipe.

e) empresários/venda de um produto/freguês.

2.1.3 Elementos, expressões ou orações intercaladas ou acessórias, contendo explicitações, ideias ou argumentos cuja importância o locutor deseja ressaltar (introduzidas por sinais gráficos como vírgulas, dois pontos, parênteses, travessões etc.).

§ 1 a) (fácil).

b) [...], **com bases nestes fatos,** ...

c) veredito final: **Zico é melhor que Maradona**

d) [...], **efetivamente,** ...

e) [...] que, **com 21 anos,** é...

f) [...] pode, **quando tiver a idade e a experiência de Zico,** [...]

g) [...] que, **com 28 anos,** pode...

§ 2 a) [...] a imensa torcida, **que o motiva**...

b) de grande categoria, **entrosada, jogando quase por música** [...]

§ 3 a) Mas, **em algumas poucas intervenções,** ...

b) [...], **quando conseguiu livrar-se da implacável marcação de Andrade,** ...

c) Maradona, **em simples toques de bola,** ...

2.3 **Litotes**

[...] empresários nem sempre honestos...

2.4 **Construções enfáticas**

§ 1 O que se deve dizer [...] **é que Zico**...

§ 3 a) O que ocorre **é que Maradona**...

b) [...] seu cartaz é **de fato** muito maior que seu futebol.

2.5 **Narrativa** rápida, como um *flash* que irá servir de ponto de partida para o comentário: Zico realizou uma grande exibição, fez dois gols e comandou o Flamengo na vitória (fácil) sobre o Boca Juniors (§ 1).

2.6 Paralelos e comparações

A semelhança do Texto 3, este é também montado basicamente sobre paralelos (confrontos) entre dois jogadores. Além daqueles que são linguisticamente marcados no texto (estruturas comparativas típicas e estruturas adversativas que, como foi ressaltado por Vogt[3] (1977 e 1980), equivalem também a uma comparação entre argumentos orientados em direções opostas), há também os que são feitos sem uso de marcas linguísticas específicas. Temos, pois:

2.6.1.

§ 1 confronto entre as características individuais de cada jogador:

ZICO	×	MARADONA
28 anos		21 anos
jogador formado, maduro, experiente, em grande fase		jovem, em formação, sem ter ainda explorado e desenvolvido todo o seu potencial.

§ 2 confronto entre as atuações de ambos, relacionadas às condições do jogo:

ZICO	×	MARADONA
imensa torcida que o motiva equipe de grande categoria, bem entrosada, com jogadas ensaiadas		prejudicado pela mediocridade da equipe
recebia muitas bolas e tinha sempre um companheiro bem colocado para recebê-la		não conseguia trocar mais de dois passes com qualquer companheiro

---

3. Vogt, C. O intervalo semântico, *de magis* a *mas*: uma hipótese semântica. In: *Linguagem, Pragmática e Ideologia* (1980), já citados anteriormente.

§ 3 confronto entre as reais qualidades futebolísticas de Maradona e o cartaz que tem no Brasil.

Note-se que a separação entre os três parágrafos é feita pelo uso de **algarismos romanos**, para acentuar os três momentos da argumentação.

2.6.2 **Comparações linguisticamente marcadas:**
§ 1 a) **Zico é melhor que Maradona.**
b) ...pode... estar até em um nível superior ao jogador **do Flamengo.**
§ 3 **seu cartaz é maior que o seu futebol.**

Conclusão: o movimento do texto poderia ser resumido obedecendo à própria divisão dos parágrafos:

1) [ZICO]   o que fez no jogo (relato) veredito possível: melhor que Maradona o que se pode afirmar com relação a Zico (em oposição ao que ainda não se pode afirmar com relação a Maradona)

2) [ZICO] × [MARADONA]   dentro do campo, integrados em suas respectivas equipes.

3) [MARADONA]   o que fez no jogo, o que não fez, levando à conclusão de que o cartaz que possui no Brasil é exagerado.

O jogador é mostrado, ainda, como produto a ser vendido, que necessita de publicidade para atrair (e, às vezes, enganar) os possíveis fregueses.

A questão, porém, permanece em aberto: Quem é melhor, Zico ou Maradona? O locutor, em nenhum momento, dá o veredito final a que se referiu no início, dizendo ser prematuro e tentando mostrar-se imparcial. No entanto, por tudo o que foi dito (e "não dito") no decorrer do texto, a impressão que fica é que ele aponta para a conclusão antecipada no início e posta de lado como apressada (**"não seria**

equilibrado dizer que...").[4] Ora, esse equilíbrio e consequente desequilíbrio dos pratos da balança é conseguido no restante do texto. E, afinal, embora nada seja dito explicitamente a esse respeito, o leitor percebe que o prato que apresenta maior peso é o de Zico, sentindo, ao mesmo tempo, como que um esvaziamento do prato de Maradona...

4. Vogt, C., op. cit.

5. EXEMPLIFICAÇÃO: ANÁLISE DO TEXTO: "A PRIORIDADE DO ENSINO FUNDAMENTAL"

A prioridade do ensino fundamental

A agitação estéril no meio estudantil, programada sistematicamente para o início dos períodos letivos (ano ou semestre) — e que visa à chamada "conscientização" dos novos estudantes, isto é, a sua submissão às "lideranças" comprometidas com forças políticas alheias à vida universitária ou com vagas ideias sociais, ao mesmo tempo que divorciadas das realidades da educação nacional —, está-se caracterizando, no momento, por uma série de reivindicações, algumas descabidas, outras absurdas, que já tivemos oportunidade de comentar e às quais não é necessário voltar. Convém, entretanto, notar que pretendendo apresentar-se como legítimos representantes dos interesses do povo brasileiro (naturalmente sem que este lhes tenha dado qualquer delegação) os promotores da agitação revelando a inconsciência que caracteriza o seu programa de "conscientização", agem como se no país só existisse o ensino superior. Seu *slogan* — pelo menos para a conquista dos "calouros" — poderia ser: "Tudo para o estudante universitário; se sobrar alguma coisa que se cuide do resto".

Ora, todos estamos cansados de saber que o problema fundamental da educação brasileira não se situa a nível da universidade, mas, sim, do ensino de 1º e 2º graus. Ainda recentemente, o Ministério da Educação e Cultura alertava para a necessidade indeclinável de atendimento do pré-escolar e de cerca de sete milhões de crianças, já em idade escolar, que ainda não recebem os benefícios da educação. Sabemos todos, também, que a grande maioria das unidades da Federação, às quais caberia, teoricamente, manter sistemas de ensino que assegurassem a todos, pelo menos, a educação completa e gratuita de 1º grau não têm condições mínimas para fazê-lo. Dessa forma, a União, que deveria atuar supletivamente no atendimento das deficiências dos sistemas estaduais, deve assumir uma responsabilidade imensa, já que poucas são as unidades federadas — como é o caso de São Paulo — capazes de cumprir razoavelmente o seu dever pedagógico. E como pode fazê-lo a União se 60% das disponibilidades globais do MEC já estão comprometidas com o ensino superior?

Independentemente de quaisquer reivindicações — que na melhor das hipóteses seriam fruto da leviandade ou da ignorância da nossa realidade — o

MEC é obrigado, prioritariamente, até mesmo por dever constitucional (e esse dever vem desde a Constituição de 1934), a enfrentar, e a resolver, os problemas da educação de 1º grau e, em seguida, os relativos ao 2º grau. Já há, por conseguinte, uma seriíssima distorção no emprego dos fundos públicos na educação, ao destinarem-se 60% deles ao ensino superior. Quando se exige que 12% da receita de impostos da União seja destinada ao ensino (com o que concordamos plenamente), deve lembrar-se que era isso o que dispunha o art. 92 da antiga Lei de Diretrizes e Bases da Educação Nacional (Lei n. 4.024, de 20 de dezembro de 1961), estipulando, porém, a divisão rigorosamente equitativa dos recursos entre os três níveis do ensino, conforme a disposição do § 1º do mesmo artigo, o que não é, certamente o que reivindicam os nossos "conscientizados" agitadores estudantis.

É indispensável que se tenha em vista — e não nos estamos dirigindo a "líderes conscientizados", mas a pessoas, estudantes universitários ou não de consciência — que, se o ensino superior se dirige à formação de *élites* intelectuais e profissionais (e que bela *élite* se vai formando na maioria de nossas deficientes instituições de ensino superior!), o ensino fundamental tem um objetivo muito mais genérico, pois cabe a ele a formação do homem e do cidadão. Não é *direito* adquirido de ninguém o integrar-se nessa *élite*, mas certamente é um *dever* inegociável da sociedade e do Estado oferecer a todos a oportunidade, no mínimo, de converter-se em homem e cidadão. Isto é, o dever do Estado é a contraparte do direito de todos à educação fundamental.

Não há qualquer novidade nisso que dizemos e frequentemente reafirmam as autoridades a absoluta prioridade da educação fundamental. A questão, contudo, não é dizê-lo ou reafirmá-lo, mas atuar de forma que essa prioridade saia do plano retórico para o dos fatos. Ao que parece, o atual ministro da Educação parece estar disposto a ir além da retórica, começando por não dar atenção ao que é exigência descabida. Afinal, estamos mais do que na hora de atender às necessidades daqueles que nem têm condições de reclamar — como os sete milhões de crianças sem escolas — em lugar de discutir ultimatos dos que, na sociedade brasileira, já são privilegiados que fazem parte da elite — e, frequentemente, sem quaisquer méritos próprios. (*O Estado de S. Paulo*, 22/3/1981)

1. **ARCABOUÇO LÓGICO** — Raciocínio dedutivo.

   a) **PROPOSIÇÃO** — generalização: colocação do problema — 1º parágrafo — linhas 1 a 17.

b) **DESENVOLVIMENTO**
1º argumento — introduzido no 1º §, à linha 19; sequência — 2º §.
2º argumento — 3º §
3º argumento — 4º §
c) **CONCLUSÃO** — 5º § — a favor da tese, dada como comprovada.

ANÁLISE DAS PARTES

§ 1º — a) **Proposição** — A agitação estéril no meio estudantil, programada sistematicamente para o início dos períodos letivos... está-se caracterizando, no momento, por uma série de reivindicações, algumas descabidas, outras absurdas... às quais não é necessário voltar.

b) **Ressalva** a **não é necessário voltar**, que introduz o primeiro argumento, marcando o início do desenvolvimento: Convém, entretanto, notar que... os promotores da agitação agem como se no país só existisse o ensino superior.

§ 2º — **Desenvolve o primeiro argumento**, apresentando um contra-argumento à posição dos estudantes. Ora, todos estamos cansados de saber que o problema fundamental da educação brasileira não se situa a nível de universidade, mas sim, do ensino de 1º e 2º graus. Invoca fatos para comprovar essa afirmação:

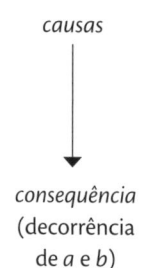

causas

a) há 7 milhões de crianças, já em idade escolar, que ainda não recebem os benefícios da educação;
b) a grande maioria das Unidades da Federação não têm condições mínimas para assegurar à todos a educação completa e gratuita de 1º grau.

consequência (decorrência de *a* e *b*)

: A União deve assumir uma responsabilidade imensa.

Conclusão do 1º argumento: (mas) a União não pode fazê-lo porque 60% das disponibilidades globais do MEC já estão comprometidas com o ensino superior (se... então — implicação lógica).

§ 3º — **2º argumento**, que retoma a proposição inicial: As reivindicações são absurdas e descabidas porque:

fatos

a) O MEC, por dever constitucional, deve enfrentar e resolver prioritariamente os problemas do ensino de 1º e 2º graus (causa); portanto há uma seriíssima distorção no emprego dos fundos públicos na educação (consequência).

b) Já a antiga Lei de Diretrizes de Bases (1961) destinava 12% das receitas da União ao ensino... *porém* estipulava a divisão rigorosamente eqüitativa dos recursos entre os três níveis. (Se é verdade que a Lei de Diretrizes e Bases destinava... ela estipulava a divisão eqüitativa.)

Conclusão do 2º argumento: (mas) não é isso o que reivindicam os estudantes (portanto, suas reivindicações são descabidas).

§ 4º — **3º argumento**

Enquanto o ensino superior se dirige à formação de elites, o ensino fundamental tem um objetivo muito mais genérico: a formação do homem e do cidadão. Esse dever:

a) é um dever inegociável da sociedade e do Estado;

b) é contraparte do direito de todos à educação fundamental (ao passo que não há o direito de integrar-se na elite).

§ 5º — Não há qualquer novidade... as autoridades frequentemente reafirmam a absoluta prioridade do ensino fundamental (reforço dos argumentos apresentados).

Ressalva:

Contudo, a questão não é dizê-lo ou reafirmá-lo, mas **atuar** de forma que essa prioridade saia do plano retórico para o dos fatos.

Ora, parece que o ministro da Educação está disposto a ir além da retórica, **começando por não dar atenção ao que é exigência descabida**.

Conclusão (E ele está certo porque):

Afinal, estamos mais do que na hora de atender às necessidades daqueles que nem têm condições de reclamar em lugar de discutir ultimatos dos que... já são privilegiados (e cujas reivindicações são, portanto, absurdas e descabidas).

2. Análise da argumentação

Trata-se de uma argumentação por autoridade, de acordo com a classificação apresentada por Ducrot (1980d). Elementos como "todos sabem que...", "todos estamos cansados de saber...", "Não há qualquer novidade nisso que dizemos", intercalados na exposição de um argumento, permitem concluir a partir deste, sem haver necessidade de demonstrar sua veracidade, já que não é o próprio locutor que os enuncia, mas faz enunciá-los por todos.

2.1 Recursos argumentativos de nível fundamental — retórica integrada.

2.1.1 Tempos verbais — Predominância do mundo comentado.

§ 1º — Tempos do comentário — Grupo I.

Exceção: seu *slogan* **poderia** ser (metáfora temporal — o locutor atribui a responsabilidade do *slogan* aos estudantes — $E_1 \neq E_2$)

§ 2º — Predomina o comentário — Grupo I.

Exceções: a) 2º período: Ainda recentemente o MEC **alertava**
imperfeito

para a necessidade indeclinável de atendimento do pré-escolar e de cerca de sete milhões de crianças, já em idade escolar, que ainda não **recebem** os benefícios da educação.

presente

Aqui temos o desrespeito à concordância dos tempos verbais dentro do período: poderia ser entendido como relato (alertava: Grupo II), mas como explicar o presente (recebem)? Parece tratar-se de uma metáfora temporal — o presente reforçando a validade do relato.

b) emprego do futuro do pretérito (Grupo II), como metáfora temporal de validez limitada:

...às quais **caberia** teoricamente...

...que **deveria** atuar supletivamente...

§ 3º — Predominância do comentário.

Exceções:

a) emprego metafórico do futuro do pretérito (valor hipotético).

...que, na melhor das hipóteses, **seriam** fruto...

b) ...**deve-se** lembrar que **era** isso o que

      presente   imperf.

dispunha a antiga Lei de Diretrizes e Bases...

imperfeito

Aqui completiva funciona como pressuposto. Teríamos:

pp. A antiga Lei dispunha isto.

p. Deve-se lembrar que era isto o que a antiga lei dispunha...

§ 4º — Só tempos comentados (Grupo I).

§ 5º — Só tempos comentados (Grupo I).

A predominância dos tempos do Grupo I caracteriza o texto como pertencente ao mundo comentado, isto é, aquele em que o locutor expressa uma opinião com a qual se compromete.

2.1.2 Advérbios atitudinais

§ 1º — **naturalmente** sem que lhes tenha dado qualquer delegação.

§ 5º a) **Afinal**, estamos mais do que na hora de atender...

b) **frequentemente** = na maioria das vezes.

2.1.3 Índices de avaliação

Exs.: a) agitação estéril (§ 1º)

      b) reivindicações absurdas e descabidas (§ 1º)

      c) ... (e que bela **élite** se vai formando na maioria de nossas deficientes instituições de ensino superior!) (§ 4º).

2.1.4 Indicadores ilocucionários e modais

(verbos, expressões, advérbios, torneios sintáticos etc.).

§ 1º — ...que já tivemos oportunidade de comentar e às quais **não é necessário voltar.**

Convém, entretanto, notar que...
...**isto é**, a sua submissão às lideranças (quero dizer).

§ 2° — ...**todos estamos cansados de saber que**...
Sabemos todos, também, que...

MODALIDADES
DEÔNTICAS

{ ...às quais caberia, teoricamente, manter sistemas de ensino... (= que **deveriam** manter...)
...que **deveria** atuar supletivamente
...**deve** assumir uma responsabilidade imensa...

MODALIDADE
ATLÉTICA

{ E como **pode** fazê-lo a União, se... (é impossível fazê-lo)

§ 3° ... com o que concordamos plenamente — ato de concordância.
...**deve** lembrar-se que era isso... (= é preciso) — modalidade alética.
...não é, **certamente**, o que reivindicam... — modalidade epistêmica.

§ 4° **É indispensável** que se tenha em vista... — modalidade deôntica.
— e não nos estamos dirigindo a líderes conscientizados, mas a pessoas, estudantes universitários ou não, de consciência... ("graus de destinaridade" de Ducrot) (p. 155).
...mas **certamente** é um **dever** inegociável da sociedade e do Estado...
certamente — modalidade epistêmica
dever — modalidade deôntica
isto é (= explico-me), o **dever** do Estado é a contraparte...

§ 5° — **Não há qualquer novidade nisso que dizemos**...
Ao que parece, o atual ministro da Educação **parece** estar disposto a ir além da retórica... (asserção duas vezes mitigada pelo **parece**).
...**estamos mais do que na hora** de atender (é nosso dever) — modalidade deôntica.

2.4.5 **Pressuposições**

§ 1º — a) pp. "Há uma agitação estéril no meio estudantil (**pressuposto existencial básico** que será mantido em todo o texto, assegurando-lhe a coerência).

p. A agitação estéril no mundo estudantil... às quais não é necessário voltar.

b) pp. O programa de "conscientização" é caracterizada pela inconsciência.

p. ... revelando a inconsciência que caracteriza o seu programa de "conscientização", [...]

§ 2º — a) pp. O problema fundamental da educação brasileira não se situa a nível da universidade, mas, sim do ensino de 1º e 2º graus...

p. Todos estamos cansados de saber que o problema fundamental... mas, sim, do ensino de 1º e 2º graus...

b) pp. existem cerca de sete milhões de crianças, já em idade escolar, que ainda não recebem os benefícios da educação (pp. existencial).

p. Ainda recentemente, o MEC alertava para a necessidade indeclinável de atendimento...

c) pp. a grande maioria das unidades da Federação... não têm condições mínimas para fazê-lo.

p. Sabemos todos que a grande maioria das unidades da Federação... não tem condições mínimas de fazê-lo.

§ 3º — pp. 60% dos fundos públicos são destinados ao ensino superior.

p. Já há uma **seriíssima** distorção no emprego dos fundos públicos na educação ao destinarem-se 60% deles ao ensino superior.

§ 4º — a) pp. o ensino superior dirige-se à formação de **élites** intelectuais e profissionais.

p. É indispensável que se tenha em vista... que, se o ensino superior se dirige...

b) pp. existem pessoas de consciência que não são necessariamente estudantes universitários (existencial).

p. [...] mas a pessoas, estudantes universitários ou não, de consciência... (4 a 6).

§ 5° — a) pp. as exigências dos estudantes são descabidas.

p. [...] o atual ministro parece estar disposto a ir além da retórica,
começando por não dar atenção ao que é exigência descabida.

b) pp. existem aqueles que não têm condições de reclamar.

p. estamos mais do que na hora de atender às necessidades daqueles que nem têm condições de reclamar.

2.1.6 Operadores discursivos

§ 1° — a) **isto é:** — introduz sempre uma asserção derivada, que
visa a esclarecer, retificar, desenvolver, matizar uma enunciação anterior.
Possui uma função geral de ajustamento, de precisão do sentido. No
texto, introduz um esclarecimento que encerra um argumento mais
forte que o contido na asserção que o precede.

b) **entretanto:**

Equivale ao MAS_{PA}: $p \rightarrow\!\!\!3\ R$

$\qquad\qquad\quad q \rightarrow\!\!\!3\ \neg R$

$\qquad\qquad\quad p$ entretanto $q \rightarrow\!\!\!3\ \neg R$

O que se opõe, no caso, são as enunciações de **p** e de **q**.

A conclusão **R**, fundada sobre **p**, é do tipo "Eu não vou insistir",
"Eu não pretendo voltar ao assunto", conclusão que é desmentida por
q, cuja enunciação consiste justamente em uma retomada da questão.
A esta técnica, Cornulier, retomando as figuras de retórica, denomina
preterição, a qual consiste simplesmente em dizer **q** (recordá-lo) pelo
próprio fato de dizer que não se vai dizer ou que é inútil dizer que **q**.

c) **ao mesmo tempo que:** liga dois argumentos que apontam
para a mesma conclusão **R**: agitação estéril no meio estudantil.

p. forças políticas alheias à vida universitária **ou** com vagas ideias
sociais (**ou** — disjunção lógica).

p' forças políticas desviadas das realidades da educação nacional.

d) **como se**: introduz uma suposição cuja falsidade é pressuposta pelo locutor.

e) **pelo menos**: seleciona um argumento entre outros possíveis (argumento que, para os agitadores, seria o mais forte).

f) **se**: introdutor de suposição que dá origem à implicação: se sobrar... então que se cuide do resto.

§ 2º — a) **Ora**: marcador de oposição. O locutor introduz argumento contrário ao do último período do § 1º, atribuído aos estudantes.

b) **não** se situa..., **mas, sim**, do ensino de 1º e 2º graus:

É o MAS$_{SN}$, de refutação ou retificação, opondo o valor argumentativo das proposições **p** e **q**. Essa refutação é reforçada pelo sim (= ao contrário):

$$\frac{X \qquad\qquad mas\ Y}{NEG\ p' \qquad\qquad mas\ q}$$

c) **Ainda** recentemente
[...] que **ainda** não
recebem (12)
} Trata-se de um *ainda* temporal, *marcador de excesso*, isto é, que aprecia a duração como excessiva.

Note-se, inclusive, a repetição enfática (de caráter eminentemente argumentativo) do **ainda** no mesmo período.

d) **também**: liga duas enunciações de mesmo valor argumentativo, ou seja, que apontam para a mesma conclusão:

Todos estamos cansados de saber...

Sabemos todos, também, que...

e) **pelo menos**: seleciona o argumento considerado mais importante (fundamental) para a conclusão **R**: o mínimo que se pode exigir.

(escala no sentido vazio)

As unidades da federação devem assegurar a todos:		R ↑	
	p″	⊕	o ensino de 1º grau
	p′		o ensino de 1º e 2º graus
	p		o ensino de 1º, 2º e 3º graus

f) Dessa forma:

Ducrot sugere que se considerem os encadeamentos de tipo conclusivo como uma extensão da noção de autoridade polifônica. Embora nesses casos se tenha, geralmente, a impressão da existência de um só locutor, o fato de tratar-se de uma mesma identidade físico-social não impede que, enquanto locutores respectivos dos dois enunciados, se trate de dois seres diferentes, responsáveis pelas duas asserções e irredutíveis um ao outro; por outro lado, nenhum enunciado constitui expressão direta de uma proposição **p**: é a asserção de **p** que é mostrada, representada no enunciado. Assim sendo, concluir de um enunciado em que se assevera **p** a veracidade de uma proposição **q**, fundamentando-se no fato de que a verdade de **p** acarreta a de **q**, é deslizar da asserção da proposição **p** à sua veracidade, isto é, fazer como se ela fosse verdadeira pelo simples fato de ter sido asseverada, movimento este em que se funda a autoridade polifônica.

Esse movimento pode ser verificado no texto em exame:

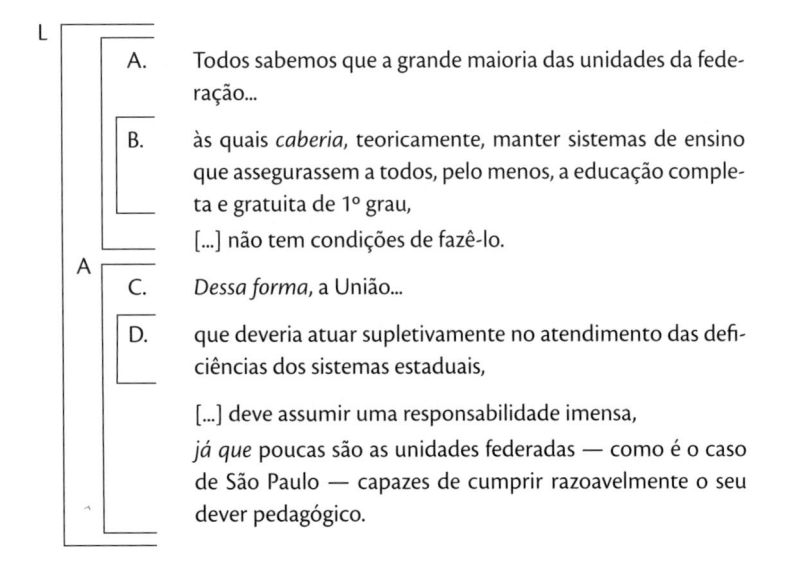

L

A. Todos sabemos que a grande maioria das unidades da federação...

B. às quais *caberia*, teoricamente, manter sistemas de ensino que assegurassem a todos, pelo menos, a educação completa e gratuita de 1º grau,

[...] não tem condições de fazê-lo.

A

C. *Dessa forma*, a União...

D. que deveria atuar supletivamente no atendimento das deficiências dos sistemas estaduais,

[...] deve assumir uma responsabilidade imensa,

já que poucas são as unidades federadas — como é o caso de São Paulo — capazes de cumprir razoavelmente o seu dever pedagógico.

O locutor A é a *vox populi* — todos. B e D, que apresentam formas condicionais (futuro do pretérito), são atribuídas a enunciadores diferentes do locutor C, que as aceita como verdadeiras pelo simples fato de terem sido asseveradas e baseia nelas as suas conclusões introduzidas pelos operadores **dessa forma** e **já que** interferindo, ainda, com a apresentação da proposição **E** como um argumento a favor de sua tese de que as reivindicações dos estudantes são absurdas e descabidas.

g) **Já que** — Introduz o enunciado E do item anterior, funcionando como operador de coordenação, responsável pelo encadeamento de um novo segmento discursivo, que consiste em um ato de justificação que retoma o enunciado A, **representando** a asserção do outro (no caso, todos).

h) E como pode... se: relação de implicação introduzida por meio de uma questão retórica:

Se 60% das disponibilidades globais do MEC já estão comprometidas ————▶ a União não pode assumir essa responsabilidade (supondo-se que é verdadeira a asserção **p**, então **q**).

§ 3º — a) **ou**-operador de disjunção (inclusiva)

b) **Até mesmo** — seleciona (introduz) o argumento mais forte da escala orientada no sentido da conclusão R: o MEC é obrigado, prioritariamente, a enfrentar, e a resolver os problemas da educação de 1º grau e, em seguida, os relativos ao 2º grau.

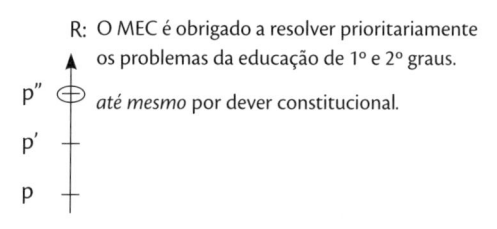

R: O MEC é obrigado a resolver prioritariamente os problemas da educação de 1º e 2º graus.

p″ ⊕ *até mesmo* por dever constitucional.

p′

p

c) **Já** — marcador de suficiência do ato de asserção:

Há uma seriíssima distorção...

Já há uma seriíssima distorção... (só isto bastaria para comprovar que..., basta dizer que...).

d) **por conseguinte** (13): letra **f** do parágrafo anterior. Encadeamento conclusivo decorrente de autoridade polifônica.

A) O MEC é obrigado...

B) **Por conseguinte**, há uma seriíssima distorção...

e) **quando**: introduz a fala de outro: os estudantes.

f) porém — equivale a

$$MAS_{PA}: \quad p \longrightarrow R$$
$$q \longrightarrow \neg R$$
$$X \text{ porém } Y \longrightarrow \neg R$$

quando

$\boxed{x}$ — Os estudantes exigem que 12% da receita... seja destinada ao ensino
concordamos plenamente com essa exigência, mesmo porque a antiga Lei de Diretrizes e Bases já dispunha isso...

porém (= MAS_{PA}) — opõe **dois atos ilocucionários: concordância** (explícito) × **discordância** (subentendido).

$\boxed{y}$ — A Lei de Diretrizes e Bases estipulava a divisão equitativa e não é isso — **certamente** (modalizador) — que reivindicam os estudantes.
(por isso não concordamos com suas exigências).

§ 4º — a) **mas** ———— MAS_{SN} (refutação, retificação)
Mas X — Não nos estamos dirigindo a "líderes conscientizados".
Mas Y — a pessoas, estudantes ou não, de consciência.
NEG p': não a "líderes conscientizados";
mas q: mas a pessoas... de consciência.

b) **ou** — operador disjuntivo (universitários ou não universitários) (inclusivo)

c) **se**: introdutor de um ato de suposição: o ensino superior se dirige à formação de elites intelectuais × o ensino fundamental tem um objetivo muito mais genérico. Tem-se dois enunciados coordenados, na acepção de Bally, em que o segundo toma o primeiro (= ato de suposição) por tema. Segundo Geraldi (1981), em casos desse tipo, a oposição entre **p** e **q** só se compreende na medida em que a segunda oração subentende a primeira.

d) **pois**: operador de coordenação, responsável pelo encadeamento de um novo enunciado apresentado como justificativa do que foi dito anteriormente.

e) **no mínimo** — operador argumentativo que seleciona o argumento mais forte para a conclusão R: oportunidades que o Estado deve oferecer ao cidadão, numa escala orientada no sentido do vazio.

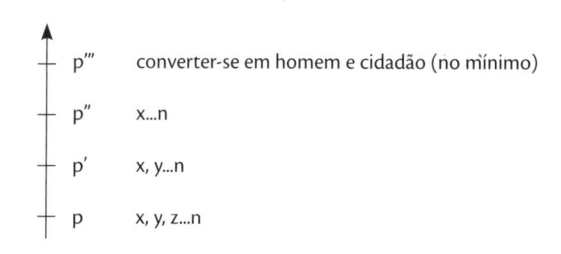

f) **isto é:** introduz asserção derivada destinada a esclarecer, a desenvolver ou sintetizar a enunciação anterior.

§ 5º — a) contudo — equivalente a MAS_{PA} (argumentativo).

X — Não há qualquer novidade no que dizemos e que é frequentemente reafirmado pelas autoridades.

Y — A questão não é dizê-lo ou reafirmá-lo.

Contudo

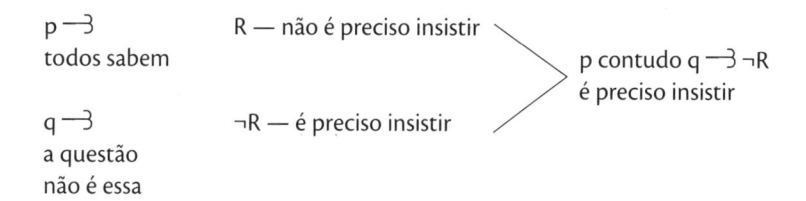

O que se opõe, no caso, é a própria legitimidade ou não dos dois atos de enunciação.

b) **mas**: MAS_{SN} (refutação, retificação).

X — A questão não é dizê-lo ou reafirmá-lo;

mas Y — atuar de forma que essa prioridade saia do plano do retórico...

NEG. p' (não (só) dizê-lo ou reafirmá-lo mas **q** (atuar) ⌐∃ q;

c) **ou**: operador de disjunção inclusiva;

d) **de forma que**: operador que transforma um predicado simples em predicado complexo, dando origem ao que Bally denomina de frases ligadas;

e) **mais do que**: marcador de excesso;

f) **em lugar de**: operador de oposição;

g) **nem**: não tem nem mesmo — seleciona o argumento mais forte da escala argumentativa orientada para uma conclusão R (sentido do vazio);

h) **já**: marcador de suficiência, introduzindo um argumento a favor de uma não mudança em relação ao "status quo" (isto é, em relação aos "privilegiados");

i) **e**: introduz um novo ato de enunciação, marcado também pelo advérbio de atitude do locutor perante o que é dito (frequentemente, ou seja, na maioria dos casos). A conjunção se estabelece, pois, não entre conteúdos proposicionais, mas entre dois atos ilocucionários distintos. No caso, o segundo funciona como uma espécie de justificativa do primeiro.

Este tipo de operador aparece várias vezes no texto, com matizes diferentes:

§ 1º, alínea 5: introduz uma explicitação ou desenvolvimento do que foi dito anteriormente.

§ 1º, alínea 18: liga duas asserções a respeito do próprio ato de dizer.

§ 2º, alínea 31: introduz questão retórica que retoma a argumentação desenvolvida anteriormente.

§ 3º, alínea 8: introduz um ato de reforço ao que se disse no enunciado anterior.

§ 3º, alínea 10: equivale a um MAS_{SN}: (não só) a enfrentar, (mas também) a resolver.

§ 3º, alínea 11: opera uma conjunção que encerra valor de sequência temporal: e, em seguida (só depois), os relativos ao 2º grau.

§ 4º, alínea 2: introduz um ato de "desqualificação" de possíveis alocutários: os destinatários são somente pessoas de consciência.

§ 4º, alínea 8: introduz um ato ilocucionário de exclamação.

§ 5º, alínea 2: justifica a enunciação anterior: não há qualquer novidade no que dizemos e (mesmo porque) as autoridades frequentemente reafirmam...

Os demais **e** do texto funcionam como simples operadores de conjunção do tipo lógico.

2.2 Recursos retóricos de 2º nível — retórica aplicada

2.2.1 Ironia — a ambiguidade possível é desfeita pelo emprego das aspas (recurso gráfico):

§ 1º — "conscientização"/"lideranças", "calouros".

§ 3º — "conscientizados" agitadores.

§ 4º — "líderes conscientizados".

2.2.2 Seleção lexical

2.2.2.1 **Jogos de palavras**:

§ 1º — ...revelando a inconsciência que caracteriza o seu programa de "conscientização"...

§ 4º — [...] — e não estamos nos dirigindo a "líderes conscientizados", mas a pessoas, estudantes universitários ou não, de consciência.

2.2.2.2.
Termos estrangeiros usados conotativamente: *slogan* (ingl.), *élite* (fr.).

2.2.2.3.
Oposições, sobre as quais é montado todo o texto, sempre relativas ao próprio dizer:

§ 1º — às quais **não é necessário** voltar × **Convém**, entretanto, lembrar que...

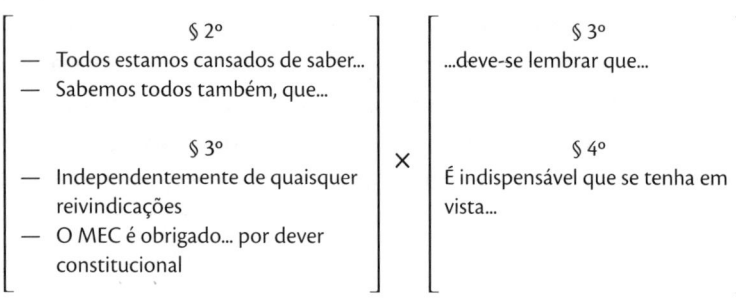

$$\begin{bmatrix} \S\ 2^o \\ - \text{Todos estamos cansados de saber...} \\ - \text{Sabemos todos também, que...} \\ \S\ 3^o \\ - \text{Independentemente de quaisquer reivindicações} \\ - \text{O MEC é obrigado... por dever constitucional} \end{bmatrix} \times \begin{bmatrix} \S\ 3^o \\ ...\text{deve-se lembrar que...} \\ \S\ 4^o \\ \text{É indispensável que se tenha em vista...} \end{bmatrix}$$

$$\begin{bmatrix} \S\ 5^o \\ \text{Não há qualquer novidade nisso que dizemos...} \\ \text{As autoridades frequentemente reafirmam...} \end{bmatrix} \times \begin{bmatrix} \S\ 5^o \\ \textit{Mas} \text{ a questão não é } \textit{dizê-lo ou} \\ \textit{reafirmá-lo} \text{ e sim } \textit{atuar...} \end{bmatrix}$$

2.2.2.4 Campos lexicais

a) **do Direito**: direito, dever, lei, constituição.

§ 2º ...**deve** assumir... (dever)
§ 3º ...**dever** constitucional...
...o MEC é obrigado... (dever)
§ 4º ...**dever** inegociável da sociedade do Estado...

§ 5º Constituição art. 92 da antiga lei...

...não é **direito** adquirido... × ...dever inegociável (18, 19)

b) termos relativos a uma **agitação absurda** e **descabida**: agitação, "agitadores", "lideranças comprometidas", "conscientização", "líderes conscientizados".

— reivindicações descabidas e absurdas — fruto da leviandade ou ignorância da nossa realidade.

— § 3º — ...não é certamente o que reivindicam os nossos "conscientizados" agitadores estudantes... (o que está na **lei** e na **Constituição**).

— por isso, suas exigências são **descabidas** (§ 1º — § 5º) e absurdas (§ 1º) — **ultimatos** dos que já são privilegiados (§ 5º).

2.2.3 Inter-relacionamento dos campos lexicais

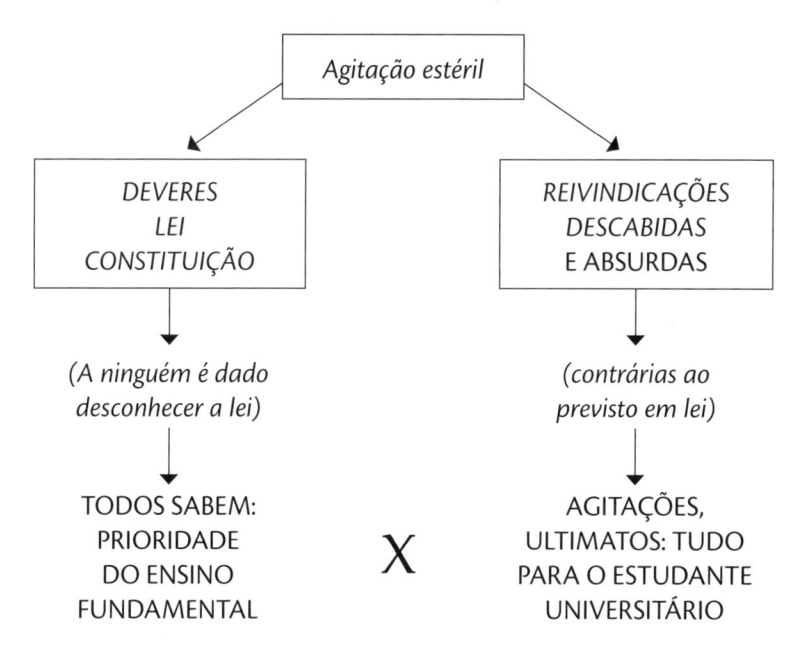

2.2.4 Questões retóricas
...E como pode fazê-lo a União se...? ato de asserção apresentado sob forma de questão.

2.2.5 Exclamações
§ 4º ...(e que bela **élite** se vai formando na maioria de nossas deficientes instituições de ensino superior!)...

o locutor apresenta a sua enunciação como arrancada por uma emoção ou uma percepção: é a representação da sua alocução como algo constrangente que ele não pode evitar.

2.2.6 Repetições intencionais
§ 5º — a) **Ao que parece**, o atual ministro da Educação **parece** estar disposto...

b) atuar de forma que essa prioridade **saia do plano retórico** [...] disposto a **ir além da retórica**...

Em **a** não se trata de simples redundância semântica, já que as duas ocorrências apresentam valores diferentes: a segunda é atribuída a um enunciador Y, diferente do locutor, ao passo que a primeira tem como enunciador (**X**) o próprio locutor (L) ⎯⎯⎯→ portanto X = L.

2.2.7.

Elementos, expressões ou orações intercaladas (incidentes) ou acessórias, contendo ora explicitações, ora ideias ou argumentos que o locutor deseja ressaltar (introduzidos por sinais gráficos como parênteses, travessões, virgulas etc.).

2.2.8.

Uso de tipos gráficos diferentes: **slogan**, **élite**.

Conclusão

Trata-se de um caso típico do que Ducrot descreve como "argumentação por autoridade", quer sob a forma de autoridade polifônica, que utiliza dispositivos constitutivos do próprio organismo gramatical da língua, tendo, portanto, fundamento linguístico e resultando de uma retórica integrada, quer sob a forma de raciocínio por autoridade, que consiste num procedimento acrescentado, decorrente de um componente retórico também acrescentado, visto que os meios linguísticos aos quais recorre não implicam por si mesmos a utilização argumentativa que deles se faz.

Como já foi dito, todo o texto é montado sobre oposições, umas relativas ao próprio "dizer", outras àquilo que é dito.

As primeiras opõem argumentos de autoridade ("Todos estamos cansados de saber que...", "Sabemos todos que...", "Não é necessário repetir que..." etc.), que constituem provas por si mesmos, à necessidade de dizer, de "reavivar" a memória do alocutário ("deve-se lembrar que...", "é indispensável que se tenha em vista que..." etc.).

As segundas contrapõem o que é de direito (Constituição, leis, direitos e deveres dos cidadãos) ao que está sendo reivindicado pelos líderes estudantis, mostrando tratar-se de "reivindicações absurdas e descabidas", "fruto da leviandade ou ignorância da realidade educacional brasileira".

Há, ainda, a oposição entre o **dizer e o fazer**: "as autoridades frequentemente reafirmam a absoluta prioridade do ensino fundamental", mas "a questão não é **dizê-lo ou reafirmá-lo, mas atuar** de forma que essa prioridade saia do plano do retórico para o dos fatos" (grifos meus).

Os índices de avaliação do locutor percorrem todo o texto. Caracterizando as reivindicações dos estudantes universitários como absurdas e descabidas, mostrando serem contrárias ao previsto em lei e na própria Constituição — a prioridade do ensino fundamental —, o locutor comprova a sua tese de que se trata de uma "agitação estéril", programada sistematicamente com o fim de submeter os calouros às "lideranças comprometidas com forças políticas alheias à vida universitária e divorciadas da realidade da educação nacional".

Referência bibliográficas

ALEXANDRESCU, S. Sur les modalités croire et savoir [1966]. In: *Langages*, Paris: Didier-Larousse, n. 43, p. 19-27, 1976.

ANSCOMBRE, J. C. Voulez-vous dériver avec moi? In: *Communications*, Paris: Ed. du Seuil, n. 32, p. 61-124, 1980.

_____; DUCROT, O. L'argumentation dans la langue. In: *Langages*, Paris: Didier-Larousse, n. 42, p. 5-27, 1976.

_____; DUCROT, O. Deux annais en français? In: *Lingua*, n. 43, p. 23-40, 1977.

_____. *Échelles argumentatives, échelles implicatives et lois logiques*, 1978a. (Mimeo.)

_____. *Lois logiques et lois argumentatives*, 1978b. (Mimeo.)

ARNAULD, A.; NICOLE, P. *La logique ou l'art de penser* [1680]. Paris: Flammarion, 1970.

AUSTIN, John L. *How to do things with words*. Londres: Oxford University Press, 1962.

BALLY, C. *Linguistique générale et linguistique française*. 4. ed. [1944]. Berna: A. Francke, 1965.

BECHARA, E. *Lições de português pela análise sintática*. 5. ed. São Paulo: Grifo, 1980.

BENVENISTE, E. *Problèmes de linguistique générale I*. Trad. bras. São Paulo: Ed. Nacional, 1966.

_____. L'appareil formel de l'énonciation. In: *Langages*, Paris: Didier-Larousse, n. 17, p. 12-18, 1970.

BENVENISTE, E. *Problèmes de linguistique générale II*. Paris: Gallimard, 1974.

BLANCHÉ, R. *Structures intellectuelles*. Paris: J. Vrin, 1969.

BORBA, F. da S. *Teoria sintática*. São Paulo: T. A. Oueiroz/Edusp, 1979.

BRUXELLES, S. et al. Décidement la classification dissimulée [1978]. In: DUCROT, O. *Les mots du discours*. Paris: Ed. du Minuit, 1980.

BULL, W. E. *Time, tense and the verb*: a study in theorethical and applied linguistics, with particular attention to Spanish. Bekerley: Universty of Califórnia, Publ. about Linguistics, 1960. v. 19.

COLLINGWOOD, R. G. *An essay on methaphysics*. Londres: Oxford University Press, 1940.

COPI, I. *Introdução à lógica*. São Paulo: Mestre Jou, 1968.

CORNULIER, B. de. Le détachement du sens. In: *Communications*, Paris: Ed. du Seuil, n. 32, p. 125-182, 1980.

CUNHA, C. F. da. *Gramática de base*. Rio de Janeiro: Fename, 1979.

DUCROT, O. Le roi de france est sage — implication logique et presupposition linguistique. In: *Études de Linguistique Appliquée*, Paris, 1966.

_____. Dizer e não dizer [1972]. *Princípios de semântica linguística*. Trad. bras. São Paulo: Cultrix, 1977.

_____. *La preuve et le dire*. Mame: Repéres, 1973.

_____. Illocutoire et performatif. In: *Linguistique et sémiologie*, Lyon, n. 4, p. 17-53, 1973.

_____. Structuralisme, énonciation et sémantique. In: *Poétique*, Paris: Ed. du Seuil, n. 33, p. 107-128, 1978a.

_____. *Présupposition et allusion*, 1978b. (Mimeo.)

_____. Presupposés et sous-entendus. Réexamen. In: *Les stratégies discursives*. Presses de l'Université de Lyon, p. 33-43, 1978c.

_____. *Lois logiques et lois argumentatives*, 1978d. (Mimeo.)

_____. Les lois du discours. In: *Langue française*, Paris: Larousse, n. 42, p. 21-33, 1979.

_____. *Les mots du discours*. Paris: Ed. de Minuit, 1980a.

_____. Analyses pragmatiques. *Communications*, Paris: Ed. du Seuil, n. 32, p. 11-60, 1980b.

DUCROT, O. *L'énonciation*, 1980c. (Mimeo.)

_____. *L'argumentation par autorité*, 1980d. (Mimeo.)

_____. *Referente* [em italiano], 1980e. (Mimeo.)

_____; TODOROV, T. *Dicionário das ciências da linguagem*. Trad. port. Lisboa: Ed. Dom Quixote, 1973.

ECHAVE, D. et al. *Lógica, proposición y norma*. Buenos Aires: Astrea, 1980.

FILLMORE, C. J. Entaliment rules in a semantic theory. In: *Research foundation projects on linguistic analysis*. Ohio: Ohio University, 1965. p. 60-82.

FREGE, G. *Über sinn und bedeutung* [1982]. Trad. bras. São Paulo: Cultrix, 1978.

GARCIA, O. M. *Comunicação em prosa moderna*. 7. ed. Rio de Janeiro: Fundação Getúlio Vargas, 1978.

GERALDI, J. W. Notas para uma tipologia linguística dos períodos hipotéticos. In: *Português*: estudos linguísticos — Revista das Faculdades Integradas de Uberaba, Minas Gerais, p. 72-85, 1981.

GRICE, H. P. Logic and Conversation. In: COLE, P.; MORGAN, J. (Orgs.). *Syntax and seemantics*, Nova York: Speech Acts, 1975. v. 3.

GUIMARÃES, E. R. J. *Da modalidade e auxiliarização verbal em língua portuguesa*. Dissertação (Mestrado) — Faculdade de Filosofia e Letras, Universidade de São Paulo, São Paulo, 1976.

_____. *Modalidade e argumentação linguística*. Tese (Doutorado) — Faculdade de Filosofia e Letras, Universidade de São Paulo, São Paulo, 1979.

_____. *Argumentação e pressuposição*. Comunicação apresentada no V Encontro Nacional de Linguística, Rio de Janeiro: PUC, 1980.

GUIMARÃES, E. R. J. Algumas considerações sobre a conjunção *embora*. In: *Português*: estudos linguísticos — Revista das Faculdades Integradas Uberaba, Minas Gerais, p. 86-94, 1981.

_____. Estratégias de relação e estruturação do texto. In: *Sobre a estruturação do discurso*. Unicamp, IEL, 1981.

HALLIDAY, M. A. K. Language structure and language function. In: LYONS, J. (Org.). *New horizons in linguistics*. Trad. bras. São Paulo: Cultrix, 1976.

HALLIDAY, M. A. K.; HASAN, R. *Cohesion in spoken and written English*. Londres: Longman, 1973.

KARTTUNEN, L. Presupposition and linguistic context [1973]. In: ROGERS; WALL; MURPHY (Org.). *Proceedings of the Texas conferences*. Center for Applied Linguistics, 1977. p. 149-160.

KIPARSKY, P.; KIPARSKY, C. FACT. In: STEINBERG, D.; JAKOBOVITS, L. (Orgs.). *Semantics*, p. 345-359, 1970.

LAKOFF, G. Presupposition and relative well-formedness. In: STEINBERG; JAKOBOVITS, *Semantics*, p. 329-340, 1971.

LANGENDOEN, D. T. Presupposition and assertion in the semantic analysis of nouns and verbs in English. In: STEINBERG, D.; JAKOBOVITS, L. (Orgs.). *Semantics*, 1971. p. 341-344.

LUFT, C. P. *Moderna gramática brasileira*. Porto Alegre: Globo, 1976.

MAGEE, B. *As ideias de Popper*. Trad. bras. São Paulo: Cultrix/Edusp, 1973.

OSAKABE, H. *Argumentação e discurso político*. São Paulo: Kairos, 1979.

PARRET, H. et al. Modalités. *Langages*, Paris: Didier-Larousse, n. 43, 1976.

PERELMAN, C. *Le champ de l'argumentation*. Bruxelas: PUB, 1970.

_____; OLBRECHTS-TYTECA, L. *Traité de l'argumentation*: la nouvelle Rhétorique. 3. ed. [1970]. Bélgica: Ed. Universidade de Bruxelas, 1976.

POTTIER, B. Sur la formulation des modalités em linguistique. In: *Langage*, Paris, Didier-Larousse, n. 43, p. 39-46, 1976.

RÉCANATI, E. Le dévelopment de la pragmatique. In: *Langue Française*, Paris: Larousse, n. 42, p. 6-20, 1979.

_____. Insinuation et sous-entendu. In: *Communications*, Paris: Seuil, n. 30, p. 95-105, 1979.

ROCHA LIMA, C. H. da. *Gramática normativa da língua portuguesa*. 17. ed. Rio de Janeiro: José Olympio, 1974.

RUSSEL, B. On denoting [1905]. In: *Mind* XIV, p. 479-493, 1950.

SALOMÃO, M. Implicação lógica e condicional linguístico: um estudo semântico. *Revista Brasileira de Linguística*, n. 5, v. 1, p. 3-26, 1978.

SEARLE, J. R. *Speech Acts*. Londres: Cambridge University Press, 1969.

_____. A classification of a Illocucionary acts. In: GUNDERSON; MAXWELL (Orgs.). *Minnesota Studies in Philosophy of Sciences*, v. 6, 1975.

SPERBER, D.; WILSON, D. Les ironies comme mentions. In: *Poétique*, Paris: Seuil, n. 36, 1978.

STALNAKER, R. C. Pragmatic presuppositions. In: *Proceedings of the Texas conference on performatives, presuppositions, and implicatures*, center for applied linguistics, Virginia, 1977.

STEINBERG, D.; JAKOBOVITS, L. *Semantics*. An interdisciplinary reader in philosophy, linguistics and psycology, Cambridge: Cambridge University Press, 1971.

STRAWSON, P. F. On referring. In: *Logic-Linguistic Papers*, Londres, 1950.

_____. On identifying reference [1964]. In: STEINBERG, D.; JAKOBOVITS, L. *Semantics*. Cambridge: Cambridge University Press, 1971.

_____. *Logic-Linguistic Papers*. Londres: Methuen Co., 1971

THOMASON, R. H. Semantics, Pragmatics, Conversation and Presupposition. In: STEINBERG, D.; JAKOBOVITS, L. *Semantics*, p. 161-165, 1973.

VANOYE, F. *Usos da linguagem*. Trad. e adapt. bras. São Paulo: Martins Fontes, 1979.

VENDLER, Z. Les performatifs en perspective. In: *Langages*, Paris: Didier-Larousse, n. 17, p. 73-90, 1970.

VOGT, C. A. A palavra envolvente [1973]. In: *Linguagem, pragmática e ideologia*. São Paulo: Hucitec/Funcamp, 1980.

_____. *O intervalo semântico*. São Paulo: Ática, 1977. (Col. Ensaios.)

_____. Indicações para uma análise semântica argumentativa das conjunções "porque", "pois", e "já que". In: *Caderno de Estudos Linguísticos*, Unicamp, n. 1, 1978.

_____. *Linguagem, pragmática e ideologia*. São Paulo: Hucitec/Funcamp, 1980.

_____; FIGUEIRA, Rosa. *Dois verbos achar em Português?* São Paulo: Departamento de Linguística, Unicamp, 1980. (Mimeo.)

_____; DUCROT, O. De magis a mas: uma hipótese semântica. In: *Linguagem, pragmática e ideologia*. São Paulo: Hucitec/Funcamp, 1979.

WEINRICH, H. *Tempus. Besprochene und Erzähite Welt*. [1964]. Trad. esp. Madri: Gredos, 1968.

WRIGHT, G. H. von. Deontic logic. In: *Mind*, p. 1-15, 1951.

Impressão e Acabamento:

EXPRESSÃO & ARTE
EDITORA E GRÁFICA

Fones: (11) 3951-5240 | 3951-5188
E-mail: atendimento@expressaoearte.com
www.graficaexpressaoearte.com.br